JN409837

플루타르코스 영웅전 4

플루타르코스 영웅전 4

플루타르코스 지음 | 이다희 옮김 | 이윤기 기획

1판 1쇄 발행 | 2011. 5. 16

발행처 | **Human & Books**
발행인 | 하응백
출판등록 | 2002년 6월 5일 제2002-113호
서울특별시 종로구 경운동 88 수운회관 1009호
기획 홍보부 | 02-6327-3535, 편집부 | 02-6327-3537, 팩시밀리 | 02-6327-5353
이메일 | hbooks@empal.com

값은 뒤표지에 있습니다.
ISBN 978-89-6078-120-7 04890
ISBN 978-89-6078-102-3 04890 (세트)

플루타르코스 영웅전 4

플루타르코스 지음 | 이다희 옮김 | 이윤기 기획

Human & Books

PLUTARCH
LIVES

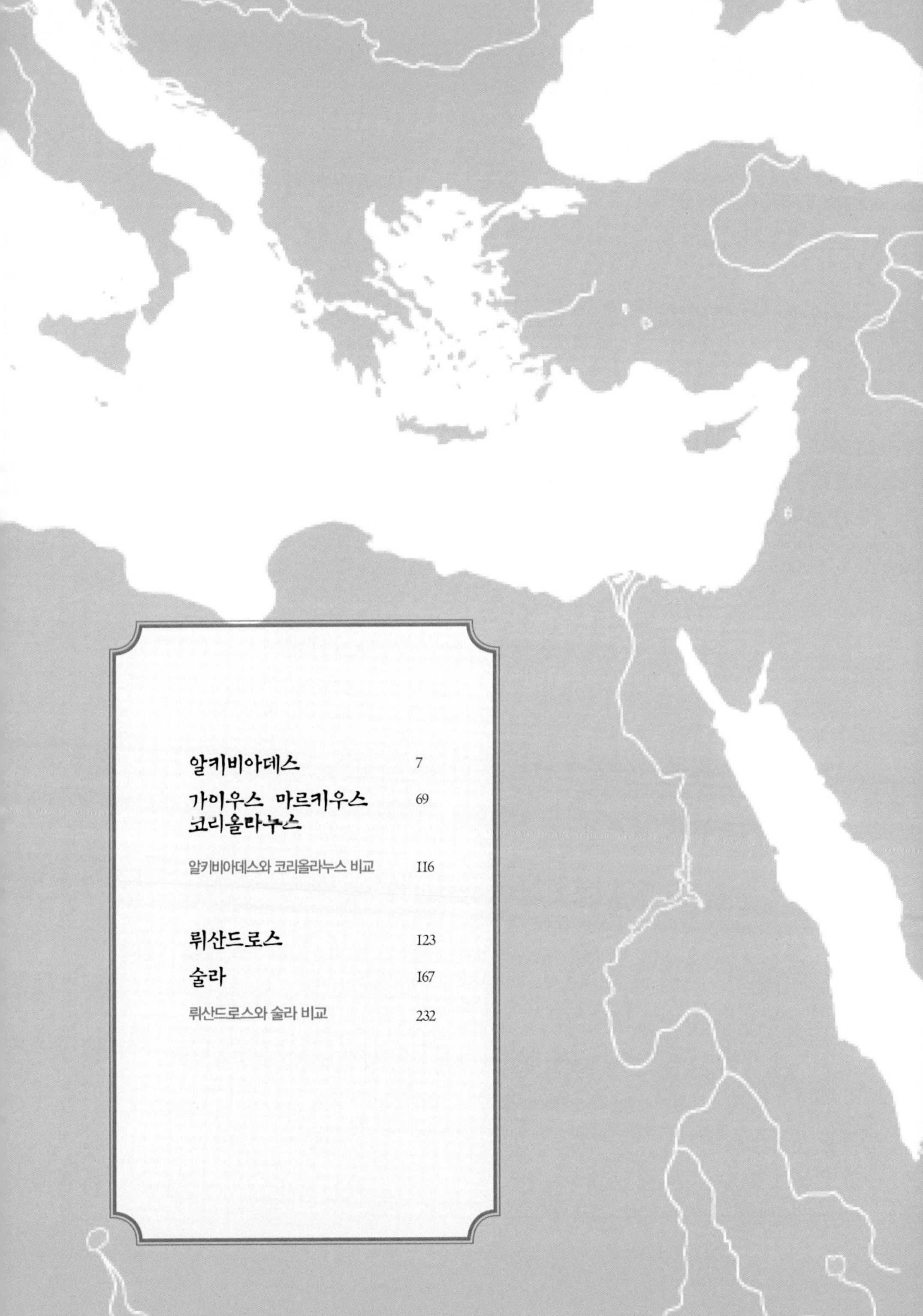

일러두기

I. 이 책은 1914년 출간된 페린(Bernadotte Perrin)의 영역본 『PLUTARCH LIVES』(Havard University Press)를 바탕으로 번역하였다. 페린의 영역본은 영미권에서 가장 권위 있는 플루타르코스 영웅전 번역본으로 알려져 있다. 이 영역본은 그리스어와 영어가 원전 대비 형태로 편집되어 있다. 따라서 이 책의 번역도 영역을 기준으로 하되, 애매한 부분은 그리스어 표현을 참고하였다.

II. * 표시가 된 부분은 책의 가독성을 위해 생략한 부분을 표시한 것이다. 대부분 언어의 기원, 관습의 유래 등을 설명하는 내용들로 이야기의 흐름에 크게 지장을 주지 않을 부분만 생략했다.

III. 그리스 인명과 신의 이름은 그리스식으로, 로마 인명과 신의 이름은 로마식으로 표기하였다. 지명도 고대식으로 표기하였으며, 설명이 필요한 곳에서는 현대식 표기를 덧붙여 두었다.
ex. 이집트 → 아이컵토스, 아테네 → 아테나이, 피타고라스 → 퓌타고라스

알키비아데스

I.

알키비아데스 가문의 시조는 아이아스의 아들 에우뤼사케스로 거슬러 올라간다고 여겨진다. 외가는 알크마이오니다이 집안으로 어머니는 메가클레스의 딸 데이노마케였다. 아버지 클레이니아스는 사비를 들여 트리에레스•를 마련하고 장비를 갖추었으며 그것으로 아르테미시온에서 훌륭하게 싸웠다. 이후 아버지는 코로네이아에서 보이오티아 사람들과 싸우다 죽임을 당했으므로 알키비아데스는 크산팁포스의 아들들, 즉 가까운 친척 페리클레스와 아리프론의 보호 아래 길러졌다.

• 알키비아데스. 기원전 4세기 그리스 조각의 복제품.

소크라테스가 알키비아데스에게 보여준 호의와 애정은 그의 명성에 적지 않은 기여를 했다고 전해지고 있으며 이는 자못 타당한 말이다. 니키아스와 데모스테네스, 라마코스, 포르미온, 트라쉬불로스, 그리고 테라메네스가 저명한 인물들이었으며 알키비아데스와 동시대를 살았던 것은 확실하나, 이 가운데 어머니가 누구라고 밝혀진 사람은 단 한 명도 없다. 반면 알키비아데스

• 알키비아데스의 옆모습. 『그림으로 보는 세계사(Illustrerad Verldshistoria)』에 수록된 삽화.

의 경우 그의 스파르테 출신 유모가 아뮈클라, 가정교사가 조퓌로스였다는 사실까지 밝혀져 있다. 한 가지는 안티스테네스, 다른 한 가지는 플라톤이 언급했다.

알키비아데스의 미모에 관해서는 말할 필요가 없다. 굳이 말하자면 몸이 성장 단계를 밟아갈 때마다 미모가 꽃피었으므로 소년기에도, 청년기에도, 장년기에도 사랑스럽고 보기 좋았다. "아름다움의 늦가을도 아름답다"는 에우리피데스의 말은 언제나 옳은 것은 아니다. 그러나 알키비아데스는 이 말에 해당되는 보기 드문 사람이었다. 뛰어난 용모와 성품을 지니고 태어났기 때문이었다. 심지어 알키비아데스가 갖고 있던 발음 문제도 그의 연설 방식에 어울렸고 그의 이야기에 설득력을 주고 매력을 한 가득 부여했다고 한다. 아리스토파네스는 알키비아데스가 테오로스를 비웃는 장면을 묘사하며 이 발음 문제를 지적한다.

(소시아스) "그러자 알키비아데스가 혀짤배기 소리로 말했지.
'테올로스가 보이나? 겁쟁이가 따로 없군!'"••
(크산티아스) "그 혀짤배기 소리로 오랜만에 정곡을 찔렀구먼!"

또 아르킵포스는 알키비아데스의 아들을 조롱하면서 말한다.

• 트리에레스는 노가 3단으로 달린 배로 고대의 해전에서 주로 등장하는 함선이다.

•• 에우리피데스의 『말벌』에 나오는 장면으로 소시아스가 크산티아스에게 꿈 이야기를 하고 있다. 꿈속에서 소시아스는 테오로스가 까마귀 머리를 하고 있는 것을 보았고 함께 이를 지켜본 알키비아데스는 테오로스를 테올로스, 까마귀(korax)를 겁쟁이(kolax)로 잘못 발음하여 웃음을 준다.

"그자는 말할 수 없이 방자한 태도로 걷는다. 아버지를 흉내 내어 긴 겉옷을 질질 끌고 다니는가 하면, 고개를 비틀고 과장해서 혀짤배기 소리를 낸다."

II.

훗날 알키비아데스의 성품은 여러 모순을 드러내는가 하면 눈에 띄는 변화를 거친다. 그가 떠맡았던 방대한 임무와 그의 엎치락뒤치락했던 운명을 고려하면 자연스러운 일이다. 알키비아데스는 또한 여러 거센 열정을 타고났는데 그 가운데 가장 강렬했던 것은 경쟁에 대한 애정과 명성에 대한 갈망이었다. 이것은 그의 소년기에 관한 기록에서 명백히 나타난다.

한번은 씨름을 하다가 궁지에 몰렸다. 알키비아데스는 넘어가지 않기 위해, 자신을 붙잡고 있던 상대방의 팔을 이로 물어뜯다시피 했다. 상대 선수는 붙잡고 있던 손을 놓으며 외쳤다.

"알키비아데스, 너 꼭 계집애처럼 무는구나!"

"아니, 사자처럼 문 거야."

어린아이 티를 벗지 못했을 때 알키비아데스는 좁은 골목에서 공기놀이를 하고 있었다. 알키비아데스의 순서가 되었을 때 무거운 짐을 실은 수레가 다가왔다. 알키비아데스는 먼저 마부에게 멈추라고 부탁했다. 공기가 마찻길에 놓여 있었기 때문이다. 그러나 무뚝뚝한 마부는 아이를 무시하고 수레를 몰았다. 수레를 끄는 말은 한 마리도 아닌 여러 마리였다. 그러자 길에서 피한 다른 아이들과 달리 유독 알키비아데스만 수레 앞에 드러누웠고 지나갈 테면 지나가 보라고 했다. 그러자 마부가 공포에 질려 말을 급정거시켰으며 구경꾼들도 겁을 집어먹고 비명을 지르며 아이를 도우러 갔다.

학교에서 알키비아데스는 대체로 선생님 말을 잘 들었지만 피리를 부는 것만은 거부했다. 수치스럽고 자유인답지 못한 일이라고 생각했기 때문이다. 알키비아데스의 주장은 이러했다. 줄을 튕길 때 사용하는 플렉트론을 들고 뤼라를 연주할 경우 점잖고 귀족다운 태도와 외모가 손상되지 않지만 피리를 불면 얼굴이 일그러져 식구들조차 알아보지 못하게 된다. 게다가 뤼라의 소리는 연주하는 사람의 목소리나 노래와 어우러지지만 피리는 입을 가로막고 닫아버리는 통에 말을 할 수도 목소리를 낼 수도 없게 만든다. 그래서 알키비아데스는 이렇게 말했다.

"그러니 피리는 테바이의 아들들에게나 가르치세요. 대화를 할 줄 모르는 사람들이니까요. 그렇지만 어른들 말씀에 따르면 우리 아테나이를 창건한 여신은 아테나, 보호하는 신은 아폴로입니다. 한 분은 넌더리를 내며 피리를 내던졌고 한 분은 주제넘은 피리 연주자의 가죽을 벗겼지요."

이렇게 농담 반 진담 반으로 알키비아데스는 피리 과목에서 면제되었고 나머지 학생들도 뒤따랐다. 알키비아데스가 피리 연주를 혐오하고 피리를 배우는 학생들을 비웃고 있다는 말이, 그 이유 또한 정당하다는 소문이 금세 퍼져나갔기 때문이다. 이런 이유로 피리 불기는 자유 시민의 학습 과정에서 완전히 사라졌고 철저히 멸시당했다.

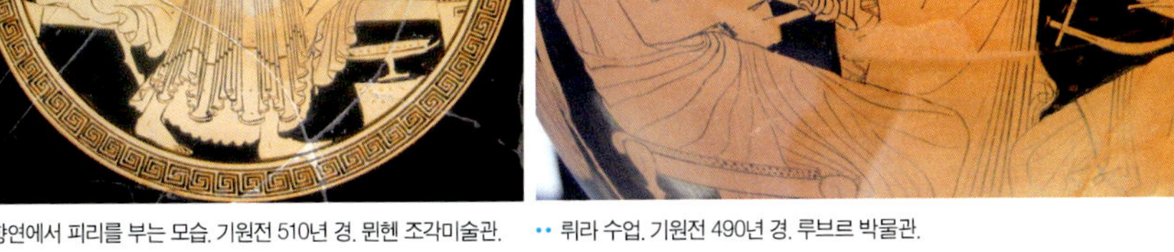

• 향연에서 피리를 부는 모습. 기원전 510년 경. 뮌헨 조각미술관.

•• 뤼라 수업. 기원전 490년 경. 루브르 박물관.

III.

한편 알키비아데스를 향하여 비난의 말을 쏟아낸 적이 있는 안티폰은 이런 이야기를 전한다. 알키비아데스는 어릴 적 집을 나와 수많은 애인 중에 하나였던 데모크라테스에게 갔다. 그러자 아리프론은 알키비아데스가 가문에서 제명되었다고 널리 포고하고자 했다. 그러나 페리클레스가 이를 내버려두지 않았다.

"죽었다면 포고를 한다고 해도 기껏해야 하루 정도 빨리 찾을 수 있겠지. 하지만 살아 있다면 그 포고 때문에 평생 죽은 듯 살아야 할 거야."

안티폰은 또한 알키비아데스가 시뷔르티오스의 체육관에서 지팡이로 시종을 때렸다고 말하고 있다. 그러나 이러한 주장은 믿을 만한 것이 못된다. 알키비아데스를 증오하고 있음을 시인했고 그 증오에 적절한 폭언을 일삼았던 안티폰의 말이기 때문이다.

IV.

오래지 않아 태생이 고귀한 여러 사람들이 알키비아데스의 주변으로 모여들어 관심을 쏟았다. 그들 대부분은 순전히 그의 찬란한 젊음과 미모에 빠져 다정하게 구애했다. 그러나 어린 알키비아데스가 태생적인 탁월함에 훌륭한 용모와 성품까지 가졌다는 것은 소크라테스의 애정을 받으며 확실히 입증되었다.

소크라테스는 알키비아데스의 탁월함과 성품이 알키비아데스의 겉모습에 눈부시게 드러난 것을 보았다. 그러나 부와 명예가 알키비아데스에게 미칠 영향을 염려했다. 또한 아첨과 호의로 그의 애정을 선취하려는 시민들과 외국인, 동맹국 사람들이 두려웠다. 그래서 기꺼이 그를 보호하고자 했다. 그토록 아름다운 꽃을 피우는 식물이 자기 열매를 파멸로 내던지는 것을 내버려둘 수 없었던 것이다. 운명의 여신이 사람을 이른바 생의 좋은 것들로 아무리 감싸고 에워싸도 철학의 담대하고 통렬한 논리는 이를 꿰뚫고 심장까지 도달할 수 있기 때문이다. 알키비아데스는 어릴 때부터 그의 응석을 받아주고 그를 기쁘게 하려는 사람들에 둘러싸여 있었기 때문에 그를 가르치고 훈련시킬 사람에게 쉽게 귀를 기울일 수 없었다. 그럼에도 훌륭한 자질 덕분에 마침내 소크라테스의 진가를 보았으며 부유하고 이름 높은 애인들을 뒤로하고 그에게 매달렸다. 그리고 어느새 "싸움닭이라는 것을 잊고 마치 노예처럼 날개를 축 늘어뜨리고 쪼그려 앉았다."• 이 모두가 소크라테스를 동무로 택하고 그의 말에 귀를 기울인 덕분이었다. 소크라테스는 남자답지 못한 쾌락을 좇거나 입맞춤과 포옹을 간청하는 대신 영혼의 약점을 드러내고 헛되고 어리석은 자부심을 꾸짖었기 때문이다.

• 알키비아데스를 가르치는 소크라테스. 찰스 F. 혼의 『위대한 국가들: 그리스 편』에 수록된 삽화.

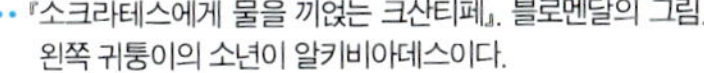

•• 『소크라테스에게 물을 끼얹는 크산티페』. 블로멘달의 그림. 왼쪽 귀퉁이의 소년이 알키비아데스이다.

• 이 시구의 작자는 알려져 있지 않다.

게다가 알키비아데스는 소크라테스가 주는 가르침이 사실상 젊은이들을 돌보고 구원하기 위해 신들이 내린 선물의 일종이라고 생각하게 되었다. 따라서 자신을 낮추고 소크라테스를 존경했으며 소크라테스의 다정한 염려를 고맙게 여기고 그의 탁월함을 우러러 보았다. 그리고 이런 과정에서 무심코, 플라톤이 말하는 "사랑의 영상映像", 즉 "사랑에 대한 보답으로서의 사랑"•을 느끼게 되었다.

알키비아데스가 다른 애인들에게는 거칠고 고집스럽게 구는 반면 소크라테스와는 함께 식사를 하고 운동을 하고 막사를 쓰는 것을 보고 사람들은 놀라움을 감출 수 없었다. 그러나 다른 몇몇 애인들의 경우 알키비아데스에게 극도로 오만한 대접을 받았는데 안테미온의 아들 아뉘토스가 그런 경우였다.

알키비아데스의 애인이었던 아뉘토스는 친구들에게 저녁 식사를 대접하면서 알키비아데스도 초대했다. 알키비아데스는 초대를 거절했지만 친구들 여럿과 집에서 술을 흠뻑 마신 뒤 주사를 부리며 아뉘토스의 집으로 갔다. 그러고는 남자들의 방 문간에 서서 식탁에 금은 잔이 빼곡한 것을 보더니 절반을 자기 집으로 가져가라고 노예들에게 명령했다. 그러나 방 안으로 들어가는 호의는 보이지 않겠다는 듯 아뉘토스를 골탕 먹인 직후 집으로 돌아갔다. 손님들은 당연히 분개했고 알키비아데스가 아뉘토스를 몹시 건방지고 무례하게 대했다고 했다. 그러자 아뉘토스가 말했다.

"그렇지 않네. 너그럽고 상냥하게 대한 것이네. 다 가져갈 수도 있었는데 절반은 남겨두지 않았는가."

• 플라톤의 대화편 『파이드로스』에서는 사랑을 받은 젊은이가 사랑을 준 사람을 사랑하게 되는 과정에 대해 상세히 설명하고 있다.

• 포이어바흐가 그린 『플라톤의 향연』. 왼쪽에서 부축을 받고 있는 청년이 술에 취한 알키비아데스이다.

V.

알키비아데스는 나머지 애인들도 이러한 방식으로 상대했다. 그러나 예외도 있었다고 한다. 아테나이에 거주하고 있는 어느 외국인은 가진 것이 많지 않았지만 전 재산을 팔아 얻은 1백 스타테르•를 알키비아데스에게 바치며 받아달라고 간청했다. 그러자 알키비아데스는 기쁜 마음에 너털웃음을 지으며 남자를 저녁 식사에 초대했다. 배불리 먹이고 온갖 친절을 보여준 뒤 알키비아데스는 남자의 황금을 돌려주며 지시했다. 다음 날 국유지 경작권을 사러 온 농부들에 맞서 최고가를 부르라는 주문이었다. 남자는 승낙할 수 없었다. 그러려면 수 탈란톤에 달하는 자산이 필요했기 때문이다. 그러나 당시 보통 도급 농부들에게 사적인 원한이 있던 알키비아데스는 시키는 대로 하지 않으면 채찍질을 하겠다고 협

• 고대 그리스의 금화.

박했다.

그래서 다음 날 아침 외국인은 시장에서 열리는 국유지 경매에서 1탈란톤 단위로 입찰가를 높였다. 그러자 분노에 찬 농부들이 남자의 주위로 몰려들었고 남자에게 보증인이 없으리라는 생각에 보증인의 이름을 댈 것을 요구했다. 남자가 어쩔 줄을 모르고 물러서려는데 멀찍이 서 있던 알키비아데스가 관리들에게 외쳤다.

"내 이름을 적으시오. 내 친구라오. 내가 보증인이 되겠소."

농부들은 이 말을 듣자 정신이 나갈 지경이었다. 그들은 이전 경매 때 진 빚을 다음 농사를 통해 얻은 이득으로 갚곤 했으므로 빠져나갈 구멍을 찾을 수 없었다. 따라서 그들은 남자에게 제발 입찰을 거두어 달라고 간청했고 대신 돈을 주겠다고 했다. 그러나 알키비아데스는 1탈란톤 이하로는 받지 못하게 했다. 농부들이 남자에게 1탈란톤을 치르자 알키비아데스는 돈을 받고 입찰을 거두라고 지시했다. 이러한 방식으로 자신을 사랑하는 사람에게 도움을 주었던 것이다.

VI.

그렇게 강력한 경쟁자가 많았음에도 소크라테스의 사랑은 어쩐지 모르게 알키비아데스를 굴복시켰다. 스승 소크라테스의 말은 훌륭한 자질을 타고난 알키비아데스를 사로잡고, 가슴을 쥐어짜고, 눈에 눈물을 고이게 했기 때문이다. 그러나 알키비아데스도 때로는 온갖 쾌락을 동원해 그를 유혹하는 아첨꾼들에게 넘어갔다. 그럴 때면 몰래 소크라테스 곁을 빠져나오기도 했다. 그 결과 도망친 노예처럼 추적당하는 처지에 이르기까지 했다. 그럼에도 그는 소크라테스만을 두려워하고 존경했으며 다른 애인들은 경멸했다.

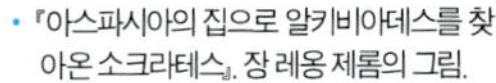

• 『아스파시아의 집으로 알키비아데스를 찾아온 소크라테스』. 장 레옹 제롬의 그림.

•• 『창부들에게 에워싸인 알키비아데스』.

••• 『육체적 쾌락의 품으로부터 알키비아데스를 끌어내는 소크라테스』. 장 바티스트 르뇨의 그림.

알키비아데스를 쾌락으로 이끌기는 결코 어렵지 않았다. 투퀴디데스가 알키비아데스의 "무절제한 방종"에 대해 말했다는 사실도 이를 뒷받침한다. 그러나 그를 부패시키려는 자들이 이용한 것은 명예와 명성에 대한 알키비아데스의 갈망이었고 그들은 알키비아데스로 하여금 너무 일찍, 주제넘은 계획을 꾸미게 만들었다. 공직에 들어서기만 하면 그 즉시 평범한 장군들과 사회 지도자들을 넘어설 것이며, 뿐만 아니라 헬레네 사람들 사이에서 페리클레스보다 더 큰 권력과 명성을 누리게 될 것이라고 그를 설득한 것이다.

그러나 불에 달아 무르게 된 쇠가 찬물에 들어가면 다시 단단해지고 그 입자가 더 촘촘하게 뭉치듯 알키비아데스는 허영과 방종으로 가득한 상태에서 소크라테스를 만날 때마다 스승의 가르침을 통하여 수축되고 모양을 갖추었으며 겸손하고 조심스럽게 되었다. 자신의 부족함이 얼마나 큰지, 탁월함이 얼마나 불완전한지 깨닫게 된 것이다.

VII.

소년기를 벗어날 무렵 알키비아데스는 학교 교사에게 다가가 호메로스의 책이 있느냐고 물었다. 교사는 호메로스의 책이 전혀 없다고 대답했고 알키비아데스는 주먹을 한 방 날린 뒤 갈 길을 갔다. 또 다른 교사는 자신이 직접 수정한 호메로스의 책을 갖고 있다고 했고 그러자 알키비아데스가 말했다.

"호메로스를 편집할 능력이 있는데 어린애들을 가르친다는 말입니까? 청년들을 가르쳐야죠."

하루는 페리클레스를 만나기 위해 그의 집으로 갔다. 그러나 페리클레스를 볼 수 없다는 대답만 돌아왔다. 그가 아테나이 사람들에게 자기 입장을 해명할 방법을 연구 중이었기 때문이다. 그러자 알키비아데스가 발길을 돌리며 말했다.

"아테나이 사람들에게 해명하지 않는 방법을 연구하는 것이 낫지 않은가?"

소년 티를 채 벗지 못했을 때 그는 포티다이아 원정에서 복무했다. 소크라테스와는 막사를 함께 쓰고 전장에서도 함께인 전우 사이였다. 치열한 전투가 벌어졌고 두 사람은 모두 남다른 공적을 세웠다. 그러나 알

이 목적이었던 듯하다.

IX.

7므나를 주고 제법 크고 멋진 개 한 마리를 산 알키비아데스가 개의 꼬리를 잘라버린 일도 있었다. 그것도 꽤나 멋진 꼬리였다. 동료들은 그를 나무랐다. 온 동네 사람들이 사건을 괘씸하게 여기고 있으며 주인을 욕하고 있다고 했다. 그러나 알키비아데스는 웃음보를 터뜨리며 이렇게 말했을 뿐이다.

"내가 원하는 게 바로 그거야. 아테나이 사람들이 이 일을 갖고 떠드느라 나에 대해 더 심한 말을 하지 못할 것 아닌가."

X.

알려진 바에 따르면 알키비아데스가 처음 공적인 자리에 나선 것은 나라에 바치는 기부금 때문이었으며 계획된 일이 아니었다. 하루는 아테나이 사람들이 민회에 모여 박수를 치고 있는데 그 곁을 알키비아데스가 지나가게 되었다. 그는 왜 박수를 치느냐고 물었고 누군가 나라에 기부금을 바치고 있다는 대답이 돌아왔다. 그러자 알키비아데스 자신도 연단으로 나가 기부금을 냈고 군중은 손뼉을 치고 환호성을 질렀다. 그 바람에 알키비아데스는 외투 안에 메추라기를 안고 있다는 것을 깡그리 잊었고 메추라기는 겁을 먹고 날아올랐다. 그러자 아테나이 사람들은 더욱 소리를 질렀고 여러 사람들이 벌떡 일어나 메추라기를 잡으러 쫓아다녔다. 메추라기를 잡아 알키비아데스에게 준 사람은 안티오코스라는 선장으로 그 결과 알키비아데스의 총애를 받게 되었다.

알키비아데스에게는 공직 사회로 통하는 육중한 문이 활짝 열려 있었다. 신분과 재력이 남다른 데다 전장에서도 활약을 보여주었기 때문이다. 동료와 지지자도 많았다. 그럼에도 그는 무엇보다 연설의 매력으로 사람들을 사로잡고 싶어 했다. 그가 설득력 있는 연설가였다는 사실은 희극 시인들뿐 아니라 누구보다 설득력 있는 연설가였던 데모스테네스 자신이 뒷받침하고 있다. 그는 자신의 연설 『메이디아스 비판』에서 말하기를 알키비아데스가 대단히 능력 있는 연설가인 데다 그 밖에도 여러 재능을 타고났다고 했다. 만약 우리가, 철학자들 가운데 가장 다재다능하고 학식 있는 테오프라스토스의 말을 믿자면 알키비아데스는 주어진 상황이 무엇을 요구하는지 발견하고 이해하는 능력이 누구보다 뛰어났다. 그러나 적당한 주장을 찾는 데 골몰했을 뿐 아니라 그 주장에 적합한 어휘와 표현을 찾는 데 애썼기 때문에, 그리고 어휘와 표현이 풍부한 사람은 아니었기에 연설 도중에 말이 곧잘 막히곤 했다. 그처럼 특정한 말이 생각나지 않을 때면 말을 멈추고 가만히 있다가 다시 극도로 조심스럽게 말을 이어가곤 했다.*

XIII.

알키비아데스는 한낱 풋내기였음에도 공직에 들어서자마자 다른 모든 민중지도자들을 눌러버렸다. 그러나 에라시스트라토스의 아들 파이악스, 니케라토스의 아들 니키아스는 예외였다. 두 사람으로 인해 알키비아데스는 원하는 것을 얻기 위해 몹시 힘겹게 노력해야 했다. 니키아스는 이미 장성한 뒤였고 누구보다 뛰어난 장군이라는 명성을 얻고 있었다. 반면 파이악스는 알키비아데스와 마찬가지로 공직 생활에 익숙하지 않았고, 집안이 훌륭했음에도 다른 방면에서 알키비아데스보다 부족했으며 연설가로서는 특히 그랬다.*

한편 아테나이에는 페리토이다이 출신의 휘페르볼로스라는 자가 있었다. 투퀴디데스 역시 저급한 사람이라고 일컬었던 이 사람은 모든 희극 시인들에게 빠짐 없이 희극의 소재를 제공했다. 그럼에도 휘페르볼로스는 비난에 꿈쩍하지 않았고 무신경했다. 여론을 무시했기 때문이다. 이러한 감정을 용기와 대범함이라고 부르는 사람도 있으나 실은 뻔뻔함과 어리석음에 지나지 않았다. 휘페르볼로스를 좋아하는 사람은 없었지만 신분과 지위가 높은 사람들을 비난하고 명성에 먹칠을 하고 싶어 하는 사람들은 곧잘 휘페르볼로스를 이용했다. 내가 이야기하고자 하는 것은 바로 이 휘페르볼로스의 설득에 넘어간 사람들이 도편 추방•을 위한 투표를 실시한 사건이다. 이 추방 제도는 명성과 영향력이 지나쳐 미움을 사는 사람을 시시때때로 쓰러뜨리고 추방하기 위해 존재했던 제도로, 두려움보다는 시기심을 가라앉히기 위함이었다.

• 휘페르볼로스의 이름이 적힌 도편. 기원전 417년. 고대 아고라 박물관.

파이악스, 알키비아데스, 니키아스 세 사람 가운데 하나가 추방을 당하게 되리라는 것이 명백해지자 알키비아데스는 니키아스와 회동을 갖고 두 당파를 합쳐 투표 결과가 휘페르볼로스에게 불리하게 나오도록 작당했다.*

XIV.

알키비아데스는 니키아스가 동료 시민들에게 존경을 받는 만큼 적에게도 존중을 받는 것이 분하기 그지없었다. 필로스에서 붙잡힌 라케다

• 도자기 조각(陶片)을 이용해 투표했기 때문에 이렇게 부른다.

이몬 포로들을 돌봐준 것은 알키비아데스였다. 그가 아테나이에 머무는 라케다이몬 사람들의 프록세노스*였기 때문이다. 그럼에도 라케다이몬은 평화가 이루어지고 포로들이 결국 풀려난 것이 니키아스의 공이라고 생각했기 때문에 니키아스에게 넘치는 호의를 베풀었다. 게다가 헬라스그리스 전역의 사람들이, 헬라스를 전쟁에 빠뜨린 것이 페리클레스, 전쟁에서 구원한 것이 니키아스라고 입 모아 주장했으며 찾아온 평화를 "니키아스의 평화"**라고 불렀다. 따라서 알키비아데스는 한없이 억울했고 시기심에 사로잡혀 그 엄숙한 협정의 파기를 계획했다.

당시 아르고스 사람들은 스파르테스파르타 사람들을 증오하고 두려워한 나머지 그들을 없애버리고자 했다. 이를 깨달은 알키비아데스는 비밀리에 아르고스를 부추겨 아테나이와 동맹을 희망하게 만들었다. 그리고 대중의 지지를 얻고 있던 당 지도자들과의 회담을 통해 라케다이몬***을 두려워하거나 그들에게 굴복하지 말라고 격려했다. 대신 아테나이를 지켜보면서 아테나이가 먼저 움직이기를 기다리라고 했다. 아테나이가 사실상 후회하고 있으며 스파르테와 맺은 평화를 파기하고자 한다고 전한 것이다.

이런 와중에 라케다이몬은 보이오티아와 개별 동맹을 맺었다. 나아가 파낙톤을 있는 그대로 아테나이에 넘기지 않고 파괴한 뒤에 반환했다. 이는 협정을 어긴 행동이었다. 아테나이 사람들이 라케다이몬의 행보를 불쾌히 여기기 시작하자 알키비아데스는 그 기회를 틈타 시민들의 감정을 더욱 격화시켰다. 민회를 선동하여 니키아스를 공격했고 그에게 매우 그럴듯한 혐의를 뒤집어씌우기도 했다.

• 자국 내에서 타국의 이익을 대변하던 자국민을 일컫는다.

•• 「니키아스」 편 VII-VIII.

••• 스파르테를 가리키는 다른 이름이다.

알키비아데스의 주장에 따르면 니키아스가 장군으로 있을 당시, 그는 스팍테리아 섬에 고립된 적병들을 붙잡는 데 반대했다. 나아가 다른 사람들이 적을 붙잡자 풀어주고 라케다이몬으로 돌려보냈다. 라케다이몬의 호의를 얻기 위해서였다. 그런데 라케다이몬의 신뢰를 받고 있으면서도 라케다이몬이 보이오티아나 심지어 코린토스와 개별 동맹을 맺을 때 니키아스는 만류하지 않았다. 오히려 다른 헬라스 국가가 아테나이와 동맹을 맺고자 할 때마다 라케다이몬의 심기를 건드릴까 무서워 동맹에 반대했다.

알키비아데스의 비난으로 인해 몹시 난처한 지경에 이른 니키아스에게 마침 보기 드문 행운이 찾아왔다. 스파르테에서 사절단이 찾아온 것이다. 일단 사절단이 들고 온 제안부터가 합리적이었다. 뿐만 아니라 그들은 공정하고, 양국의 화해에 도움이 되는 조항에 한해서 추가로 승인할 전적인 권한까지 갖고 있었다. 의회는 그들을 기쁘게 환영했고 민중도 그들을 맞이하기 위해 집회를 열 예정이었다.

그러나 알키비아데스는 평화적인 결과가 나올까 두려웠던 나머지 사절단과 사적인 면담의 기회를 마련했고 그들이 모이자 이렇게 말했다.

"도대체 왜 이러십니까? 의회가 교섭 상대에게 늘 고분고분하고 예의 바른 반면 민회는 오만하고 야욕에 차 있다는 것을 왜 모르십니까? 무제한적인 권한을 갖고 왔다는 사실을 말하면 민회는 아무런 동정심 없이 원하는 바를 지시하고 또 강요할 것입니다. 제발 단순하게 굴지 마십시오. 아테나이 사람들과 적절한 협의에 이르고 싶다면, 그리고 그대들 힘으로 승인할 수 없는 사안을 강요받고 싶지 않다면, 먼저 이번 건에 대한 타당한 협의안이 무엇인지 설명한 뒤 그대들에게 전적인 권한은 없다고 하십시오. 내가 라케다이몬에 대한 호의로 그대들에게 협조하겠습니다."

이 말을 마친 뒤 알키비아데스는 서약을 하고 사절단을 니키아스의 영향력으로부터 완전히 떨어뜨려 놓았다. 사절단은 알키비아데스를 맹목적으로 믿었고 그의 영리함과 현명함을 존경했으며 그를 범상치 않은 사람으로 여겼다.

다음 날 민회가 소집되었고 사절단이 소개되었다. 알키비아데스가 누구보다 예의바른 어조로, 어떤 권한을 가지고 왔느냐고 묻자 그들은 전적이고 독립적인 권한은 없다고 대답했다. 그러자 갑자기 알키비아데스는 성난 목소리로 사절단을 공격했는데 적반하장도 그런 적반하장이 없었다. 그는 사절단을 두고 신의가 없고 변덕스러운 자들이라고 비난했으며 정상적인 임무를 띠고 온 것이 아니라고 했다. 의회는 분개했고 민회도 발끈했다. 니키아스는 사절단이 안면을 몰수했다는 사실에 수치와 경악으로 가득 찼다. 자신을 골탕 먹이기 위한 교묘한 사기가 벌어졌음은 꿈에도 몰랐던 것이다.

XV.

라케다이몬 사절단이 혼쭐이 나서 물러간 뒤 장군으로 임명된 알키비아데스는 곧바로 아르고스와 만티네이아, 그리고 엘리스를 아테나이의 동맹국으로 만들었다. 알키비아데스가 일을 처리한 방식은 그 누구의 인정도 받지 못했지만 효과는 지대했다. 펠레폰네소스 거의 전 지역이 분열되고 뒤흔들린 것이다. 하루 만에 만티네이아에 있는 라케다이몬 사람들 앞에는 셀 수 없이 많은 적의 방패가 놓였다. 나아가 위험천만한 전쟁이 아테나이에서 머나먼 지방으로 옮겨가는 효과도 있었다. 스파르테의 입장에서는 이겨도 큰 이득은 얻지 못할 터이지만 지면 나라의 존립 자체를 위협 받을 전쟁이었다.

만티네이아 전투 이후 아르고스의 과두정 지지자 “천인千人”은 당장 민중의 정당을 무너뜨리는 일에 착수했고 도시를 지배하기 시작했다. 그러자 민중이 또다시 무기를 들고 일어나 유리한 위치에 섰다. 그때 알키비아데스가 와서 민중의 승리를 공고히 했다. 그는 또 만티네이아 사람들을 설득해서 해안까지 긴 성벽을 세우도록 했는데 이는 아테나이의 해상 권력에 만티네이아를 철저히 갖다 붙이도록 하기 위함이었다. 그는 실제로 아테나이에서 목공과 석공들을 데려오는 등 온갖 방식으로 의욕을 보였다. 그로써 호의와 권력을 얻었고 이는 알키비아데스 자신뿐만 아니라 아테나이에게도 고스란히 돌아갔다.

같은 방식으로 그는 파트라이 사람들에게, 긴 성벽을 쌓아 도시를 바다에 붙이라고 설득했다. 그러자 누군가가 파트라이 사람들에게 말했다.

"그러면 아테나이가 파트라이를 삼킬 것입니다!"

알키비아데스의 대답은 이러했다.

"그럴지도 모릅니다. 그러나 천천히 발끝부터 삼킬 것입니다. 하지만 스파르테라면 머리부터 한 입에 꿀꺽 넘기겠지요."

그럼에도 알키비아데스는 아테나이 사람들에게 육지에서도 패권을 장악할 것을 조언했다. 그리고 아그라울로스의 성소에서 젊은 전사들이 주기적으로 외는 맹세를 실행에 옮기도록 촉구했다. 전사들은 밀과 보리, 포도 넝쿨과 올리브를 앗티케의 자연적인 경계로 볼 것을 서약하곤 했는데, 서약을 통해 사람이 살 수 있고 열매가 맺히는 모든 땅을 그들 소유로 생각하도록 훈련받았던 것이다.

XVI.

그런데 알키비아데스의 뛰어난 정치적 수완과 연설 능력, 원대한 목적과 영리함에는 호화로운 생활, 무절제한 음주와 음탕한 행각이 붙어다녔다. 게다가 알키비아데스는 복장도 매우 여성스러웠다. 긴 자줏빛 겉옷의 뒷자락을 질질 끌며 시장을 돌아다니곤 했던 것이다. 돈을 흥청망청 썼음은 물론이다. 더 편안하게 잠을 자기 위해 함선의 갑판을 도려내기도 했다. 침구는 딱딱한 널빤지 위에 펼치는 대신 밧줄 위에 걸쳤다. 또 황금 방패를 주문 제작하기도 했는데 여기에는 가문의 문장이 아닌, 벼락을 든 에로스를 새겨 넣게 했다.

• 기원전 470-450년 경, 루브르 박물관. 날개 달린 사랑의 신 에로스가 벼락을 든 모습으로 묘사되는 일은 드물다. 벼락을 든 모습은 제우스에게 어울린다.

•• 벼락을 든 제우스. 기원전 480-470년 경, 루브르 박물관.

나라의 명망 있는 시민들은 이를 분노와 경멸에 찬 눈으로 바라보았고 그의 혐오스럽고 무지막지한 기질을 두려워했다. 그들은 알키비아데스의 행동을 독재자스럽고 괴이하다고 생각했다. 한편 평민들의 생각은 아리스토파네스가 잘 묘사하고 있다.

"그를 그리워하는 동시에 미워하면서도 그가 돌아오기를 바란다."

은유를 이용해 좀 더 신랄하게 표현하기도 했다.

"나라 안에서 사자를 키워서는 안 되나, 이미 키웠거든 심기를 건드려서는 안 된다."

실제로 알키비아데스가 하는 모든 일을 아테나이 사람들은 쉽고 너그럽게 받아들였다. 그가 자발적으로 기부금을 내고 대중을 위한 볼거리에 투자하고 나라에 아낌없이 베풀었기 때문이다. 또한 그는 빛나는 혈통, 뛰어난 연설 능력, 예쁘장하고 생기 있는 용모에 전쟁 경험과 전투 능력까지 겸비하고 있었다. 그래서 아테나이 사람들은 알키비아데스의 일탈 행위에 매번 관대한 이름을 붙여 철없는 호기와 야망의 산물이라 하였다.

예를 들면 그가 화가 아가타르코스를 자기 집에 가두고 집을 그림으로 장식하게 만든 적이 있다. 일이 끝난 뒤 알키비아데스는 포로가 되어 준 화가에게 후한 대가를 주고 풀어주었다. 또한 경쟁 연극에 투자한 타우레아스가 얼마나 얄미웠으면 그의 따귀를 후려친 적도 있다. 멜로스의 포로들 가운데 여인 하나를 골라 첩으로 삼고 여인이 낳은 아들을 길러 주기도 했다. 사람들은 이것이 그의 착한 마음씨에서 나온 행동이라고 했다. 그러나 알고 보면 멜로스의 장성한 남자들 거의 모두가 사형에 처해진 것은 알키비아데스의 탓이나 다름없었다. 그가 해당 법안을 지지했기 때문이다.

아리스토폰이, 알키비아데스를 품에 안은 네메아를 그렸을 때• 사람들은 무척 기뻐하며 그림을 보기 위해 몰려들었다. 그러나 나이 든 시민들은 이기에도 분개하며 독재와 무법의 낌새가 보인다고 하였다. 또 아르케스트라토스는 그림에 대해 평하며 헬라스에 알키비아데스는 하나로 족하다고 했다. 이는 과히 틀린 말은 아니었다.

하루는 사람을 싫어하는 티몬이, 성공적인 하루를 마치고 호위대에 둘러싸여 집으로 가는 알키비아데스를 보았다.

그는 알키비아데스를 스쳐 지나가지도, 그를 피하지도 않으면서 이런 인사를 건넸다.

• 알케비아데스가 네메아에서 벌어진 경기에서 승리한 것을 기념으로 네메아를 의인화하여 그린 그림이다.

“잘 크고 있어 다행이군. 좀 더 크면 이 모든 어중이떠중이들을 없애버리는 것은 일도 아니겠구나.”

그러자 어떤 이는 웃고 어떤 이는 성을 내고 어떤 이는 귀담아 들었다. 알키비아데스의 성격이 워낙 고르지 않았기에 그에 대한 여론도 이처럼 갈피를 잡지 못했다.

XVII.

페리클레스가 생존해 있을 당시 아테나이 사람들은 시켈리아시칠리아를 보고 입맛만 다시고 있었다. 그러나 그가 죽은 뒤에는 실제로 손을 대려고 시도했다. 당시 아테나이는 종종 시켈리아로 소규모 병력을 파견하곤 했다. 쉬라쿠사이 사람들로부터 괴롭힘을 당하고 있던 동맹국 사람들에게 도움과 위안을 준다는 구실 아래 사실은 더 큰 정복 전쟁을 위한 디딤돌을 쌓고 있었던 것이다.

그런데 아테나이 사람들의 욕망을 본격적으로 부채질해 불꽃으로 타오르게 한 사람은 바로 알키비아데스였다. 그는 시켈리아를 야금야금, 부분적으로 넘볼 것이 아니라 거대 병력을 띄워 철저히 굴복시키자고 했다. 시민들에게 희망을 더 크게 가지라고 부추겼고 자신은 더한 야망을 키웠던 것이다.

야망이 얼마나 대단했으면 그는 다른 사람들과 달리 시켈리아가 원정의 끝이 아니라 시작에 불과하다고 생각했다. 따라서 니키아스가, 쉬라쿠사이를 빼앗는 것은 무척 힘겨운 일이라며 사람들을 말리려고 하는 동안 알키비아데스는 카르타고와 리뷔에를 꿈꾸고 있었고 그들을 손에 넣은 뒤 이탈리아와 펠로폰네소스를 단숨에 에워싸고자 했다. 말하자면 그는 시켈리아를 보다 큰 전쟁을 위한 방편이자 수단으로 본 것이다.

젊은이들은 단번에 희망의 날개를 타고 날아올랐고 나이든 어른들은 젊은이들에게 펼쳐질 원정에 대한 좋은 이야기만을 들려주었다. 체육관과 휴게 공간에 모인 사람들은 모래 위에 시칠리아의 윤곽을 그리고 리뷔에와 카르타고의 위치를 표시하곤 했다.

그러나 철학자 소크라테스와 점성가 메톤은 시켈리아 원정을 통해 아테나이가 이득을 얻으리라는 그 어떠한 기대도 없었다고 한다. 소크라테스는, 아마도 그와 함께 하는 신적인 길잡이로부터 미래에 대한 귀띔을 받았기 때문에 그렇게 생각했던 것으로 보인다. 한편 메톤은 정신 나간 척을 했다. 앞날에 대한 그의 공포가 단지 논리적인 계산에서 도출되었는지 그가 어떤 예언술을 사용했는지 알 수는 없지만 그는 타오르는 횃불을 집어 자기 집에 불을 지르려고 했다. 그러나 다른 이야기에 따르면 메톤이 정신 나간 척을 한 것은 아니지만 밤새 집을 불태운 것은 사실이다. 다음 날 아침 시민들 앞에 선 그는 집안에 엄청난 재앙이 닥친 만큼 아들을 원정에서 제외시켜 달라고 빌었다고 한다. 아무튼 메톤은 동료 시민들을 속이고 원하는 것을 얻었다.

XVIII.

니키아스는 의지에 반하여 장군으로 선출되었다. 그가 지휘를 맡고 싶어하지 않은 것은 무엇보다 동료 지휘관 알키비아데스 때문이었다. 그러나 아테나이 사람들의 생각에는 알키비아데스를 홀로 내보내지 않아야 전쟁이 더 잘 치러질 것 같았다. 그래서 성급한 알키비아데스의 무모함을 분별 있는 니키아스의 선견지명으로 담금질하기로 한 것이다. 세 번째로 뽑힌 장군 라마코스는 나이가 더 많았음에도 나잇값을 하지 못해 알키비아데스만큼 성격이 거칠었고 전투에서 모험을 하는 것을 좋아했다.

한편 병력의 규모와 구성을 논의하는 회의에서 니키아스는 또다시 시민들의 뜻에 반대하고 전쟁을 멈추려고 했다. 그러자 알키비아데스가 나서서 니키아스가 제기한 이의에 조목조목 답하며 자신의 뜻을 관철시켰다. 나아가 연설가 데모스트라토스는 병력과 전쟁 전반의 문제에 관해 장군들에게 독립적이고 전적인 결정권을 줄 것을 정식으로 제안했다.

시민들이 이 제안을 승인하고 함대가 떠날 준비를 마쳤을 때 몇 가지 불길한 징후와 전조가 나타났다. 그때가 마침 아도니아, 즉 아도니스를 기리는 축제가 벌어지는 시기라는 것이 문제였다. 이 축제 때는 여러 곳에서 여인들이 죽은 사람 형상을 한 작은 인형을 들고 이를 묻으러 간다. 여인들은 장례 의식을 흉내 내고 가슴을 때리며 만가를 부르기도 한다. 이 밖에도 하룻밤 사이에 헤르마이 대부분의 얼굴과 형상이 훼손된 사건은 여러 사람들의 심경을 복잡하게 만들었다. 심지어 그러한 것들을 중요하게 여기지 않는 사람들까지 동요했다.

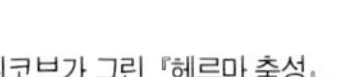

• 브론니코브가 그린 『헤르마 축성』.

•• 헤르마이란 헤르메스 신에게 바치는 기둥을 두루 일컫는 말이다. 상단이 주로 헤르메스의 두상으로 장식된 사각 기둥이었고 아테나이 도처에서 찾아볼 수 있었다. 사진 속 석관의 돋을새김 속에서도 이 기둥이 보인다.

••• 기원전 3-4세기경의 헤르메스 기둥. 루브르 박물관.

이 사건이 코린토스 사람들의 짓이라는 소문이 있었던 것도 사실이다. 쉬라쿠사이가 코린토스 이주민들의 정착지였으므로 코린토스 사람들이 불길한 전조를 꾸며 전쟁을 늦추거나 멈추려고 했을 것이라는 주장이었다. 그러나 대중은 이러한 논리에 설득 당하지 않았다. 또 다른 주장에 따르면 훼손 사건은 무시무시한 일이 일어날 징후가 아니었다. 타락한 젊은이들이 진한 포도주에 취해 재미로 난동을 부린 것에 지나지 않았다. 그러나 이 주장도 설득력이 없기는 마찬가지였다. 대중은 벌어진 사건을 분노와 공포의 눈으로 바라보았으며 사건이, 대담무쌍하고 위험천만한 음모에 대한 암시라고 여겼다. 따라서 모든 의심스러운 상황을 낱낱이 파헤치고자 했고 그러기 위해 의회와 민회는 며칠 사이 여러 차례 소집되었다.

XIX.

이 시기 민중 지도자였던 안드로클레스는 온갖 외국인들과 노예들의 증언을 내세워 알키비아데스가 친구들과 함께 여타 성상들을 훼손하고 엘레우시스의 비의를 우스꽝스럽게 재현했다고 주장했다. 증언에 따르면 테오도로스가 전령 역할을 했고 풀뤼티온이 횃불지기, 알키비아데스가 대제사장 흉내를 냈으며 나머지 친구들은 뮈스타이라고 불리며 입회자 역할을 했다. 바로 이것이 키몬의 아들 텟살로스가 민회에 제출한 탄핵안의 요지였다. 알키비아데스가 엘레우시스의 여신들에 대해 불경죄를 범했다는 주장이었다.

민중은 화가 치밀었고 알키비아데스로 인해 마음이 몹시 상했다. 게다가 알키비아데스의 숙적이었던 안드로클레스가 민중을 부추기고 있었다. 처음에는 알키비아데스도 어쩔 줄을 몰랐다. 그러나 시켈리아로 배를 타고 떠나게 될 선원과 병사들이 모두 그에게 우호적인 것을 보고 용기를 얻었다. 게다가 천 명에 달하는, 아르고스와 만티네이아의 중장비보병들까지, 그들이 바다를 건너 그토록 멀리 원정을 나서려는 것은 알키비아데스를 위해서라고 밝혔다. 그리고 알키비아데스가 부당한 처사를 당할 경우 그들 역시 철수하겠다고 분명히 못박았다. 그러자 이번에는 알키비아데스의 반대파가 풀이 죽었다. 알키비아데스를 필요로 하고 있던 민중이 그에게 지나치게 가벼운 형벌을 내릴까 불안했기 때문이다.

따라서 그들은 몇몇 연설가들을 시켜 민회에서 발언을 하게 만들었다. 알키비아데스의 반대파로 여겨지지는 않았으나 공공연한 반대파보다 알키비아데스를 더욱 경멸하는 연설가들이었다. 연설가들의 주장에 따르면 이미 세 장군이 임명되었고 막대한 병력에 대한 독자적인 결정권이 그들에게 주어진 상황이었다. 나아가 아군과 동맹군 병사들 역시 모조리 집합되어 있었다. 그런 마당에 제비뽑기로 배심원을 선출하고 재판을 벌이느라 시간을 끄는 것은 어불성설이었다. 그들은 이렇게 말했다.

"말도 안 됩니다. 일단은 출항하도록 놓아두고 하늘의 축복을 빌어줍시다! 전쟁이 끝나면 그때 자기변호의 기회를 주어도 늦지 않습니다. 법은 그때도 지금과 똑같을 테니까요."

그러나 재판을 연기하자는 주장이 어떤 악의를 담고 있는지 모를 알키비아데스가 아니었다. 막대한 병력을 이끌어야 하는 사람으로서 재판을 미룬 채 근거 없는 비난과 중상을 뒤에 남기고 출항하는 것은 크나큰 불행이었다. 알키비아데스는 반박할 기회를 줄 것이 아니면 죽음을 주고, 반박할 기회를 줄 것이라면 고국에 남은 밀고자들에 개의치 않고 직에 맞설 수 있게 해달라고 요청했다.

XX.

그러나 알키비아데스는 요구를 관철시키지 못한 채 출항을 명령받았다. 그리하여 140척에 달하는 트리에레스를 이끌고 동료 장군들과 함께 항해를 시작했다. 중무장 보병은 약 5천1백 명, 사수와 투석병, 경무장 보병은 약 1천3백 명이었고 그들에게 필요한 장비도 갖추어져 있었다. 이탈리아에 도달하여 레기온을 빼앗자마자 알키비아데스는 전쟁을 어떻게 이끌어 나갈지에 관한 계획을 제안했다. 니키아스는 이 계획에 반대했으나 라마코스가 찬성했기 때문에 알키비아데스는 시켈리아로 항해했다. 거기서 카타네의 충성을 얻었으나 그 밖에는 다른 성과를 이루지 못했다. 고국으로 돌아와 재판에 서라는 아테나이의 부름을 받았기 때문이다.

앞서 말한 바와 같이 처음 알키비아데스를 향한 온갖 불확실한 의심과 비난은 외국인과 노예들의 입에서 나온 것이었다. 그러나 이후 알키비아데스가 자리를 비우자 반대파는 좀 더 치밀하게 작업을 했다. 그들은 헤르마이와 엘레우시스 비의에 대한 불경이 같은 목적에 따라 이루어졌다고 보았다. 양쪽 모두 체제를 전복시키기 위한 음모의 열매로 본 것이다. 따라서 어떤 방식으로든 연루되어 있던 모든 사람들이 재판 없이 감금되었다. 민중은 그토록 무거운 혐의를 썼던 알키비아데스를 그때 당시 즉각 재판에 부치지 않은 것을 자책했고 알키비아데스에 대한 민중의 분노를 부추긴 그의 친척이나 친구, 동료는 그 극심한 분노의 맛을 톡톡히 보았다.*

그러나 밀고자들의 진술에는 확실하거나 일관적인 구석이 전혀 없었다. 실례로 한 증인은, 헤르마이를 훼손한 자의 얼굴을 어떻게 알아보았냐는 질문에 "달빛이 비추어 알아보았다"고 했다. 그러나 이 대답은 진술 전체를 무효로 만들었는데 사건이 벌어진 날에는 달이 뜨지 않았기 때문이다.

이에 분별 있는 사람들은 마음이 불편해졌다. 그러나 이조차도 악의 가득한 주장에 대한 민중의 감정을 누그러뜨리지는 못했다. 따라서 민중은 애초에 마음먹었던 대로 비난의 화살이 향한 모든 사람들을 끌어내 감옥에 처넣었다.

XXI.

구속되어 감옥에서 재판을 기다리는 사람들 중에는 연설가 안도키데스가 있었다.* 어쩌다 보니 그는 티마이오스라는 자와 가까워지게 되었다. 같은 혐의를 쓰고 감옥에 갇혀 있던 여러 사람들 가운데 하나였다. 티마이오스는 안도키데스보다 명성은 부족했으나 영리하고 용감한 사내였다. 그는 안도키데스를 포함한 몇 사람이 죄를 뒤집어써야 한다고 설득하기 시작했다. 티마이오스의 논리는 이러했다. 안도키데스가 자백을 한다면 민회의 명령에 따라 면책권을 얻을 터였다. 반면 재판을 받는다면 그 결과는, 확신할 수는 없어도 안도키데스처럼 지위가 높은 사람에게는 몹시 무시무시할 터였다. 따라서 억울한 혐의를 쓰고 수치스러운 죽음을 죽느니 허위 고백을 통해 목숨을 살리는 것이 낫다는 것이 티마이오스의 주장이었다. 또 사회의 전반적인 안정을 바라는 사람이라면 몇몇 수상쩍은 인물들이 죽도록 내버려 둘망정 수많은 선량한 사람들을 민중의 분노로부터 구해낼 것이라고도 했다.

티마이오스가 이러한 논리를 펼치자 안도키데스는 마침내 설득 당하여 몇몇 사람들과 함께 죄를 뒤집어썼다. 안도키데스 자신은 면책권을 얻었지만 그가 이름을 댄 다른 모든 사람들은, 도주한 사람들을 제외하고 사형에 처해졌다. 안도키데스는 진술에 신빙성을 주기 위하여 자기 집안 노예들의 이름을 대기도 했다.

그럼에도 민중의 분노는 가시지 않았다. 오히려 헤르마이 훼손자들을 처벌했으니 집중 사격을 퍼부을 더없는 기회라는 듯 급류처럼 알키비아데스를 향해 달려들었다. 마침내, 국함國艦 살라미니아를 보내 그를 고국으로 데리고 오기에 이른 것이다.

영리한 민중은 선원들에게, 폭력을 쓰지도 말고 알키비아데스의 몸에 손을 대지도 말라고 단단히 일러두었다. 다만 정중한 말투로, 귀국하여 재판을 받고 민중을 다독일 것을 권하도록 했다. 적의 땅에 있는 알키비아데스의 군대가 알키비아데스의 호송 명령에 동요하고 나라에 대한 반항심으로 가득 찰 것을 우려했기 때문이다. 알키비아데스의 말 한마디면 그렇게 되었을 것이다. 병사들은 알키비아데스가 떠난다는 소식에 무척 낙담해 있었고 니키아스의 지휘 아래에서는 전쟁이 한없이 길어지리라는 것을 알고 있었기 때문이다. 가축을 찌르는 막대와도 같은 알키비아데스가 없어지면 전투가 미루어지고 한산해질 것은 불 보듯 뻔했다. 라마코스는 훌륭한 군인이고 용기 있는 사람인 것은 사실이었으나 가난했으므로 권위와 신망이 부족했다.

XXII.

알키비아데스는 배를 타고 떠나기가 무섭게 아테나이로부터 멧세네를 빼앗았다. 멧세네에는 나라를 아테나이에 넘기려는 세력이 있었다. 이 세력과 아는 사이였던 알키비아데스는 도시가 넘어가기 직전, 비밀에 부쳐져 있던 그들의 계획을 쉬라쿠사이에 있는 자기 편 사람들에게 명료하게 전달함으로써 계획을 무산시켰다. 나아가 투리오이에 도착해서는 배를 버리고 몸을 숨겨 모든 추적을 피하려고 했다. 누군가가 그를 알아보고 "알키비아데스, 그대는 조국을 믿지 못합니까?"라고 묻자 그가 이렇게 대답했다.

"다른 것은 몰라도 내 목숨이 걸려 있는 문제에 관해서라면 그렇습니다. 나의 어머니라고 해서 반대표 대신 찬성표를 던지는 실수를 하지 않는다고 장담할 수 없으니까요."

이후 사형 판결이 내려졌다는 소식을 듣고는 이렇게 말했다.

"기필코 보여주겠다. 내가 멀쩡하다는 것을."*

알키비아데스는 불출석으로 자동 패소했고 재산을 몰수당했다. 그 밖에도 모든 남녀 사제들이 공식 석상에서 그에게 저주를 내려야 한다는 결정이 내려졌다.*

XXIII.

이처럼 무거운 판결과 형벌이 선고되었을 때 알키비아데스는 아르고스에서 미적거리고 있었다. 투리오이에서 도주하자마자 펠로폰네소스로 건너갔기 때문이다. 그러나 아르고스에 있을 반대파에 대한 두려움, 그리고 나라에 대한 원한 때문에 그는 스파르테로 서신을 보냈다. 면책권을 주고 자신을 믿어준다면 스파르테가 적국이었을 때 자신이 입힌 모든 피해보다 더 큰 공헌을 하겠다고 말한 것이다. 스파르테는 알키비아데스의 부탁을 들어주고 그를 받아주었다.

알키비아데스는 도착하기가 무섭게 한 가지 성과를 얻어냈다. 스파르테는 당시 쉬라쿠사이로 원군을 보내지 않고 차일피일 미루고 있었다. 이때 귈립포스를 지휘관으로 보내 그곳에 있는 아테나이 병력을 짓밟으라고 자극하고 부추긴 것이 바로 알키비아데스였다.

그의 두 번째 행적은 아테나이 본국과의 전쟁을 선동하는 것이었다. 그리고 세 번째이자 가장 중요한 일은 스파르테로 하여금 데켈레이아의 방비를 강화하게 만든 것이다. 다른 무엇보다 이 일이 그의 고국을 가장 심하게 파괴하고 손상시켰다.

스파르테에서 알키비아데스는 사회적으로도 명망이 높았고 개인적으로도 많은 존경을 받았다. 대중은 그의 영향력 아래 놓였고 그가 스파르테의 생활방식을 따르는 모습에 매혹되었다. 그가 머리를 자르지 않은 채 찬물로 목욕을 하고 거친 빵을 맛있게 먹으며 검은 죽을 홀짝이는 것을 본 시민들은 눈을 믿을 수 없었고 그가 한때 개인 요리사를 두었다는 사실을 의심했다. 향수 장사는 본 적도 없고 밀레토스 산産 양털옷은 만져보지도 못한 사람 같았다.

전하는 말에 따르면 알키비아데스에게는 다른 모든 능력을 뛰어넘는 능력이 하나 있었는데 이 능력은 사람의 마음을 사로잡는 데 유용한 도구였다. 바로, 다른 사람들의 일과 삶에 동화되어 거기 적응하는 능력이었다. 동화되기 위해 그는 카멜레온보다 더 격렬하게 변화했다. 그러나 카멜레온의 경우 한 가지 빛깔, 즉 흰색으로는 변할 수 없는 반면 알키비아데스는 선한 사람과 악한 사람 모두와 어울릴 수 있었고 그가 모방하거나 행동으로 옮길 수 없는 것은 없었다.

스파르테에서 그는 신체 훈련, 검박한 생활, 무뚝뚝한 표정에만 관심이 있었다. 반면 이오니아에서는 호화로운 휴식과 쾌락, 트라키아에서는 깊은 음주, 텟살리아에서는 격렬한 말타기에 관심이 있었고 페르시아의 지방관 팃사페르네스와 함께 지내게 되었을 적에는 페르시아 사람이 울고 갈 만큼 웅장하고 화려하게 품위를 과시했다.

이 방식에서 저 방식으로 완전히 넘어가는 것이 수월했다는 의미는 아니다. 또 그럴 경우 진짜 성품까지 바뀌었다는 것도 아니다. 그러나 알키비아데스는 자신의 타고난 행동 방식이 주변 사람들에게 불쾌하게 여겨질 수 있다고 생각하면 상대방에게 적합한 거짓된 겉모습을 취하는 데 매우 재빨랐다.*

아기스 왕이 원정을 떠나 있을 무렵 알키비아데스는 왕비 티마이아를 범했다. 티마이아는 알키비아데스의 아이를 갖고도 부인하지 않았다. 그리고 아들을 낳은 뒤 공식적인 자리에서는 아이를 레오튀키데스라고 불렀지만 친구들과 시녀들에게 말할 때는 알키비아데스라고 불렀다. 티마이아의 열정이 이토록 뜨거웠다. 그러나 알키비아데스는 언제나처럼 비웃는 듯한 말투로 티마이아를 범한 이유를 말하곤 했다. 왕실을 욕보이려고 벌인 무분별한 짓거리도 아니고 욕구를 만족시키기 위해서 저지른 짓도 아니었으며 단지 자기 자손이 라케다이몬의 왕위에 앉는 것을 보고 싶었다는 것이다.

상황이 이러했으니 왕에게 고자질할 사람이 적지 않았고 왕은 무엇보다 날짜를 따져보고 소문이 사실인 것을 알았다. 아기스 왕은 지진이 일어나던 날 공포에 휩싸여 자신의 침실과 왕비의 품 안을 박차고 뛰어나갔는데 그 뒤로 열 달 간 아내와 잠자리를 하지 않았다. 그런데 레오튀키데스가 이 열 달의 마지막에 태어난 것이다. 아기스 왕은 아이가 자신의 아들이 아니라고 공표했다. 이런 이유에서 레오튀키데스는 훗날 왕위를 물려받지 못했다.

XXIV.

시켈리아에서 아테나이가 참패한 뒤 키오스와 레스보스, 퀴지코스 사람들은 동시에 스파르테로 사절단을 보내 아테나이에 대한 반란을 논의하고자 했다. 그러나 보이오티아가 레스보스의 요청을 지지했고 파르나바조스가 퀴지코스를 지지했음에도 스파르테는 알키비아데스의 설득 끝에 키오스를 먼저 도우러 나서기로 결정했다.

알키비아데스는 몸소 배를 띄워 이오니아 거의 전부를 반란에 동참시켰고 라케다이몬 장군들과 끊임없이 연락하면서 아테나이에 상처를 입혔다. 그러나 아기스는 왕비의 남편으로서 겪은 불의 때문에 알키비아데스에게 적대적이었고 알키비아데스의 명성 또한 못마땅했다. 소문을 믿는다면 거의 모든 승리는 알키비아데스 덕이었기 때문이다. 다른 스파르테 사람들 가운데 영향력이 많고 야심에 차 있던 이들 또한 이미 그를 시기하고 귀찮아하고 있었다. 점차 세력을 키워간 그들은 곧 고국의 관리들을 설득해 이오니아로 알키비아데스의 처형 명령을 보냈다.

비밀리에 이 소식을 접한 알키비아데스는 경계심을 가졌다. 그리고 모든 사안에 관하여 라케다이몬의 편을 들면서도 용의주도한 행동으로 라케다이몬에 붙잡히는 것을 피했다. 그러다 페르시아 왕을 모시는 지방관 팃사페르네스에게 신변을 맡기고 곧 이 고관의 총애를 받게 되었다. 말은 달랐지만 이 페르시아 사람은 알키비아데스의 융통성과 뛰어난 기지를 높이 샀기 때문이다. 팃사페르네스 자신도 정직한 사람은 아니었고 사악했으며 부도덕한 친구들을 아꼈다. 그러나 사실상 그 어떤 성품을 가진 사람도 알키비아데스에 저항할 수 없었고 그 어떤 본성도 알키비아데스를 피할 수 없었다. 그의 일상생활과 대화는 그토록 넘치는 기품으로 가득 차 있었던 것이다. 그를 두려워하고 미워하는 사람조차 그의 존재와 그와의 교제에서 마음을 끄는 드문 매력을 느꼈다. 그리하여 헬라스 사람에 대한 혐오라면 페르시아 사람 누구에게도 지지 않던 팃사페르네스마저 알키비아데스의 아첨에 넘어가 그에게 더 많은 아첨의 말을 쏟아 부은 것이다. 실제로 팃사페르네스는 그가 갖고 있던 가장 아름다운 공원을 알키비아데스라고 칭했다. 신선한 물과 쾌적한 잔디밭이 있으며 놀이 공간과 쉼터가 웅장하고 화려하게 펼쳐진 공원이었다. 사람들도 다 그곳을 알키비아데스라고 불렀다.

• 팃사페르네스의 얼굴이 새겨진 동전.

XXV.

어느새 알키비아데스는 아기스에 대한 불신과 두려움으로 스파르테에 대한 지지를 철회하고 팃사페르네스 앞에서 스파르테를 비난하고 모함했다. 그리고 팃사페르네스에게, 스파르테에 너무 많은 원조를 하지도 말고 아테나이를 완전히 주저앉히지도 말라고 조언했다. 근소한 도움만을 주어 양쪽 모두를 곤경에 빠뜨린 뒤 천천히 지치게 만들라고 충고한 것이다. 그리고 마침내 서로가 서로를 약하고 피폐하게 만들면 왕에게 손쉬운 먹잇감이 되리라고 했다.

티사페르네스는 가볍게 설득당했다. 그가 새로 온 조언자를 아끼고 존경한다는 것이 역력했으므로 알키비아데스는 헬라스 양측의 부러움을 샀다. 알키비아데스에게 사형을 선고한 탓에 고통 받게 된 아테나이 사람들은 뼈저리게 후회했다. 당시 알키비아데스에게 마음의 짐이 없었던 것은 아니다. 그는 고국이 완전히 멸망할 경우 그를 증오하는 라케다이몬 사람들의 손에 넘겨질 것을 우려했다.

당시 아테나이의 거의 모든 병력은 사모스에 있었다. 해군이 지휘 본부로 삼은 이 섬에서 아테나이는, 반란을 일으켰던 이오니아 동맹국들의 일부를 되찾으려 하고 있었으며 불만을 품은 다른 국가들을 주시하고 있었다. 그런데 바다 위 적들에 맞서 그럭저럭 버티고는 있었지만 티사페르네스와 포이니케 함선 150척이 코앞이라는 소식을 듣고 잔뜩 겁을 집어먹고 있었다. 그 많은 함선이 한꺼번에 다가온다면 나라가 온전할 가능성은 없었다.

이를 알고 있었던 알키비아데스는 사모스에 있는 영향력 많은 아테나이 사람들에게 비밀리에 전갈을 보냈다. 티사페르네스를 아테나이의 편으로 끌어들일 방법이 있을지도 모른다는 내용이었다. 알키비아데스는 이 전갈에서 자신이 대중의 호의를 갈구하지도 않고 그들을 믿지도 않는다며 오히려 귀족의 호의를 원한다고 고백했다. 그러나 그가 귀족 편에 서려면 그들이 남자답게 나서서 민중의 오만방자함에 마침표를 찍고 사태의 추이를 장악한 다음 대의와 나라를 모두 구해야 한다고 덧붙였다.

이에 대부분의 귀족들은 알키비아데스 쪽으로 기울었다. 그러나 데이라이디오타이 출신의 프뤼니코스 장군은 귀족정이든 민주정이든 알키비아데스에게 소용이 없기는 마찬가지이며 그가 어떻게든 유배 생활을 청산하고자 애쓰고 있다고 의심했다. 실로 그러했다. 그는 알키비아데스가 민중을 비난한 것이 단지 귀족들의 호의를 얻고 환심을 사기 위한 전략이라고 여겼다. 따라서 그는 알키비아데스에 반대했다. 그러나 의견이 묵살되고 알키비아데스의 반대파로 낙인찍히자 그는 적의 해군 지휘관 아스튀오코스에게 비밀 전갈을 보내 알키비아데스가 이중으로 음모를 꾸미고 있으니 조심하라고 전했다. 그러나 프뤼니코스는 자신 또한 역적과 상대하고 있음을 알지 못했다.

아스튀오코스는 팃사페르네스에게 매우 큰 경외심을 가진 사람이었다. 그는 알키비아데스가 팃사페르네스를 좌지우지하는 것을 보고 두 사람 모두에게 프뤼니코스의 전갈을 전했다. 그러자 알키비아데스는 즉각 사모스로 사람을 보내 프뤼니코스를 비난했다. 섬에 있던 모든 아테나이 사람들은 격분하여 프뤼니코스에 맞서 단결했고 빠져나갈 구멍을 찾지 못한 프뤼니코스는 또 다른 악으로 악을 막으려 했다. 또다시 아스튀오코스에게 전갈을 보낸 것이다. 이 전갈에서 그는 먼저 보낸 전갈이 공개된 사실을 꾸짖는 동시에 아테나이의 함대와 병력을 넘길 준비가 되었다고 선언했다.

그러나 프뤼니코스의 이러한 반역 행위는 아테나이에 아무런 해를 끼치지 않았다. 아스튀오코스가 새로운 반역 행위를 저질렀기 때문이다. 그는 프뤼니코스의 두 번째 전갈 또한 알키비아데스에게 전달했다. 그러나 프뤼니코스는 아스튀오코스가 그렇게 하리라는 것을 예상했다. 그는 알키비아데스가 또다시 자신을 비난할 것을 기대하고 선수를 쳤다. 적이 공격을 해올 것이니 함대에 병력을 배치하고 진영의 방비를 강화하라고 조언한 것이다. 아테나이군이 부지런히 조언을 받드는 동안 예상대로 알키비아데스의 편지가 왔다. 프뤼니코스가 라케다이몬 측에 함대를 넘기겠다고 제안했으니 그를 조심하라는 내용이었다. 아테나이군은 당시 이를 믿지 않았다. 라케다이몬 측의 병력과 의도를 정확히 알고 있는 알키비아데스가 그 정보를 이용하여 프뤼니코스를 부당하게 비방하고 있다고 추측한 것이다.

그러나 훗날, 전방 수비대의 일원이었던 헤르몬이 시장 바닥에서 프뤼니코스를 단검으로 찔러 죽였을 때 아테나이 사람들은 죽은 프뤼니코스를 재판에 부쳤고 그를 반역 죄인으로 결정지었다. 살인을 저지른 헤르몬과 공범들에게는 오히려 명예의 관을 내렸다.

XXVI.

그러나 사모스에서는 곧 알키비아데스의 지지자들이 득세했고 그들은 페이산드로스를 아테나이로 보내 체제를 바꾸고자 했다. 페이산드로스의 역할은 도시의 지도자들을 부추겨 민주정을 전복시키고 정세를 장악하도록 만드는 것이었다. 알키비아데스가 팃사페르네스를 아테나이 편으로 끌어들이려면 이 전제 조건이 충족되어야 했다. 아테나이에서 귀족정을 수립한 자들은 바로 이것을 변명이자 핑계로 삼았던 것이다. 그러나 이른바 5천인은실은 4백 명에 지나지 않았다 권력을 빼앗고 정세를 장악하자마자 알키비아데스를 전혀 모른 척했고 전쟁에도 의욕을 보이지 않았다. 새로운 체제를 의심스러운 눈으로 바라보고 있던 시민들을 불신했기 때문이기도 했고 늘 귀족정을 선호해 왔던 라케다이몬이 아테나이를 보다 너그럽게 대하리라고 생각했기 때문이기도 했다.

나라 안에 있던 민중 정당은 두려움에 입을 다물고 있을 수밖에 없었다. 5천인, 아니 4백인에 공공연히 반대한 자들은 죽임을 당했기 때문이었다. 그러나 사모스의 병사들은 고국에서 벌어진 일을 전해 듣자 격분했고 페이라이에우스를 향해 배를 띄우고자 안달이었다. 그들은 알키비아데스에게 사람을 보내 그를 장군으로 임명하고 군대를 이끌어 독재자들을 처벌해달라고 요청했다.

보통 사람이 대중의 호의로 그토록 큰 권력을 갖게 되었다면 더할 나위 없이 고분고분한 태도를 유지하며 그들의 모든 부탁을 들어주고 대중의 어떤 의견에도 반박하지 않았을 것이다. 실로, 나라에서 쫓겨나 방랑하던 떠돌이 알키비아데스가 훌륭한 함대와 막대한 무장 병력의 지도자이자 장군이 된 것은 오로지 대중의 덕택이었다. 그러나 알키비아데스는 훌륭한 지도자답게 대중의 멈출 줄 모르는 맹목적인 분노를 다잡고 치명적인 실수를 저지르는 것을 막아야 한다고 생각했다. 따라서 적어도 이 경우에는 알키비아데스가 아테나이의 명백한 구원자였다고 할 수 있다.

그들이 고국을 향해 배를 띄웠다면 아테나이가 아테나이에 맞서 고국을 전장으로 삼아 싸우는 동안 적은 손 하나 까딱 않고 이오니아 전부와 헬레스폰토스, 섬들까지 점령했을 터이다. 그러한 전쟁을 막은 것은 누구보다 알키비아데스였다. 그는 군중을 설득하고 가르쳤을 뿐만 아니라 한 사람 한 사람 붙잡아 누구에게는 간청을 하고 누구는 제지했다. 스테이리아 출신의 트라쉬불로스가 도움이 되었다. 그는 알키비아데스와 함께 다니며 큰 소리로 외치는 일을 담당했다. 전해지는 말에 따르면 그는 아테나이에서 목소리가 가장 큰 사람이었기 때문이다.

알키비아데스가 행한 두 번째 칭송받아 마땅한 일은 포이니케 함대를 아테나이 편으로 만들겠다고 약속한 일이다. 페르시아 왕이 보낸 이 포이니케 함대의 본래의 목적지는 라케다이몬 측 진영이었다. 알키비아데스는 못해도 함대가 라케다이몬 측으로 가는 것만은 막겠다고 장담하고 이를 위해 신속하게 배를 띄웠다.

함대는 아스펜도스 앞바다에서 목격되었으나 팃사페르네스는 라케다이몬을 속이고 함대를 인도하지 않았다. 그러나 양측 모두 이를 알키비아데스의 소행으로 여겼고 라케다이몬 측은 더욱 그렇게 생각했다. 그들은 팃사페르네스가 알키비아데스의 지시에 따라 헬라스의 공멸을 유도했다고 비난했다. 포이니케 함대처럼 막강한 해군 병력이 어느 한 편에 붙는다면 그 편이 상대편으로부터 해상 권력을 완전히 빼앗아 버릴 것은 명백했기 때문이다.

XXVII.

이 일이 있고 4백인은 권력을 빼앗겼으며 알키비아데스의 지지자들은 어느새 열정적으로 민중 정당을 돕고 있었다. 그러자 알키비아데스에게 선뜻 귀국하라는 명령이 떨어졌다. 그러나 알키비아데스는 아무런 공적 없이 빈손으로 돌아가서는 안 된다고 생각했다. 대중의 동정과 호의 속에서가 아니라 영광의 불꽃에 휩싸여 귀국하고 싶었다.

따라서 작은 규모의 함대를 꾸려 사모스를 떠났고 크니도스와 코스 주변으로 배를 몰았다. 거기서 그는 스파르테의 해군 대장 민다로스가 전 함대를 이끌고 헬레스폰토스로 향하고 있으며 아테나이가 뒤쫓고 있다는 소식을 들었다. 그래서 그는 아테나이 장군들을 돕기 위해 서둘렀다. 아뷔도스 앞바다에서 싸움이 붙은 두 군대는 저녁까지 승리와 패배를 거의 골고루 나눠 갖고 있었으며 이러지도 저러지도 못한 채 분투 중이었다. 알키비아데스가 트리에레스 열여덟 척을 이끌고 도달한 것은 바로 그때였다. 양측 모두 알키비아데스의 등장을 오해했다. 적은 기세등등해졌고 아테나이 사람들은 혼란에 빠졌다.

그러나 알키비아데스는 재빨리 기함에 아테나이 깃발을 올렸으며, 승세를 타고 아테나이를 추격하던 펠로폰네소스 함대를 덮쳤다. 적이 패주를 시작하자 육지 방향으로 밀어붙였고 바짝 뒤쫓으며 적의 함대를 들이받아 격파했다. 적의 선원들은 해변으로 헤엄쳐 갔으며 보병대를 대동한 파르나바조스가 그들을 도우러 왔다. 그들은 해변에 줄지어 서서 배를 지키기 위해 싸웠다. 그러나 마침내 아테나이는 적의 함선 서른 척을 빼앗고 아군의 함선을 모두 구출했으며 승전비를 세웠다.

알키비아데스는 이 빛나는 성공을 기회로 삼아 당장 팃사페르네스 앞에 모습을 드러내고 싶었다. 그래서 호의와 우정의 선물을 가득 안고, 마치 제왕의 것처럼 위엄 있는 행렬의 선두에 서서 지방관 팃사페르네스를 찾았다. 그러나 돌아온 대접은 예상 밖이었다.

당시 팃사페르네스는 왕의 처벌을 두려워하고 있었다. 라케다이몬이 오래전부터 페르시아 왕에게 팃사페르네스에 대한 불평을 늘어놓고 있었기 때문이다. 그런 팃사페르네스에게 알키비아데스의 방문은 실로 시기적절하게 느껴졌다. 그래서 그는 알키비아데스를 붙잡아 사르디스에 가두었다. 그렇게 하면 스파르테의 비난이 잠잠해지리라고 생각했기 때문이다.

XXVIII.

30일 후 알키비아데스는 보초를 따돌리고 달아났다. 그리고 누군가로부터 말을 얻어 클라조메나이로 도망쳤다. 팃사페르네스에게 보복을 하고 싶었던 알키비아데스는 자신의 탈주를 팃사페르네스가 묵인했다고 주장했으며 팃사페르네스는 추가로 비난을 들어야 했다.

이어서 알키비아데스는 배를 몰고 아테나이 진영으로 갔으며 민다로스와 파르나바조스가 퀴지코스에 있다는 것을 알게 되었다. 그래서 병사들을 자극하기 시작했다. 이제부터는 적을 상대로 해전과 육전, 심지어 포위 공격까지 해야 할 것이라고 선언하며 다방면으로 승리하지 않는다면 가난에 직면하게 될 것이라고 했다. 그런 뒤 배에 병력을 배치하고 프로콘네소스로 향했다. 나아가 작은 상선을 만나면 죄다 붙잡아 감시하라고 명령했는데 자신이 다가온다는 것을 적에게 그 어떤 방법으로든 경고하고 싶지 않았기 때문이다.

그 와중에 때마침 소나기가 쏟아졌고 천둥과 어둠이 알키비아데스의 계획을 숨기는 데 협조했다. 적을 속이는 데 그친 것이 아니라 아테나이군 스스로도 전투를 할 수 있을 것이라고 기대하지 않았다. 그런데 갑자기 알키비아데스가 병력을 승선시키고 출항을 명령했다. 잠시 후 어둠이 걷혔고 퀴지코스의 항구에 묶인 펠로폰네스의 함대가 보였다. 다가오는 아테나이 함대를 보고 적이 육지로 피할까 두려웠던 알키비아데스는 동료 지휘관들로 하여금 천천히 배를 몰아 뒤처지게 했다. 한편 자신은 함선 마흔 척만을 이끌고 적의 시야에 들어섰고 싸움을 걸었다. 펠로폰네소스군은 철저히 속아 넘어갔다. 아테나이 함선의 숫자가 적은 것을 보고 싸우러 나왔으며 즉각 거리를 좁혀 접전을 벌인 것이다. 이윽고 전투가 격렬해지자 뒤처졌던 아테나이 함선들이 나타나 적을 덮쳤고 적은 허겁지겁 도망치기 시작했다.

그러자 알키비아데스가 가장 뛰어난 함선 스무 척을 이끌고 적의 방어선을 뚫고 상륙했다. 하선한 아테나이 병력은 배를 버리고 도망가는 적을 공격했고 여럿을 죽였다. 그는 도움을 주러 온 민다로스와 파르나바조스도 압도했다. 민다로스는 꿋꿋이 싸우다 죽었으나 파르나바조스는 도주했다. 아테나이군의 손에 들어온 시신과 무기는 적지 않았고 적의 함선도 전부 아테나이의 것이 되었다.

그들은 파르나바조스가 포기한 퀴지코스도 덮쳤고 섬에 있던 펠로폰네소스 사람들을 전멸시켰다. 그렇게 해서 아테나이는 헬레스폰토스를 손아귀에 확실하게 넣었을 뿐 아니라 나머지 바다에서도 라케다이몬을 한 방에 몰아냈다. 고국의 관리들에게 참사를 알리려던 전갈마저 압수되었는데 라코니아* 사람들이 보낸 전갈답게 실로 간명했다.

"함대를 잃었다. 민다로스도 사라졌다. 병사들은 굶고 있다. 속수무책이다."

XXIX.

한편 알키비아데스의 병사들은 한껏 우쭐하고 득의만만하여 나머지 병사들과 어울리는 것을 꺼려했다. 패배를 맛보지 않은 그들로서는 여러 번 패배를 경험한 병사들과 어울리고 싶지 않았던 것이다. 퀴지코스 전투가 있기 전 트라쉴로스 장군이 에페소스에서 패했을 때 에페소스 사람들이 청동으로 승전비를 세움으로써 아테나이에게 수치를 준 일이 있었다. 알키비아데스의 병사들은 트라쉴로스의 병사들에게 바로 그 일을 들이대며 으스댔고 알키비아데스를 추켜세운 것이다. 나아가 트라쉴로스의 병사들과 훈련장이나 막사를 함께 쓰는 것을 거부했다.

그러나 파르나바조스가 수많은 기병과 보병을 이끌고, 아뷔도스 지방을 약탈하고 있던 트라쉴로스의 병력을 공격해 왔을 때 알키비아데스는 진영을 박차고 나가 트라쉴로스를 도왔고 결국 파르나바조스를 패주시키고 트라쉴로스와 함께 밤이 올 때까지 적을 추격했다. 이 일로 두 파벌은 서로 어울리게 되었고 상호 간에 우애와 기쁨을 나누며 진영으로

* 라케다이몬, 즉 스파르테가 있는 지방의 이름이 라코니아다. 라케다이몬 사람들은 정곡을 찌르는 간명한 말버릇으로 유명한데 그들의 '라코니아적'인 발언의 예는 「뤼쿠르고스」 편에서 잘 다루고 있다.

돌아왔다.

다음 날 알키비아데스는 승전비를 세우고 파르나바조스의 영토를 약탈했는데 그 누구도 감히 방어하려고 나서지 않았다. 그는 심지어 몇몇 남녀 사제들도 붙잡았으나 몸값을 요구하지 않고 풀어주었다. 이어서, 아테나이를 배신하고 라케다이몬의 수비대와 지방관을 받아들인 칼케돈을 공격하러 나섰다. 가는 길에 알키비아데스는 칼케돈 시민들이 모든 생산물과 재산을 빼돌려 우방국 비튀니아 사람들에게 맡겼다는 소식을 들었다. 그래서 군대를 이끌고 비튀니아의 경계로 행진했고 전령을 통해 비난의 말과 요구사항을 전달했다. 공포에 휩싸인 비튀니아 사람들은 칼케돈 사람들의 재물을 알키비아데스에게 넘겼고 그와 우호 협정을 맺었다.

XXX.

칼케돈 주위로 이 바다에서 저 바다까지 성벽이 세워지고 있을 무렵 파르나바조스가 포위 공격을 멈추기 위해 찾아왔고 동시에 스파르테의 지방관 힙포크라테스가 병력을 이끌고 성밖으로 나와 아테나이군을 공격했다. 그러나 알키비아데스가 대열을 정비하고 양측의 적을 한꺼번에 상대하자 파르나바조스는 수치스러운 후퇴를 해야 했고 힙포크라테스는 패배한 부하들 다수와 함께 죽임을 당했다.

그런 다음 알키비아데스는 몸소 헬레스폰토스로 배를 띄워 거기서 세금을 걷었다. 셀뤼브리아를 사로잡기도 했는데 거기서 그는 지나칠 정도로 자신을 위험에 노출시켰다. 사정은 이러했다. 셀뤼브리아에는 알키비아데스에게 도시를 넘기겠다는 사람들이 한 무리 있었다. 양측은 자정에 횃불을 올리는 것을 신호로 삼기로 약속했다. 그러나 음모에 가담했던 사람들 중 한 사람이 갑자기 마음을 바꾸는 바람에 정해진 시간 이전에 횃불을 올릴 수밖에 없었다. 병력이 준비되기도 전에 횃불이 올라간 것이다. 신호를 본 알키비아데스는 병사 서른 명 가량을 데리고 성벽으로 내달리며 나머지 병사들에게 최대한 서둘러 따라붙으라고 명령했다.

알키비아데스가 다가가자 성문이 활짝 열렸고 그는 중장비 보병 서른 명, 가벼운 방패를 든 지원병 스무 명과 함께 성안으로 뛰어 들어갔다. 그러자 그를 공격하기 위해 전투 대형을 갖추고 전진하는 셀뤼브리아군이 보였다. 맞서 싸우자니 위험해 보였고 도망치기에는 알키비아데스의 의욕이 너무 넘쳤다. 그날까지 패배를 모르고 싸워 왔기 때문이었다.

따라서 그는 나팔 소리를 멈추게 한 다음 셀뤼브리아가 아테나이를 상대로 무기를 들어서는 안 된다는 내용의 공식 선언의 발표를 지시했다. 선언문을 듣은 셀뤼브리아 사람 일부는, 성안으로 들어온 적병들이 적의 전부라는 자신들의 추측이 맞다면 군이 싸워야 하는지 의심스러워졌다. 또 어떤 사람들은 평화로운 합의가 가능하리라는 기대에 화가 누그러졌다.

그리하여 셀뤼브리아 사람들은 서로 논의를 시작했고 그 와중에 알키비아데스의 군대가 당도했다. 셀뤼브리아 사람들이 평화를 원한다고 판단했던사실이 그러했다 알키비아데스는 자신이 거느리고 있던 트라키아 병사들이 도시를 약탈할 것을 두려워했다. 실제로 아테나이군에는 알키비아데스에 대한 호의와 선의로 인해 열심히 복무 중인 트라키아 병사들이 많았다. 따라서 그는 트라키아 병사들을 모두 성 밖으로 몰아냈으며 셀뤼브리아 사람들의 간청에 따라 성에 아무런 피해도 입히지 않았다. 일정 금액을 받고 수비대를 세운 뒤 가던 길을 갔을 뿐이다.

XXXI.

한편 칼케돈을 포위 공격하고 있던 아테나이 장군들은 파르나바조스와 화평을 맺었다. 파르나바조스가 아테나이에 일정 금액을 주고 칼케돈을 다시 아테나이의 지배 아래 놓는 대신 아테나이는 파르나바조스의 영토를 약탈하지 않는다는 조건이었다. 나아가 파르나바조스는 아테나이의 사절단이 무사히 페르시아 왕을 만날 수 있도록 안전히 호위하기로 했다. 따라서 알키비아데스가 셀뤼브리아에서 돌아왔을 때 파르나바조스는 알키비아데스 또한 협정에 따라 서약을 해야 한다고 요구했다. 그러나 알키비아데스는 파르나바조스가 서약을 할 때까지 서약을 미루었다.

서약이 끝나고 알키비아데스는, 아테나이를 배신하고 도시를 성벽으로 에워싼 뷔잔티온을 상대했다. 그러자 아낙실라오스와 뤼쿠르고스를 비롯한 몇몇 뷔잔티온 사람이, 도시를 약탈하지 않는다는 조건 아래 알키비아데스에게 도시를 넘기는 데 동의했다. 합의 직후 알키비아데스는 이오니아에 위험한 상황이 불거져 떠날 수밖에 없다는 이야기를 퍼뜨렸다. 그리고 백주 대낮에 함대 전체를 바다로 돌렸다.

밤이 되자 함대는 몰래 다시 돌아왔다. 알키비아데스는 휘하에 있던 중장비 보병들과 함께 하선해서 성벽 가까운 곳에 자리를 잡았다. 한편 함대는 요란하게 난리 법석을 피우며 항구로 밀어닥쳤다. 뷔잔티온 사람들은 갑작스러운 공격에 기겁을 했다. 덕분에 성안에 있던 친 아테나이파 사람들은 알키비아데스를 무사히 성안으로 들일 수 있었다. 모든 사람들이 적의 함대가 있는 항구로 서둘러 떠난 뒤였기 때문이다. 그러나 성은 순순히 넘어오지 않았다.

뷔잔티온 수비대의 일부였던 펠레폰네소스, 보이오티아, 메가라 병사들로 인해 아테나이 해군은 배 위로 쫓겨 올라갔다. 그런 다음 수비대는 아테나이군의 일부가 성안에 있는 것을 눈치 채고 전투 대형을 이루어 공격했다. 격렬한 전투가 이어졌으나 우측 날개는 알키비아데스, 좌측 날개는 테라메네스가 무찔렀다. 생포된 적병은 적어도 3백이었다.

뷔잔티온 사람은 단 한 명도 죽임을 당하거나 전투 후 추방되지 않았다. 도시를 넘긴 사람들이 바로 이러한 것들을 조건으로 내건 바 있었고 합의도 이루어진 뒤였기 때문이다. 그들은 자신들만을 위해 특별한 은혜를 요구하지도 않았다. 훗날 스파르테가 아낙실라오스를 반역죄로 기소했을 때 그는 자신이 불명예스러운 일을 저지른 적이 없다는 것을 분명히 밝혔다.

아낙실라오스의 말에 따르면 그 자신은 라케다이몬 사람이 아니라 뷔잔티온 사람이었고 위험에 처한 것은 스파르테가 아니라 뷔잔티온이었다. 따라서 뷔잔티온의 입장에서 생각할 수밖에 없었다. 당시 뷔잔티온은 적으로부터 포위 공격을 당하고 있었으며 그 어떤 구호물자도 안으로 들일 수 없는 상황이었다. 이미 성안에 있던 물자는 펠로폰네소스와 보이오티아 인들이 축내고 있었으며 뷔잔티온 사람들은 여인이고 아이고 할 것 없이 굶주리고 있었다.

그러니 그는 도시를 적에게 넘긴 것이 아니라 전쟁과 전쟁을 수반한 공포로부터 놓아준 것이며 그렇게 함으로써 고귀한 라케다이몬 사람들을 모방한 것이다. 라케다이몬 사람들은 나라의 이익을 추구하는 행위라면 무조건 명예롭고 정의로운 일이라고 생각했기 때문이다. 아낙실라오스의 말을 듣고 뜨거운 존경심에 마음이 움직인 라케다이몬 사람들은 그에게 무죄를 선고했다.

XXXII.

그러나 알키비아데스는 마침내 고향이 그리워졌다. 더 바라는 것이 있다면 동료 시민들 앞에서, 적을 수차례 쳐부순 자신의 업적을 자랑하는 것이었다. 그리하여 알키비아데스는 배를 띄웠다. 그의 앗티케 산 트리에레스는 사방이 모두 수많은 방패와 전리품으로 장식되어 있었다. 전투에서 빼앗은 그 밖의 많은 것들 또한 배 뒤편에 묶여 항적을 따라오고 있었다. 그가 압도하고 파괴한 적선의 뱃머리에서 떼어낸 선수상船首像은 더욱 많았다. 다 합해서 2백 개가 넘었다.

알키비아데스의 자손이라고 주장하는 사모스 사람 두리스는 추가적인 설명을 덧붙인다. 알키비아데스의 노잡이들이 퓌토 사람 크뤼소고노스의 피리 소리에 맞추어 노를 저었는가 하면 비극 배우 칼립피데스의 입에서 나오는 규칙적인 소리에 박자를 맞추었다는 것이다. 나아가 두리스의 말에 따르면 이 두 예인은 긴 속옷과 펄럭이는 겉옷을 입고 있었고 그 밖에도 자기 분야에 어울리는 장식을 하고 있었다. 게다가 지휘관의 배는 마치 주흥에 뱃놀이를 나선 듯 자주색 돛을 달고 입항했다.

그러나 테오폼포스나 에포로스, 크세노폰 가운데 누구도 이러한 것들을 언급하고 있지 않고 알키비아데스가 아테나이 사람들 앞에서 그런 식으로 뽐냈을 가능성도 적다. 오랜 유랑 생활과 크고 많은 위험을 겪은 뒤 귀향하는 알키비아데스는 오히려 항구로 들어서면서 두려움을 감출 수 없었다. 도착한 뒤에도 트리에레스를 떠나지 않고 갑판에 서 있다가 사촌 에우뤼프톨레모스가 친척, 친구들과 함께 마중을 나와 환영의 인사를 외치고 있는 것을 보자 그제야 배에서 내려왔다.

알키비아데스가 땅을 밟자 사람들은 무리를 지어 환영 인사를 외치며 알키비아데스에게 달려갔다. 다른 장군들과 맞닥뜨려도 거들떠보지조차 않았다. 수많은 군중이 알키비아데스를 따라다녔으며 가까이 갈 수 있었던 사람은 그의 머리에 화관을 씌워주었다. 그러나 군중에 가로막혀 가까이 갈 수 없었던 사람들은 먼발치에서 그를 바라보았고 나이 든 시민들은 젊은 사람들에게 그를 짚어 주었다.

그러나 시민들의 기쁨에는 짙은 슬픔도 섞여 있었다. 사람들은 복에 겨운 현재와 달리 고생스러웠던 과거를 떠올렸다. 그리고 만약 알키비아데스를 시켈리아 원정대의 우두머리로 남겨 놓았더라면 섬을 빼앗기지도 않았을 것이며 그 밖의 다른 원대한 희망이 깨어지는 일도 없었으리라고 생각했다.

바다에서 추방된 것에 다름없었던 아테나이가 주변 영토마저 제대로 다스리지 못하고 있을 때, 나아가 성안에서는 파벌 다툼이 횡행할 때 처참하고 초라한 처지의 아테나이를 붙들고 일으켜 세운 것은 바로 알키비아데스였다. 그는 아테나이에게 해상의 지배권을 되찾아주었을 뿐만 아니라 육지 온 사방에서 아테나이를 승자로 만들기까지 했던 것이다.

XXXIII.

알키비아데스의 귀국을 허락한 법령은 이미 오래전에 통과된 바 있었다.* 따라서 알키비아데스가 돌아온 뒤 민중이 할 일은 민회를 소집하고 알키비아데스의 연설을 듣는 것뿐이었다. 그는 자신의 운명을 슬퍼하기고 애통해 했으나 민중에게는 아주 적고 가벼운 책임만을 물었다.

자신의 불행 전체를 어떤 악한 운명, 혹은 시기심 많은 정령의 탓으로 돌린 것이다. 그런 다음 그는 적이 품고 있는 헛된 희망에 대해 장황하고 상세하게 설명하며 듣는 사람들의 용기를 북돋았다.

그가 말을 마치자 민회는 그에게 금관을 내리고 그를 장군으로 선출한 뒤 육지와 해상 모두에서 독점적인 권력을 주었다. 또한 투표를 통해 재산을 돌려주기로 결정했으며 사제 가문 에우몰피다이와 케뤼케스는 민중의 명령에 따라 그에게 내렸던 저주를 거두기로 했다. 다른 사제들도 저주를 거두었으나 대제사장 테오도로스는 이렇게 말했다.

"그가 나라에 아무 잘못도 하지 않는다면 저주도 없었던 셈이 됩니다."

XXXIV.

그러나 알키비아데스의 눈부신 금의환향에도 일부 사람들은 그가 돌아올 시기를 잘못 택했다고 생각했다. 알키비아데스가 입항한 날은 아테나 여신에게 바치는 플륀테리아 축제가 벌어지고 있는 날이었다. 타르겔리온 달月의 스물닷새 날에 벌어지는 이 의식에서 사제 가문인 프락시에르기다이 출신 사람들은 철저한 보안 속에 신상의 옷을 벗기고 천으로 신상 전체를 가린다. 따라서 아테나이 사람들은 이날을 어떤 일을 하기에도 재수가 좋지 않은 날로 여긴다. 여신은 친절과 선의로 알키비아데스를 환영하는 것처럼 보이지 않았고 오히려 알키비아데스로부터 자신을 가리고 그를 멀리하려는 것처럼 보였다.

그럼에도 모든 것이 알키비아데스가 원하는 대로 이루어졌고 트리에레스 백 척에 병력이 배치되었다. 그는 곧 함대를 이끌고 다시 출항할 예정이었다. 그러나 원대하고도 갸륵한 야망이 그를 사로잡았고 그는 엘레우시스 비의가 있을 때까지 아테나이에 남았다.

데켈레이아의 방비가 강화되고 엘레우시스로 가는 길이 그곳에 상주하고 있던 적의 손에 들어간 뒤로 엘레우시스 축제의 의식은 바다 곁에서 그 어떤 화려한 볼거리 없이 거행되고 있었다. 이악코스•를 아테나이에서 엘레우시스로 옮기는 길에서 주로 거행되던 희생 의식, 합창과 무용, 그 밖의 여러 성스러운 의식이 필요에 의해 생략된 것이다.

• 이악코스는 박코스, 즉 주신(酒神) 디오뉘소스의 다른 이름이다. 사진 속에서는 소년이 디오뉘소스에게 술을 따르고 있다. 기원전 480년경. 루브르 박물관.

•• 엘레우시스 축제에서는 이악코스 이외에 데메테르와 딸 페르세포네를 기리는 의식이 거행된다. 데메테르가 이 의식의 기원과 직접적인 관련이 있기 때문이다. 그림은 의식의 기원 신화를 조각한 돋을새김을 본뜬 것이다. 왼쪽이 데메테르, 오른쪽이 페르세포네이다. 아테네 국립 고고학 박물관.

••• 엘레우시스 비의를 묘사한 봉헌(奉獻) 편액(扁額). 기원전 4세기경.

따라서 알키비아데스는 성스러운 축제가 전통에 따라 치러지게 함으로써 신들의 눈에 더 경건한 사람으로 보이고 시민들에게 더 훌륭한 사람으로 기억될 수 있다면 참으로 좋겠다고 생각했다. 그래서 보병대의 호위 아래 축제 행렬이 적의 땅을 지나가도록 하기로 마음먹었다. 만약 적이 얌전히 있다면 알키비아데스는 아기스 왕의 허를 찌르고 콧대를 꺾을 수 있었다. 반면 가만히 있지 않는다면 알키비아데스는 신들의 허락을 받은 성스러운 전투를 할 수 있었다. 지극히 위대하고 경건한 목적을

• 박코스(디오뉘소스) 신의 다른 이름. 엘레우시스 축제 때 이 신의 성상을 안고 행진하는 풍습이 있었다. 엘레우시스 축제는 아테나이에서 거행되던 가장 중요한 축제 가운데 하나로 데메테르와 페르세포네, 이악코스 신을 위해 희생 제물을 바치거나 행렬을 하고 비밀 의식을 치르는 등의 절차로 이루어져 있다.

위해 고향이 보이는 곳에서, 그것도 모든 동료 시민들 앞에서 용맹을 떨칠 수 있게 될 터였다.

생각대로 하기로 하고 사제 가문 에우몰피다이와 케뤼케스 측에 계획을 알린 알키비아데스는 지대가 높은 곳에 보초를 세우고 날이 밝을 무렵 선발대를 보냈다. 그런 다음 사제와 입회자, 그리고 비의 전수자들을 중장비 보병으로 에워싼 뒤 침묵 속에서 엘레우시스로의 엄숙한 행렬을 시작했다. 알키비아데스가 연출한 광경이 얼마나 장엄하고 경건하였으면 그에게 나쁜 감정이 없던 사람들은 모두 그가 장군보다는 대제사장, 비의 전수자에 가깝다며 추켜세웠다.

그 어느 적병도 감히 알키비아데스를 공격하지 않았고 행렬은 무사히 아테나이로 돌아왔다. 이 일로 알키비아데스는 자신감이 충천하였으며 그의 군대 역시 알키비아데스의 지휘 아래 저항할 수 없고 패배를 모르는 존재가 되었다는 생각에 가슴이 벅찼다.

상대적으로 지위가 낮고 가난한 사람들은 알키비아데스의 지도력에 매료된 나머지 그를 참주로 세우고 싶은 놀라운 열망으로 충만하게 되었다. 일부는 정식으로 제안하기도 했으며 실제로 그에게 간청하기까지 이르렀다. 그가 시기심을 초월하여 법률과 법령을 폐지하고 나라의 운명에 치명적인 떠버리들을 잠재울 것으로 기대한 것이다. 그들은 알키비아데스가 직업적 밀고자들에 대한 두려움 없이 절대적인 권력을 갖기를 바랐다.

XXXV.

알키비아데스 자신이 참주제에 대해 어떠한 생각을 가지고 있었는가는 명확하지 않다. 그러나 영향력이 큰 시민들은 참주제를 두려워했고 알키비아데스가 최대한 빠른 시일 내에 출항하기를 바라며 안절부절못했다. 심지어 알키비아데스에게 동료를 직접 뽑을 수 있는 권한을 주었다. 따라서 알키비아데스는 함선 백 척으로 안드로스를 쳤고 전투 끝에 섬사람들과 거기 있던 라케다이몬 사람들까지 굴복시켰으나 도시를 사로잡지는 않았다. 이것이 알키비아데스의 적이 새로운 빌미로 잡은 첫 번째 사건이었다.

드높은 명성으로 인해 몰락한 자가 있다면 그가 바로 알키비아데스다. 알키비아데스가 승승장구를 거듭하자 그의 용맹과 지혜도 무한한 것으로 여겨졌기에 그가 조금이라도 실패하면 사람들은 그의 의도를 의심했다. 능력이 부족해서 실패했다고는 믿지 않은 것이다. 사람들은 그가 마음만 먹으면 무엇이든 할 수 있다고 여겼다. 따라서 키오스를 비롯하여 이오니아의 나머지 땅도 빼앗았다는 소식을 기대했다. 그러나 그가 모든 일을 한꺼번에, 재빨리, 그리고 그들의 바람에 따라 처리하지 않은 것을 알고는 격노했다.

알키비아데스가 가진 자금이 부족했다는 점은 미처 생각지 않은 것이다. 아군은 자금이 부족한데 적은 페르시아의 대왕으로부터 아낌없는 지원을 받고 있었기 때문에 알키비아데스는 수차례 진영을 비우고 보급품과 급료를 구하러 항해해야 했다. 그를 향한 마지막, 가장 주된 비난은 바로 이러한 필요에서 비롯되었다.

라케다이몬이 해군 대장으로 보낸 뤼산드로스는 퀴로스로부터 받은 돈으로 선원들에게 일당 3오볼로스•가 아닌 4오볼로스를 주었다. 그러나 3오볼로스를 지급하기에도 벅찼던 알키비아데스는 전쟁 자금을 걷기 위해 카리아로 떠나야 했다. 그간 함대의 지휘권은 안티오코스에게 맡겼는

• 화폐로서 오볼로스는 헬라스에서 통용되던 은화로 6오볼로스가 1드라크메에 해당했다.

데 안티오코스는 용감한 지도자이기는 해도 한편으로 어리석고 미천한 자였다.

알키비아데스는 안티오코스에게 적이 싸움을 걸어와도 절대로 싸움을 무릅쓰지 말라고 신신당부했다. 그러나 안티오코스는 명령을 무시하고 제멋대로 자신의 트리에레스와, 추가로 한 척에 병력을 배치하고 에페소스로 항해했다. 게다가 라케다이몬 함선들의 뱃머리 곁으로 미끄러지며 부끄러운 줄 모르고 온갖 욕설과 모욕적인 몸짓을 해댔다.

처음에는 뤼산드로스도 함선 몇 척만을 보내 안티오코스를 추격했다. 그러나 다른 아테나이 함선들이 안티오코스를 도우러 오자 뤼산드로스는 함대 전체를 움직여 승리를 거머쥐었다. 제 손으로 안티오코스를 죽이고 함선 여러 척을 사로잡았으며 승전비까지 세운 것이다. 알키비아데스는 이 소식을 듣자마자 사모스로 돌아가 함대 전체를 이끌고 나왔고 뤼산드로스에게 도전장을 던졌다. 그러나 뤼산드로스는 한 번의 승리로 만족했으므로 도전에 응하지 않았다.

XXXVI.

아테나이 진영 내에도 알키비아데스를 증오하는 이들이 있었다. 그 가운데 트라손의 아들 트라쉬불로스는 알키비아데스를 비난하기 위해 아테나이로 배를 몰았다. 그는 아테나이군의 계획을 망치고 관직을 우습게 여겨 함선을 잃은 것이 알키비아데스라고 선언함으로써 온 나라를 그의 적으로 돌려놓았다. 트라쉬불로스의 말에 따르면 알키비아데스는, 바다 모험담을 술술 잘 풀어낼 줄 아는 술고래라면 무조건 믿고 지휘권을 맡겼으며 그동안 자신은 바다를 누비며 돈을 걷고 아뷔도스와 이오니아의 고급 창부들과 진탕 마시고 즐겼다. 적의 함대가 곁에 도사리고 있어도 아랑곳하지 않았다.

알키비아데스의 반대파는 그가 트라키아 땅 비산테 근처에 지은 성채도 걸고 넘어졌다. 그들은 알키비아데스가 고국에 살기 싫어지거나 살지 못하게 될 경우에 대비한 피난처로서 성채를 지었다고 주장했다. 아테나이 사람들은 이 말에 설득당했고 알키비아데스의 자리에 다른 장군들을 앉힘으로써 그에 대한 악의와 분노를 드러냈다.

소식을 들은 알키비아데스는 겁이 난 나머지 아테나이 진영을 완전히 떠나버렸다. 그런 뒤 용병을 모집해 왕을 모시지 않는 트라키아 사람들을 상대로 전쟁을 시작했다. 그리하여 포로를 잡아 꽤 많은 자금을 확보하는 동시에 가까운 접경지대에 사는 헬라스 사람들을 페르시아의 침략으로부터 보호했다.

한편 튀데우스, 메난드로스, 아데이만토스 세 장군은 아테나이의 함선이란 함선은 죄다 끌어 모아 아이고스포타모이에 묶어두고 있었다. 그들은 새벽이 밝으면, 람프사코스에서 함대와 함께 숙영하고 있는 뤼산드로스에게로 가서 시비를 걸곤 했다. 그러고는 돌아와 남은 하루를 무질서한 생활로 아무런 고민 없이 낭비했다. 아마도 적을 얕보았기 때문일 것이다.

멀지 않은 곳에 있던 알키비아데스는 이러한 행동을 침착하게 바라볼 수도, 무심하게 바라볼 수도 없었다. 그래서 말을 타고 가서 한바탕 설교를 해주었다. 먼저 정박지를 잘못 선택했다고 했다. 근처에는 항구도, 도시도 없어서 물자를 구하려면 멀리 떨어진 세스토스로 가야했기 때문이다.

게다가 하선한 병사들이 제멋대로 흩어져 돌아다니게 내버려두는 것도 잘못이었다. 코앞에 닻을 내린 적의 병력은 절대 권력을 가진 장군의 명령 한마디에 소리 없이 모든 것을 처리할 준비가 되어 있었기 때문이다.

XXXVII.

그러나 알키비아데스의 설교에도, 세스토스로 정박지를 옮기라는 조언에도 장군들은 귀를 기울이지 않았다. 튀데우스는 심지어, 장군도 아닌 주제에 그만 떠나라며 그를 모욕했다. 알키비아데스는 세 장군이 어떠한 음모를 꾸미고 있을 것을 우려하여 그곳을 떠났다. 그는 떠나면서 그를 진영 밖으로 호위하던 지인들에게 말했다.

"세 장군이 날 그렇게까지 모욕하지 않았다면 며칠 안으로 라케다이몬을 싸움터로 끌어내 주었을 것이다. 라케다이몬이 원하든 원하지 않든 함대를 잃지 않으려면 싸우러 나오지 않을 수 없는 상황을 만들어 주었을 것이다."

이것이 순전히 잘난 척에 불과하다고 생각하는 이들도 있었으나 빈말이 아니라고 생각하는 사람들도 많았다. 알키비아데스가 데리고 있던 수많은 트라키아 출신 투창병과 기병을 이용해 육지에서 공격을 하면 적의 진영을 혼란에 빠뜨리는 일은 어렵지 않을 터였기 때문이다.

그러나 알키비아데스가 아테나이군의 잘못을 너무도 정확하게 꿰뚫어 보고 있었다는 점은 곧 입증되었다. 뤼산드로스가 예상치 못한 순간에 급작스럽게 그들을 덮친 것이다. 코논과 함께 빠져나온 함선은 여덟 척에 불과했다. 거의 2백 척에 달하는 나머지는 사로잡혀 끌려갔다. 그 밖에도 선원 3천 명이 생포되어 뤼산드로스의 손에 처형되었다. 나아가 뤼산드로스는 순식간에 아테나이까지 사로잡고 함대를 불태웠으며 긴 장벽•도 무너뜨렸다.

알키비아데스는 육지와 바다 모두에서 활약하고 있던 라케다이몬이

• 아테나이의 외항 페이라이에우스와 아테나이 본국을 잇는 장벽을 말한다.

두려워졌다. 그래서 그동안 약탈한 온갖 다양한 물건들을 갖고 비튀니아로 숨어들었다. 그러나 그가 살고 있던 요새에는 훨씬 많은 전리품이 남아 있었다. 비튀니아에 간 뒤에는 그 지방 트라키아 인들의 습격을 받아 또다시 가진 것을 상당히 많이 잃었다.

그래서 아르타크세르크세스의 궁으로 찾아가기로 결심했다. 왕이 도움을 허락하기만 한다면 자신이 테미스토클레스보다 못하지 않음을 보여줄 생각이었다. 그가 도움을 제공하려는 이유 또한 테미스토클레스보다 고결하다는 것을 입증하고자 했다. 저 유명한 테미스토클레스와 달리 그는 동료 시민들에게 불이익을 주기 위해서가 아니라 나라를 살리기 위해 왕을 돕고 공동의 적에 맞설 병력을 간청하고자 했던 것이다.

왕에게 무사히 도달하려면 파르나바조스의 도움이 필요할 것으로 생각한 알키비아데스는 프뤼기아로 갔고 거기서 파르나바조스와 함께 지냈다. 알키비아데스는 합당한 예를 갖추었고 파르나바조스는 그의 공로를 치하했다.

XXXVIII.

아테나이 사람들은 패권을 잃은 것에 깊이 낙담했다. 그런데 뤼산드로스는 나라의 지배를 참주 30인에게 넘겨 시민들의 자유마저 빼앗았다. 그러자 목표를 상실한 시민들에게, 갈 수 있었음에도 가지 않은 구원의 길이 비로소 눈에 들어왔다. 시민들은 스스로 저지른 모든 실수와 어리석은 판단을 뼈저리게 후회했고 알키비아데스에게 두 번째로 분노를 터뜨린 것을 가장 큰 실수로 쳤다.

시민들이 알키비아데스를 내팽개친 것은 알키비아데스 잘못이 아니었다. 당시 시민들은 알키비아데스의 부하가 수치스럽게 배 몇 척을 잃은 것에 화가 나 있었다. 고작 그것 때문에 나라가 가진 가장 능력 있고 노련한 장군을 빼앗는 한결 수치스러운 결정을 한 것이다.

그러나 비참한 처지에도 시민들은 알키비아데스가 살아 있는 한 아테나이의 앞날에는 어렴풋한 희망이 남아 있다고 생각했다. 과거에 나라 밖을 떠돌 때도 알키비아데스는 말없이 손을 놓고 있지 않았다. 그러니 상황이 허락한다면 이번에도 라케다이몬의 오만방자함과 30인의 광기를 보고만 있지 않을 터였다.

대중이 그러한 꿈을 가진 것은 이상하지 않다. 30인조차 안절부절못하고 알키비아데스가 꾸밀 계략과 그가 보일 움직임에 온통 관심을 쏟으며 대책을 강구하고 있었기 때문이다. 마침내 크리티아스•가 나서 뤼산드로스에게 분명히 말했다.

"아테나이가 민주정인 한 라케다이몬은 헬라스를 무사히 지배할 수 없다. 지금 아테나이가 귀족정을 평화롭고 너그럽게 받아들이는 듯해도 알키비아데스가 살아 있는 한 이 같은 상태는 오래 가지 않을 것이다."

그래도 설득 당할 줄 모르던 뤼산드로스에게 고국에서 전갈이 왔다. 알키비아데스를 처치하라는 명령이었다. 알키비아데스의 활발한 움직임과 그가 벌일 일에 대한 두려움 때문이었거나 아기스 왕을 기쁘게 하기 위해서였을 것이다.

XXXIX.

결국 뤼산드로스는 파르나바조스에게 사람을 보내 알키비아데스를 처치하는 임무를 맡아줄 것을 부탁했다. 파르나바조스는 동생 마가이오

• 소크라테스의 제자로도 유명한 크리티아스는 참주 30인의 대표였다.

스와 숙부 수사미트라스에게 일을 맡겼다. 당시 알키비아데스는 프뤼기아의 어느 마을에서 고급 창부 티만드라와 살고 있었다.

어느 날 알키비아데스는 꿈을 꾸었다. 꿈에서 그는 창부 티만드라의 옷을 입고 있었고 티만드라는 팔로 그의 머리를 안은 채 물감과 염료로 그의 얼굴을 여자의 얼굴처럼 치장하고 있었다. 다른 주장도 있다. 꿈속에서 마가이우스의 부하들이 알키비아데스의 머리를 자르고 시신을 불태웠다는 것이다. 그러나 모두가 동의하는 것은 알키비아데스가 이 꿈을 죽기 얼마 전에 꾸었다는 점이다.

알키비아데스를 죽이러 온 무리는 감히 집으로 들어가지 못하고 집을 에워싼 다음 불을 붙였다. 불이 난 것을 깨달은 알키비아데스는 집에 있던 옷가지와 침구를 거두어 불 위로 던졌다. 그런 다음 겉옷으로 왼팔을 싸매고 오른팔로 칼을 뽑으며 밖으로 뛰쳐나갔다. 화상을 입기는커녕 옷가지에조차 불이 붙지 않은 상태였다.

페르시아에서 온 암살자들은 그가 모습을 드러낸 것뿐인데도 뿔뿔이 흩어졌다. 단 한 사람도 그와 맞서지 않았고 가까이 다가가 싸우지 않았으며 모두가 멀찌감치 떨어져 창을 던지거나 화살을 쏠 뿐이었다. 알키비아데스는 그렇게 죽음을 맞았다.

페르시아인들이 사라졌을 때 티만드라는 시신을 거두어 자신의 옷으로 싸맨 뒤 할 수 있는 한 가장 눈부시고 엄숙한 장례를 치러주었다. 이 티만드라가 저 유명한 코린토스인 라이스의 어머니였다고 전해진다. 티만드라 자신은 시켈리아의 작은 도시 휘카라 태생으로 전쟁 포로였다.

그러나 알키비아데스가 죽은 자초지종에 관해서는 나의 의견에 동의해도 죽음의 배후에 대해서는 다른 의견을 말하는 사람들이 있다. 그들의 말에 따르면 알키비아데스를 죽인 것은 파르나바조스도, 뤼산드로스도, 라케다이몬도 아닌 알키비아데스 자신이었다. 그가 어느 명성 있는 가문의 딸을 욕보였기 때문이다. 알키비아데스의 오만방자한 행동을 괘씸하게 여긴 오라비들은 밤새 알키비아데스의 집에 불을 붙이고, 그가 불길을 헤치고 뛰어나오자 앞서 말한 대로 창과 화살을 맞혀 죽였다.

가이우스 마르키우스 코리올라누스

가이우스 마르키우스 코리올라누스

I.

로마의 귀족 마르키우스 가문은 여러 저명한 인물을 배출했다. 그 가운데 한 사람이 안쿠스 마르키우스로 누마의 외손자였고 툴루스 호스틸리우스의 왕위를 물려받았다. 로마로 지극히 맑고 풍부한 물을 공급한 푸블리우스와 퀸투스 마르키우스 역시 이 집안 출신이었다. 집정관에 두 번 선출된 켄소리누스도 마찬가지였다. 그는 자신의 사례를 참고로 집정관직의 재임을 금지하는 법령을 만든 사람이다.

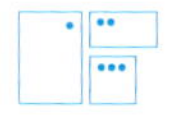

• 마르키우스 코리올라누스의 생애는 셰익스피어가 희곡으로 재구성한 것으로 유명하다. W. G. 백스터가 셰익스피어의 코리올라누스를 그린 그림.

•• 누마와 안쿠스 마르키우스의 얼굴이 나란히 새겨진 로마의 화폐. 기원전 88년.

••• 안쿠스 마르키우스에게 왕위를 물려준 툴루스 호스틸리우스. 16세기 출간된 위인전기 모음(Promptuarii Iconum Insigniorum)에 수록된 삽화.

이번 이야기의 주인공 가이우스 마르키우스 코리올라누스는 어린 나이에 아버지를 여의고 홀어머니의 보살핌을 받고 자랐다. 아버지의 이른 죽음이 어린 아이에게 유익할 리 없건만 가이우스 마르키우스는 여전히 훌륭하고 뛰어난 사람으로 자라났다. 그로써 못난 사람이 자신의 뒤틀린 성품을 유년 시절 관심 부족의 탓으로 돌리는 것은 잘못임을 보여주었다. 반면 너그럽고 고귀한 본성도 수양이 부족하면 농부의 손길이 닿지 않은 비옥한 토양처럼 변한다. 좋은 열매와 함께 쓸모없는 것들 또한 상당량 생산해내는 것이다. 이를 몸소 입증한 것도 바로 마르키우스였다.

그가 가진 무한한 지능의 힘과 활기가 그로 하여금 위대한 시도를 하게 만들었고 뛰어난 결과를 생산한 것은 사실이다. 그러나 다른 한편으로 그가 불같은 성미를 누를 줄 모르고 쇠고집을 부리곤 했기 때문에 다른 사람들은 그를 사귀기 어렵고 불편한 사람으로 여겼다.

쾌락이나 고된 싸움, 금전적 보상에 대한 그의 무관심이 시민들의 존경을 받은 것 또한 사실이다. 시민들은 그를, 자제심과 투지가 있으며 정의로운 사람이라고 칭했다. 그러나 동등한 시민으로서 그와 교류할 때면 그가 감사할 줄 모르고 부담스러우며 오만하다는 생각에 불쾌하지 않을 수 없었다.

실로 무사이 여신•들의 호의로 인간이 누리게 된 모든 이익 가운데 수양과 훈련을 통한 본성의 연화軟化만큼 위대한 것은 없다. 본성은 수양을 통해 절제를 배우고 지나침을 버린다. 반면 당시 로마가 최고로 여긴 미덕이 주로 전쟁이나 군사적 업적과 관련된 미덕이라는 점은 부인할 수 없는 사실이다. 그 증거로 '미덕'이라는 의미를 가진 유일한 로마어 비르

• 문학과 예술을 관장하는 아홉 여신.

투스virtus가 있다. 비르투스는 원래 '남자다움'을 의미한다. 로마 사람들은 여러 미덕의 하나일 뿐인 '용맹'이 일반적인 의미의 '미덕'을 뜻하게 만든 것이다.

II.

전쟁과 관련된 모든 기술을 본능적으로 좋아했던 마르키우스는 어릴 때부터 곧바로 무기를 다루는 법을 연마하기 시작했다. 그러나 자연적으로 타고난 무기를 갈고 닦아 사용하지 않으면 밖으로 어떤 무기를 들어도 소용이 없다고 생각하였으므로 온갖 다양한 격투 기술도 익혔다. 그리하여 발이 빨랐을 뿐 아니라 드잡이와 씨름에도 능하여 적이 빠져나오기 힘들었다. 그와 때때로 용기와 무용을 겨루었다 패한 사람들은 패배의 원인을, 굽힐 줄 모르고 어떤 곤경도 피하려 하지 않는 상대의 체력에 두었다.

III.

마르키우스는 소년에 지나지 않았을 때 첫 원정에 나섰다. 로마의 왕이었다가 추방된 타르퀴니우스가 여러 전투에서 연이어 패배한 뒤 모든 것을 걸고 이른바 최후의 일격을 날릴 때였다. 라티움 사람 대부분과 이탈리아 반도의 여러 다른 민족들도 타르퀴니우스를 도와 함께 로마로 전진해오고 있었다. 그들이 타르퀴니우스에게 왕위를 되찾아주려고 했던 것은 타르퀴니우스를 기쁘게 하기 위해서만은 아니었다. 공포와 시기심이 그들로 하여금 로마의 커가는 세력을 뒤엎고 싶게 만들었기 때문이다.

이어진 전투에서 전세는 더디게 엎치락뒤치락하고 있었다. 독재관의 시야 속에서 꿋꿋이 싸우던 마르키우스는 근처에 로마 병사가 쓰러진 것을 보았다. 그는 곧바로 달려가 쓰러진 병사 앞에 서서 병사를 보호하는 동시에 그를 쓰러뜨린 적병을 죽였다. 이후 전투가 로마의 승리로 끝나자 장군은 최고의 활약을 펼친 병사들 가운데 하나였던 마르키우스에게 떡갈나무 잎으로 만든 관을 내렸다. 법에 따르면 떡갈나무 관은 전투에서 동료 시민의 생명을 구한 사람에게 수여되는 시민의 상이었다.*

• 포룸 로마눔에 오늘날까지 남아 있는 카스토르와 폴뤼데우케스의 신전의 흔적.

앞서 말한 전투에서 카스토르와 폴뤼데우케스가 나타났다는 말도 있다. 전투 직후 형제는 땀을 뚝뚝 흘리는 군마를 타고 포룸•에 나타났다고 한다. 그리고 분수가에서 승리를 알렸는데 바로 이 자리에 오늘날 형제의 신전이 있다. 따라서 이 승리를 얻은 7월 15일은 디오스쿠로이, 즉 제우스의 두 아들에게 헌정되었다.

IV.

지나치게 어린 나이에 영예를 얻으면 야망의 불꽃이 꺼질 수 있다. 갈증과 까다로운 입맛이 빠르게 충족되기 때문이다. 그러나 야심이 자기 본성의 필수 요소인 젊은이의 경우에는 다르다. 진지하고 굳건한 정신은

• 포룸은 시민들이 모이는 시장이나 광장을 통칭하는 말인데 여기서 말하는 포룸은 로마에 위치한 포룸 로마눔이다.

명예를 얻음으로 해서 자극을 받고 밝게 빛난다. 강한 바람에 불길이 타오르듯 명백한 선善을 향해 타오르는 것이다. 그러한 사람은 명예를, 이미 이루어낸 일에 대한 포상이라고 생각하지 않고 앞으로 이루어낼 일에 대한 약속이라고 생각한다. 그리고 실적을 세워 명성을 앞지르는 대신 명성에 뒤지는 것을 오히려 수치로 여긴다.

마르키우스도 이런 생각에서 자기 자신과 용맹을 겨루었고 새로운 공에 대한 끊이지 않은 열망으로 연이은 공적을 세웠으며 전리품을 쌓고 또 쌓았다. 그리하여 마르키우스의 새로운 상관들은 그의 전 상관들과 경쟁하듯 그에게 영예를 내렸고 보다 놀라운 활약을 목격하고자 다투었다. 당시 로마가 벌인 분쟁과 전쟁은 실로 많았고 그가 월계관을 비롯한 용맹의 훈장 없이 돌아온 경우는 없었다.

그러나 다른 사람들은 영예를 얻기 위해 용맹을 발휘한 반면 그는 어머니의 기쁨을 위해 영예를 바랐다. 어머니는 아들에게 쏟아지는 칭송의 말을 듣고, 아들이 관을 수여받는 모습을 보고 기쁨의 눈물을 흘리며 아들을 안아주곤 했다. 그런 어머니의 모습이 마르키우스에게는 가장 큰 영예이자 기쁨이었다. 에파미논다스도 이 기분을 알았던 것이 분명하다. 장군직을 맡아 레욱트라에서 승리를 거둔 에파미논다스는 부모님 생전에 그 모습을 자랑할 수 있어 큰 행운이라고 말한 적이 있다.

그러나 기쁨과 성공을 나눌 부모가 모두 살아 있었던 에파미논다스와 달리 아버지에게 드릴 효심까지 어머니에게 드려야겠다고 생각했던 마르키우스는 어머니 볼룸니아를 기쁘게 하고 받드는 것으로 모자라 결혼도 어머니의 바람과 요청대로 했으며 아이들을 낳은 뒤에도 계속해서 어머니를 모셨다.

V.

마르키우스가 무공을 통해 쌓은 명성이 도시 안에서 이미 커다란 영향력을 떨치고 있을 때였다. 부유한 시민들의 편에 선 원로원은, 대금업자들의 손에 여러 심각한 불의를 당했다고 생각하는 평민들과 의견 대립을 겪고 있었다. 보잘것없는 재산이라도 갖고 있던 사람들은 담보가 넘어가거나 경매에 부쳐지면서 빈털터리가 되었고 애초부터 빈손이었던 사람들은 끌려가 감옥에 갇히는 상황이었다.

빚을 갚지 못한 평민들의 몸에는 나라를 위해 떠났던 원정에서 겪은 수많은 고초와 부상의 흔적이 남아 있었다. 가장 근래에 얻은 상처는 사비니족에 맞서 싸우다 얻은 것이었다. 당시 주요 채권자들은 참전하는 평민들에게 빚을 탕감해 준다는 약속을 했다. 원로원은 집정관 마르쿠스 발레리우스를 그 서약의 보증인으로 지정하기까지 했다.

그러나 평민들이 전투에서 열의를 다해 싸워 적을 굴복시켰음에도 채권자들은 그 어떤 조치도 마련해 주지 않았고 원로원은 협의 내용을 기억하는 흉내조차 내지 않았다. 제때에 빚을 갚지 못한 사람들은 어쩔 수 없이 붙잡혀 감옥에 끌려갔다.

그러자 도시 안에서는 소란이 일고 무질서한 집회가 속속 열렸다. 민중의 혼란을 모르지 않았던 적은 쳐들어와 일대 영토를 약탈했다. 이어서 집정관들이 복무 연령에 있는 시민들을 징집했으나 아무도 호응하지 않았다. 이런 위기에서 권력을 잡고 있던 자들의 의견은 또다시 엇갈렸다. 일부는 평민들에게 양보해야 하며 지나치게 엄격한 법을 풀어주어야 한다고 생각했다. 그러나 다른 이들은 이에 반대했고 마르키우스도 그 가운데 하나였다. 그는 경제적 어려움을 주요 쟁점으로 여기지 않았으며, 법에 맞서 들고 일어서려는 민중의 과격한 시위를 초기에 진압하고 제지해야 한다며 지혜롭지 못한 관리들을 질타했다.

VI.

원로원은 이 문제를 논의하기 위해 며칠 간 수차례 소집되었으나 뚜렷한 결론에 이르지 못했다. 그래서 평민들은 순식간에 단결했고 서로를 부추기며 도시를 버렸다. 그리고 오늘날 신성한 언덕이라고 불리는 곳을 점령하고 아니오 강가에 자리를 잡았다. 폭력을 행사하거나 치안을 방해한 것은 아니고 큰 소리로 외쳤을 뿐이다.

"우리는 이미 오래전에 부유한 자들의 손에 추방당한 것이나 다름없다. 온 이탈리아가 우리에게 공기와 물, 그리고 죽어 묻힐 곳을 줄 수 있다. 그런데 로마에 살아도 우리에게 허락된 것은 그뿐이다. 다만 로마에 남는다면 부유층을 보호하기 위한 원정에 나가 부상과 죽음을 얻는 특혜를 누릴 수 있다."

일이 이와 같이 진행되자 원로원은 불안감을 느꼈다. 그래서 민중에게 꽤 우호적인 편이었던 나이 많은 의원들을 보내 달래기로 했다. 수석 대표자는 메네니우스 아그립파였다. 그는 민중의 간곡한 요청을 들어주고 원로원의 입장을 허심탄회하게 전한 뒤 유명한 우화를 끝으로 논의를 마쳤다.

우화의 내용은 이러했다. 하루는 한 남자의 온갖 신체 기관들이 위장에 맞서 들고 일어나 억울함을 호소했다.

"하는 일도 없이 퍼질러 앉은 저 위장은 우리 모두의 행복에 어떤 도움도 주지 않네. 하지만 저 위장의 식욕을 채우기 위해 우리 나머지 기관들은 온갖 고초를 겪으며 모두의 이익을 위해 엄청난 봉사를 해야 한다니 말이 되는가?"

그러자 위장이 나머지 기관들의 단순한 생각을 비웃었다. 그리고 말하기를 몸이 받아들이는 모든 음식이 위장으로 가는 것은 위장이 그것을 다시 여러 다른 부위로 적절히 나누어 보내기 때문이라고 했다.

아그립파는 이렇게 덧붙였다.

"동료 시민 여러분, 여러분과 원로원의 관계도 이와 같습니다. 원로원에서 충분히 고민하고 처리하는 중대한 논의들은 여러분 한 사람 한 사람에게 유용하고 유익한 것들을 가져다줍니다."

VII.

이어서 화해가 이루어졌다. 원로원은 평민들에게, 구제가 필요한 사람들을 대변할 보호자 다섯 명을 선출할 특권을 주었다. 오늘날 호민관으로 불리는 사람들이다. 민중이 이 자리에 처음으로 앉힌 사람은 유니우스 브루투스와 시키니우스 벨루투스로 도시 이탈 사태를 이끈 두 장본인이었다. 도시가 다시 화합하자 평민은 당장 입대했고 집정관들은 그들에게 각오와 열의가 넘치는 것을 보았다.

한편 마르키우스는 귀족이 손해를 보면서까지 민중의 세력을 키워주는 것이 못마땅했다. 다른 귀족들이 같은 생각이라는 것도 알고 있었다. 그럼에도 귀족이 할 일은 나라의 번영을 위한 경쟁에서 민중과 겨루어 이기는 일이라고 강조했다. 귀족이 정치권력이 아닌 용기에서 앞선다는 것을 보여야 한다는 주장이었다.

VIII.

로마와 전쟁을 벌이고 있던 볼스키족 사람들 중에서는 코리올리 사람들이 지위가 가장 높았다. 따라서 집정관 코미니우스가 코리올리를 포위했을 때 나머지 볼스키족은 도시의 안위를 걱정하여 온 사방에서 도움을 주러 달려왔다. 성 밖에서 로마와 전투를 벌임으로써 안팎에서 공격하고자 한 것이다.

따라서 코미니우스는 병력을 나누어 자신은 접근해 오는 볼스키족을 상대하러 갔고 포위 공격은 당대의 가장 용감한 로마 사람 가운데 하나였던 티투스 라르티우스에게 맡겼다. 그러자 남아 있는 병력을 우습게 본 코리올리군은 성 밖으로 나와 공격을 감행했고 첫 전투에서 승리하며 진영으로 후퇴하는 로마군을 쫓아갔다.

바로 이때 마르키우스가 소수의 병력을 데리고 뛰쳐나가더니 달려드는 적병들은 죽이고 나머지는 저지했다. 그리고 로마군을 향해 큰 목소리로 싸우자고 외쳤다. 마르키우스는 카토가 언급한 병사의 조건을 모두 갖추고 있었다. 힘찬 일격을 내리칠 줄 알았을 뿐 아니라 목소리와 표정도 예사롭지 않아 적은 그와 마주치기만 해도 공포를 느끼고 잘 버텨내지 못했다. 이윽고 마르키우스의 부하들이 떼지어 그를 도우러 달려왔고 적은 공포에 휩싸여 물러났다.

그러나 마르키우스는 여기서 만족할 수 없었다. 그래서 바짝 뒤쫓았고 허둥지둥 도망치는 적을 성문 앞까지 몰고 갔다. 추격하던 로마 병사들은 성벽에서 날아오는 화살의 사정거리 안에 들어서자 발길을 돌렸다. 후퇴하는 적병들과 함께, 무장한 적이 우글거리는 성안으로 쳐들어갈 생각을 하는 사람은 단 한 명도 없었다. 그럼에도 마르키우스는 자리를 지키고 서서 성안으로 쳐들어가자고 병사들을 부추기고 격려했다. 행운의 여신이 성문을 연 것은 도망자보다 추격자들을 위해서라고 외친 것이다.

그를 따른 병사들은 많지 않았다. 그래도 그는 적을 헤집고 나아갔으며 성문으로 몸을 던져 적병들과 함께 안으로 들어갔다. 처음에는 누구도 그를 막거나 그에게 저항할 엄두를 내지 못했다. 그러나 성안으로 들어온 로마군의 규모를 본 시민들은 앞장서 그들을 공격했다.

아군과 적군 모두에게 둘러싸인 마르키우스는 믿을 수 없이 현란한 무술과 재빠른 발놀림, 담대한 정신을 자랑하며 싸움을 벌인 것으로 전해진다. 그가 공격해 오는 적병들을 빠짐없이 무찌르자 적의 일부는 도시의 가장 외딴 구석으로 쫓겨 갔다. 다 포기하고 무기를 버리는 적병들도 있었다. 이처럼 마르키우스가 충분한 안전을 확보하자 바깥에 있던 라르티우스는 로마군을 이끌고 성안으로 들어올 수 있었다.

IX.

도시가 사로잡히자 병사들 대부분은 도시를 헤집어 약탈하는 데 정신이 팔렸다. 마르키우스는 그것을 보고 분노를 참을 수 없었다. 그는 집정관과 휘하의 동료 시민들이 어디서 적을 만나 싸우고 있을지 모르는 상황에서 재물을 빼앗는 데만 몰두하고 약탈을 한다는 핑계로 위험을 피하고자 하다니 수치스러운 일이라고 호통을 쳤다.

그러나 마르키우스의 말을 귀담아 들은 병사들은 많지 않았다. 마르키우스는 따르려는 자들만을 데리고 집정관이 병력을 이끌고 갔다는 길로 들어섰다. 전진하는 내내 그는 동료들을 격려하며 수고를 아끼지 말라고 부탁하는 한편 신들에게 기도를 올리기도 했다. 전투에 너무 늦지 않고 동료 시민들의 고난과 위기를 함께 할 수 있도록 때맞추어 도착하게 해달라고 빌었던 것이다.

당시 로마인들은 전투에 나서기에 앞서, 즉 외투를 걷어 올리고 방패를 집어 들기 직전 증인 서너 명이 보는 앞에서 유언을 구술하고 상속자를 지명하는 관습이 있었다. 마르키우스가 코미니우스를 따라붙었을 때

바로 이 관습이 펼쳐지고 있었다. 적은 이미 시야에 들어와 있었다. 병사들은 마르키우스가 이끄는 병력이 적은 것을 보고, 또 그가 피땀으로 범벅이 된 것을 보고 의아해했다. 그러나 환한 얼굴로 집정관에게 달려간 마르키우스는 손을 내밀며 코리올리를 사로잡았다고 알렸고 코미니우스는 그를 끌어안고 입을 맞추었다. 그러자 병사들은 힘이 솟았다. 일부는 승리의 소식을 직접 들었고 일부는 넘겨짚었다. 그리고 하나 같이 전장으로 이끌어달라고 집정관을 향해 큰 목소리로 외쳤다.

그러나 마르키우스는 코미니우스에게 적이 어떤 대형을 이루고 있는지 물었다. 적의 가장 실력 있는 병사들이 어디 위치해 있는지도 물었다. 몹시 호전적이고, 용맹스럽기가 누구에게도 뒤지지 않는 안티아테스 병사들이 중앙에 있는 것 같다는 집정관의 의견에 마르키우스는 이렇게 말했다.

"그렇다면 부탁하오며 요구합니다. 우리를 그자들 앞에 놓아주십시오."

그러자 집정관은 마르키우스의 열의에 감탄하며 청을 들어주었다.

창이 날아다니기 시작하자마자 마르키우스는 최전선을 앞질러 뛰어나갔고 마주 선 볼스키 병사들은 달려드는 그를 견뎌낼 수 없었다. 마르키우스가 덮치는 곳마다 대열은 갈가리 찢겨나갔다. 그러나 어느새 양쪽에서 좁혀든 적이 무기를 들고 마르키우스를 에워쌌다. 집정관은 마르키우스의 안전을 우려해 자기 주변에 있던 엄선된 병사들을 지원병으로 보냈다.

그러자 마르키우스 주변으로 격렬한 싸움이 이어졌고 짧은 시간 안에 무수한 병사들이 죽어나갔다. 그러나 로마군은 적을 강하게 몰아세웠고 패주시켰다. 적에 대한 추격이 시작되자 로마군은 피로와 부상에 짓눌린 마르키우스를 진영으로 돌려보내고자 했다. 그러나 마르키우스는, 승자는 지치는 법이 없다며 도주하는 적을 뒤쫓았다. 남은 적의 병력도 모두 패배했고 죽은 자들도, 포로가 된 자들도 많았다.

X.

다음 날 라르티우스가 당도하고 남은 병력이 소집되자 집정관 코미니우스가 연단에 올라섰다. 그는 연이은 대승을 가능하게 만든 신들에게 마땅한 칭송의 말을 올린 뒤 마르키우스를 바라보았다. 그러고는 먼저 마르키우스의 놀라운 업적을 칭찬을 섞어 열거했다. 일부는 전장에서 그가 직접 목격한 것이었고 일부는 라르티우스를 통해 들은 것이었다. 이어서 마르키우스에게 적으로부터 빼앗은 엄청난 보물, 수많은 군마, 그리고 포로들 가운데서 십분의 일을 선택하라고 했다. 나머지 병사들에게 배분하기에 앞서 우선권을 준 것이다. 그 밖에도 용맹에 대한 포상으로, 적절히 성장盛裝한 군마 한 필을 하사했다.

집정관이 연설을 마치자 로마군은 박수를 보냈고 마르키우스가 앞으로 나왔다.

"군마 한 필은 감사히 받겠으며 집정관님의 칭찬도 기쁘지만 나머지는 사양하겠습니다."

마르키우스의 생각에 전리품은 급여이지 포상이 아니었다. 따라서 그는 한 사람 몫을 가지는 데 만족했다. 그는 이렇게 덧붙였다.

"하지만 특별한 요청이 한 가지 있습니다. 꼭 들어 주셨으면 좋겠습니다. 볼스키족 가운데에 제가 신세를 진 친구가 있습니다. 친절하고 청렴한 사람입니다. 이제 포로가 되어 재물과 행복을 모두 빼앗겼습니다. 온갖 불행이 한꺼번에 찾아왔으니 적어도 노예로 팔려가는 것만은 막아주십시오."

그가 이렇게 말하자 한결 요란한 환호가 마르키우스를 맞이했다. 전장에서 드러난 그의 무용보다 재물에 대한 그의 초연함을 존경하는 사람이 더 많아진 것이다. 마르키우스가 거듭 눈에 띄는 영예를 누리자 남몰래 시기와 질투를 느끼던 사람들마저 그가 포상을 거절하자 그에게 더 큰 포상을 받을 자격이 있다고 생각했다. 포상을 받을 자격을 제공한 그의 공적보다 그토록 커다란 포상을 가벼이 여기는 그의 덕성에 더욱 환호한 것이다. 재물을 올바르게 사용하는 것이 무기를 잘 다루는 것보다 더 아름다운 능력이기 때문이다. 나아가 재물을 필요로 하지 않는 것이 잘 사용하는 것보다 더 고결하다.

XI.

병사들이 환호를 멈추자 코미니우스가 다시 말을 시작했다.

"전우여, 받지 않으려 하고 가져가지 않으려는데 억지로 상을 내릴 수는 없는 일이다. 그러나 거절할 수 없는 선물도 있다. 우리가 바로 그 선물을 내리도록 하자. 투표를 거쳐 마르키우스를 코리올라누스라고 칭하기로 하자.* 우리가 결정을 내리기도 전에 그의 업적이 저절로 그 이름을 하사했을지 모르는 일이지만."

이리하여 가이우스 마르키우스는 가이우스 마르키우스 코리올라누스라고 불리게 되었다.*

XII.

전쟁이 끝나기가 무섭게 민중 지도자들이 내분을 되살렸다. 새로운 불만거리가 생긴 것도 아니며 정당한 비난도 아니었다. 다만 지난 분쟁과 혼란에 뒤이어 나타날 수밖에 없었던 여러 악운을 귀족에 반대할 빌미로 삼은 것이다.

토지 대부분이 놀고 있었고 전쟁 통에는 시장에 공급할 물건을 들여올 기회도 없었다. 따라서 식량이 심각하게 부족했으며 시장에조차 물건이 없었다. 물건이 있다고 해도 살 돈이 없었다. 민중 지도자들은 이런 상황을 보고 부유층을 공격했다. 평민에게 복수하기 위해 일부러 기근을 조작했다는 비난이었다.

이런 상황에서 벨리트라이에서 사절단이 왔다. 그들은 로마에게 도시를 넘기겠으니 제발 이주민을 보내달라고 간청했다. 전염병으로 인해 수많은 시민들이 죽고 피해를 입은 나머지 벨리트라이에는 전체 인구의 십분의 일도 남아 있지 않았다. 마침 로마는 식량이 부족해서 짐스러운 인구를 줄여야 하는 상황이었다. 따라서 분별 있는 로마 시민들은 벨리트라이의 요청이 이롭고 시기적절하다고 여겼다.

이것이 민중의 동요를 가라앉힐 기회라고 생각하기도 했다. 따라서 가장 불온한 분자들과, 민중 지도자들의 격앙된 주장에 누구보다 열띤 반응을 보이는 자들을 도시에서 축출하고자 했다. 건강을 빼앗고 악화시키는 불순물을 몸에서 제거하는 것과 같은 이치였다. 두 집정관은 앞서 말한 사람들에게 벨리트라이로 이민을 명령했고 그 밖의 사람들은 볼스키족과 싸우는 원정에 참여시켰다. 내부에 말썽이 일 여유가 없도록 만든 것이다. 부유한 자들과 가난한 자들, 평민과 귀족 모두가 또다시 군사적 목적에 힘을 합쳐 봉사하고 공익을 위한 공동의 투쟁에 임한다면 서로에게 보다 친절하고 상냥하게 굴 것이라는 믿음 때문이었다.

• 코리올라누스는 코리올리를 사로잡은 공을 치하하는 이름이다.

XIII.

그러나 민중 지도자 시키니우스와 브루투스, 그리고 그 지지자들은 대번에 들고 일어났다. 그들의 주장에 따르면 두 집정관은 식민지 이주라는 극히 무해한 이름 아래 몹시 잔인한 행위를 저지르고 있었다. 실상은 가난한 자들을 죽음의 구덩이로 몰아가는 행위였다. 유해한 공기가 퍼져 있고 매장되지 않은 시신이 널린 도시에서 낯설고 무시무시한 신과 어울린다는 것은 곧 죽음을 뜻했기 때문이다.

나아가 동료 시민들을 굶겨 죽이고 전염병에 노출시키는 것으로도 모자라 필요 없는 전쟁까지 벌임으로써 도시를 총체적인 불운에 빠뜨리고 있었다. 시민들에게 잘못이 있다면 부유층의 노예가 되기를 거부한 일뿐이었다. 이와 같은 민중 지도자들의 주장을 귀 아프게 들은 시민들은 집정관의 징집 명령에 응하지 않았고 식민지로의 이주도 언짢게 여겼다.

그러나 어느새 중요한 인물로 성장하여 당당한 태도를 유지하며 도시의 실세로부터 존경을 받고 있던 마르키우스는 앞장서 민중 지도자들에 대한 반대를 이끌었다. 그리하여 제비뽑기를 통해 선택된 시민들이 이주를 당했고 거부할 경우 무거운 벌금을 내야 했다.

한편 시민들이 군 복무를 완강히 거부하자 마르키우스는 자신에게 의지하고 있던 평민들과, 설득 끝에 모은 그 밖의 사람들을 데리고 안티움의 영토를 침범했다. 거기서 그는 옥수수를 상당량 구했고 가축과 포로도 여럿 확보했다. 그러나 그 무엇에도 손을 대지 않았고 부하들과 함께 온갖 크고 다양한 전리품을 싣고 로마로 돌아갔다.

그러자 나머지 시민들은 운 좋은 동료 시민들을 부러운 눈으로 바라보며 후회했다. 반면 마르키우스에게는 적의로 가득 찼다. 점점 커가고 있던 그의 명성과 세력이 견딜 수 없었고 민중이 그로 인해 피해를 입으리라 생각했기 때문이다.

XIV.

그러나 머지않아 마르키우스가 집정관 후보로 나섰을 때 대중은 한 발 물러났다. 태생과 용기가 누구보다 뛰어나며 훌륭한 업적을 그토록 여러 차례 세운 사람을 비난하고 무시한다는 것이 수치스럽게 느껴졌기 때문이다. 후보로 나선 사람은 속옷을 입지 않은 토가 차림으로 포룸으로 내려가 동료 시민들에게 인사를 하고 표를 부탁하는 것이 당시 로마의 관습이었다. 겸손한 복장으로 호의를 얻기 위함이었거나 몸에 흉터가 있을 경우 용맹의 상징을 드러내고 싶었기 때문일 것이다.*

XV.

따라서 마르키우스가 17년 간 군인으로 활약하며 얻은 흉터를 드러냈을 때 시민들은 그의 무용을 알아보지 못한 것이 부끄러웠고 그에게 표를 주기로 동의했다. 선거날이 밝자 마르키우스는 원로원의 호위를 받으며 위풍당당한 모습으로 포룸으로 들어섰다. 그를 둘러 싼 귀족들은 그 어느 때보다 승리를 확신했다.

이 모습을 지켜본 군중은 마르키우스에게 보였던 호의를 거두고 또다시 증오와 시기라는 감정 속으로 흘러들어 갔다. 두려움은 그 같은 감정을 더욱 강화했다. 귀족층의 전폭적인 지지를 받는 귀족 정치가가 나라의 우두머리가 된다면 평민의 자유를 죄다 빼앗길 것이라는 두려움이었다.

그리하여 민중은 마르키우스를 거부했고 다른 이들이 집정관직에 선출되었다. 원로원 의원들은 격분했다. 민중의 선택이 마르키우스가 아닌 원로원에 대한 모욕이라고 생각했기 때문이다. 마르키우스 또한 자제심이나 인내심을 갖고 대처하지 못했다. 그는 격정적이고 분쟁을 마다하지 않는 성격을 마음껏 드러냈는데 그것이 더욱 위대하고 고결한 행위라는 생각에서였다.

그는 정치가가 가져야 할 가장 중요한 덕목, 즉 이성과 수양을 통해 얻어지는 위엄과 관용을 갖고 있지 못했다. 또 공직을 맡는 사람은 무엇보다, 플라톤이 "고독의 동지"라고 불렀던 아집을 피해야 하는데도 이를 알지 못했다. 남들과 어울릴 줄 알아야 하며 심한 조롱거리가 될지언정 기꺼이 비난을 감수할 줄 알아야 하는데도 마르키우스는 그러지 못했다.

직선적이고 고집스러웠던 그는, 만물을 항상 정복하고 지배하려는 마음이 용기에서 나온다고 생각했다. 아프고 괴로운 영혼이 분노할 때 마치 부르튼 물집처럼 돋아나는 유약함의 산물이라고는 생각지 못했던 것이다.

따라서 그는 민중에 대한 분노와 쓰라림으로 가득한 채 발길을 돌렸다. 젊은 귀족들도 그를 따랐다. 늘 고귀한 태생을 자랑하며 허세를 피우던 젊은 귀족들은 언제나 마르키우스에게 놀랍도록 헌신적이었다. 마르키우스에게 어떤 도움도 되지 못하는 상황에서 그들은 마르키우스에게 달라붙어 함께 슬퍼하고 짜증을 냄으로써 그의 화를 부추겼다. 마르키우스가 그들의 지도자였고 스승이었기 때문이다. 마르키우스는 원정에 나섰을 당시 그들에게 기꺼이 전술을 가르쳤고 거듭된 승리를 통해 그들에게 용맹에 대한 지극히 순수한 욕구를 불어넣어 준 바 있었다.

XVI.

이 와중에 로마에는 곡식이 도착했다. 상당량이 이탈리아에서 수매한 것이었으며 겔로가 참주로 있는 쉬라쿠사이에서도 그와 맞먹는 양을 선물로 보내왔다. 따라서 시민들 대부분은 식량 부족과 나라의 분열이 동시에 해결되리라는 희망에 부풀어 있었다. 그리하여 즉각 원로원이 소집되었고 회의장으로 모여든 민중은 회의 결과를 기다렸다. 그들은 곡식의 시장 가격이 적절한 수준으로 내려갈 것으로 기대했으며 선물로 받은 곡식은 무료로 배급되리라고 생각했다. 그렇게 하자고 제안한 의원들이 없지 않았기 때문이다.

그러나 마르키우스는 자리를 박차고 일어나 대중의 편을 드는 자들을 맹렬히 공격했다. 그들이 민중 선동가에 다름 아니며 귀족을 배신하고 있다고 주장했다. 또한 위험한 줄도 모르고, 천한 민중 사이에 뿌려진 오만과 배짱이라는 악의 씨앗을 키우고 있다고 했다. 싹부터 짓밟았어야 하거늘 호민관이라는 강력한 관직을 내어줌으로써 민중의 힘을 강화했다고 비난한 것이다.

마르키우스의 논리는 이러했다. 원하는 것을 모두 얻은 민중은 어느새 만만치 않은 상대가 되어 있었다. 민중이 무엇이든 자기 의지대로 밀고 나간 결과였다. 또한 집정관에게 복종하지 않고 혼란 속에서 지도자를 선출하여 마음대로 지배자로 칭한 결과였다. 그런데도, 민주정이 극심한 수준에 이른 헬라스에서 하듯 민중에게 양식과 물자를 아낌없이 나누어 준다면 그것은 민중의 불복종을 부추기자는 것과 다름없었다. 다 함께 죽는 길이었다.

"민중은 징집을 거부했습니다. 도시를 이탈함으로써 나라를 등지고 원로원을 향한 비방을 묵인했습니다. 원로원이 이러한 행위를 어여삐 여기고 식량으로 보답할 리 없다는 사실을 민중은 잘 알고 있습니다. 계속해서 퍼주고 양보하면 의원 여러분이 민중에 대한 두려움에 고개를 숙였음을 알고 자만할 것입니다. 또 불복종에 그 어떤 한계도 두지 않을 것이며 끊임없이 소요와 분란을 일으킬 것입니다. 그러니 정신이 나간 것이 아니라면 그렇게 하면 안됩니다. 우리가 지혜롭다면 호민관직을 빼앗아야 합니다. 호민관직은 집정관직을 무력하게 만들고 도시를 분열시킵니다. 이 도시는 전처럼 하나가 아니라 둘로 나뉘어 다시는 하나로 합치거나 한 마음이 될 수 없는 지경에 이르렀습니다. 영원히 서로를 괴롭히고 혼란에 빠뜨리는 지경이 된 것입니다."

XVII.

마르키우스는 젊은 의원들과, 거의 모든 부유층 의원들에게 자신의 뜨거운 열의를 불어넣는 데 이루 말할 수 없는 성공을 거두었다. 그들은 마르키우스가 굴복과 아첨을 모르는 유일한 사람이라고 외쳤다. 그러나 나이 든 의원들은 앞으로 벌어질 일을 예감하며 그의 말에 반대했다. 이어서 벌어진 일은 실로 처참했다. 회의에 참석 중이었던 호민관들은 마르키우스의 제안이 받아들여질 기미가 보이자 고함을 외치며 군중 앞으로 나섰고 평민들에게 일어나 도움을 달라고 요청했다.

이어서 폭풍 같은 민회가 열렸다. 마르키우스의 연설을 보고받은 민중은 분노에 북받쳤다. 당장 원로원으로 쳐들어가고 싶었으나 대신 호민관들을 통해 정식으로 마르키우스에 대한 탄핵안을 발의했다. 그리고 자기변호의 기회를 주기 위해 전령을 보내 마르키우스를 소환했다. 그러나 마르키우스가 전갈을 들고 온 관리들을 무례하게 쫓아내자 호민관들은 직접 안찰관*들을 대동하고 나섰다. 그들이 무력을 동원해 마르키우

* 로마어로 아이딜리스(Aedilis)라고 하는 이 관리는 평민과 귀족 모두에서 선출되었다. 평민 아이딜리스는 호민관의 명령에 의해 죄인을 체포하거나 형을 집행하는 일을 맡았으므로 안찰관(按察官)이라고 부르는 것이 적절한 반면, 귀족 아이딜리스는 도로와 건물 등 시설의 건축을 담당했으므로 조영관(造營官)이라고 부르는 것이 적절하다.

스를 붙잡아 끌고 가려는데 이번에는 귀족들이 힘을 합쳐 호민관들을 쫓아냈으며 안찰관들에게는 매질을 하기까지 했다.

이러는 와중에 저녁이 찾아왔고 동요가 가라앉았다. 그러나 날이 밝자마자 포룸은 온 사방에서 달려든 성난 시민들로 가득 찼다. 집정관들은 나라의 앞날에 대한 염려로 원로원을 소집하였고 합리적인 제안과 적절한 결의를 통해 군중을 누그러뜨리고 잠재울 방법을 찾아볼 것을 촉구했다. 야심에 찬 경쟁을 할 때가 아니었으며 지위를 유지하기 위해 싸울 때도 아니었다. 심각하고도 위태로운 위기 상황이었다. 사려 깊고 인도적인 처방이 필요했다.

원로원의 다수가 두 집정관의 생각에 동의했다. 집정관들은 밖으로 나가 온 힘을 다해 민중을 설득했다. 합리적인 방식으로 그들의 비판에 답하되 훈계와 질책은 절제하며 민중을 달랬다. 나아가 식량과 물자에 관한 한 모두가 공평한 가격을 지불하게 될 것이라고 선언했다.

XVIII.

이렇게 되자 민중 대부분이 물러서는 기미를 보였다. 점잖고 냉정한 태도로 주의를 기울이고 있는 민중이 다시금 양보하고 정부의 통제 아래 들어가리라는 것은 명백해 보였다. 이어서 호민관들이 일어나 선언했다. 원로원이 다시 냉정하게 행동하고 있는 만큼 민중도 공정하고 정직하게 양보를 해야 한다는 내용이었다.

그러나 마르키우스에게는 다음의 혐의에 대해 답변하라고 고집했다. 헌법을 어기고 민중으로부터 권력을 빼앗으라고 원로원을 부추긴 것이 마르키우스 자신이었다는 것을 부정할 수 있는가? 민중 앞에 소환되었을 때 거절하지 않았는가? 마지막으로, 포룸에서 안찰관들을 모욕하고 매질함으로써 민중이 무기를 들고 내란을 벌이게끔 애써 자극하지 않았는가?

답변을 요구한 호민관들이 노리고 있는 것은 둘 중 하나였다. 만약 마르키우스가 본성을 거스르고 콧대를 낮추어 민중의 호의를 구걸한다면 그는 공개적으로 창피를 당할 터였다. 반면 본성에 답한다면 민중의 분노를 굳히고 정당화할 어떤 행동을 취할 터였다. 호민관들은 후자가 더 가능성이 높다고 생각했고 이는 마르키우스의 성격을 제대로 짚은 것이었다.

마르키우스는 자기변호를 하려는 듯 민중 앞으로 다가와 섰고 민중은 그의 앞에서 가만히 침묵을 지켰다. 그러나 관객의 기대와 달리 사과하는 듯한 말투가 아니었다. 그의 연설은 드러내놓고 공격적인 어휘로 시작되었으며 결국 뚜렷한 비난으로 끝을 맺었다. 그가 취한 어조와 표정으로만 보아도 그의 당당한 태도가 실은 경멸과 증오의 표현임을 알 수 있었다. 민중은 분통이 터질 수밖에 없었다. 그들 또한 마르키우스의 말이 민중의 인내심을 시험하고 분노를 키우고 있다는 것을 숨기지 않고 드러냈다.

그러자 가장 대담한 호민관 시키니우스가 동료들과 짧은 논의를 거친 뒤 호민관의 권한으로 마르키우스를 사형에 처한다고 정식으로 선언했다. 그리고 안찰관들에게 그를 당장 타르페이아 언덕으로 데려가 절벽 아래로 떨어뜨릴 것을 명령했다. 그러나 안찰관들이 마르키우스의 몸에 손을 댔을 때 평민들에게조차 그것은 끔찍하고 터무니없는 일처럼 느껴졌다.

게다가 귀족들은 이미 제정신이 아니었다. 충격에 휩싸인 채 고통스러워하던 귀족들은 마침내 고함을 지르며 마르키우스를 도우러 달려갔다. 그들 중 일부는 마르키우스를 연행하던 관리들을 밀어내고 그를 에워쌌다. 다른 이들은 민중에게 애원하는 의미로 두 손을 쳐들었다. 무질서와 혼란 속에서 말과 외침은 아무 소용이 없었기 때문이다.

마침내 호민관들의 동료와 가족들은 귀족을 줄줄이 죽이지 않고서는 마르키우스를 끌어낼 방법이 없다는 것을 깨달았다. 그래서 호민관들에게 그들이 내린 이례적이고 가혹한 형벌을 철회하라고 권유했다. 폭력을 이용해 재판도 없이 그를 사형에 처할 것이 아니라 그를 민중에게 넘기고 민중의 판결을 묻자고 한 설득한 것이다. 그러자 안정을 되찾은 시키니우스는 귀족들에게 그들의 진의를 따져 물었다. 민중이 마르키우스를 처벌하겠다는데 귀족들은 마르키우스를 빼돌리려고 했기 때문이다. 그러자 귀족들은 오히려 되물었다.

"그렇다면 이렇게 훌륭한 로마 시민에게 재판도 거치지 않고 야만적이고 무법적인 형벌을 내린 그대들의 목적과 진의는 무엇이란 말입니까?"

그러자 시키니우스가 대답했다.

"그렇게 나온다면 민중과 당쟁을 일으킬 명목부터 없애주겠습니다. 재판을 받을 기회를 달라는 그대들 요구를 민중이 수락하겠다니 말입니다. 마르키우스, 그대는 우리의 소환에 응하여 오늘로부터 세 번째 장날에 시민들 앞에 서십시오. 거기서 할 수 있다면 그대의 결백을 입증하십시오. 민중은 투표를 통해 판결을 내릴 것입니다."

XIX.

당시로서는 귀족들도 타협안에 만족했고 기쁜 마음으로 마르키우스를 데리고 돌아갔다. 그러나 세 번째 장날이 오기 전로마인들은 9일마다 장을 열었는데 이를 9일장이라는 의미로 눈디나이nundinae라고 불렀다 안티움 원정이 있었고 귀족들은 재판을 아주 피할 수 있으리라고 기대했다. 전쟁에 정신을 빼앗긴 민중이 원정이 끝나기 전까지 분노를 삭이거나 완전히 잊는다면 민중은 다시 고분고분해질 것 같았다.

그러나 얼마 후 시민들은 안티움과의 분쟁을 신속히 해결하고 돌아왔고 귀족들은 여러 차례 비밀회의를 가졌다. 공포에 휩싸인 채 그들은 골똘히 생각했다. 마르키우스를 넘기지 않고도 민중 지도자들이 민중을 다시금 소요와 혼란으로 몰아넣는 것을 막아야 했다.

사실상 민중의 요구에 가장 적대적이라고 여겨졌던 압피우스 클라우디우스는 비장한 어조로 말했다. 민중이 투표를 통해 귀족의 운명을 결정하게 내버려두는 일은 곧 원로원을 망치고 체제를 배신하는 일이었다. 그러나 나이가 많은 편에 속하는 의원들과 민중의 편에 가장 가까웠던 사람들은 반대 주장을 펼쳤다. 귀족에 대한 재판권의 문제에 거칠고 가혹하게 대응할 것이 아니라 너그럽고 인도적으로 해야 했다. 민중은 원로원을 경멸하지 않았다. 오히려 원로원에 의해 멸시를 당한다고 느끼고 있었다. 따라서 원로원 의원을 재판할 특권을 준다면 위안을 느끼고 자랑으로 여길 터였다. 나아가 투표가 시작되자마자 화가 누그러질 것이 분명했다.

XX.

마르키우스는 원로원이 자신에 대한 호의와 민중에 대한 두려움 사이에서 고민하고 있는 것을 보았다. 그리하여 호민관들에게 고발 내용이 무엇이며 자신이 민중 앞에 선다면 어떠한 죄목으로 재판에 부쳐질 것인지 물었다. 호민관들은 죄목이 주권 찬탈이며 그가 나라를 집어삼킬 계획을 세웠다는 것을 입증하겠다고 했다. 그러자 마르키우스는 벌떡 일어나 당장 민중 앞에서 자신을 변호하겠다고 했다. 그 어떤 형태의 재판도 거부하지 않을 것이며 유죄로 결정된다면 그 어떤 형벌도 거부하지 않겠다고 했다.

"다만 언급한 죄목에 한해서만 재판하고 원로원을 데리고 장난치지 마십시오."

마르키우스가 이렇게 말하자 호민관들 역시 동의했고 그가 내건 조건을 지키기로 했다. 이윽고 재판이 열렸다.

그러나 사람들이 모여들었을 때 호민관들은 켄투리아 단위*가 아닌 부족 단위로 투표할 것을 고집했다. 이 방식으로 하면 명예욕이 없으며 가난하고 나서기 좋아하는 하층민들이 부유층과 무사 계급의 저명한 시민들보다 높은 투표력을 갖게 되었기 때문이다. 나아가 주권 찬탈의 혐의는 입증이 불가능하다는 것을 깨닫고 포기하는 대신 마르키우스가 원로원에서 했던 연설을 물고 늘어졌다. 이 연설에서 그는 곡식의 시장 가격을 낮추는 데 반대하는 한편 호민관직을 없애자고 주장했었다.

새로운 혐의도 더해졌다. 안티움에서 빼앗은 전리품의 배분에 관련된 것이었다. 호민관들의 주장에 따르면 마르키우스는 전리품을 국고로 보내지 않고 함께 원정을 간 사람들과 나눠가졌다. 마르키우스는 다른 어떤 혐의보다 바로 이 한 가지 혐의에 가장 흔들렸다고 한다. 미처 예상하지 못한 비난이었으며 민중을 만족시킬 만한 답변을 즉각 제공할 수 없었기 때문이다. 마르키우스는 다만 함께 원정을 갔던 사람들을 칭송하기 시작했다. 그러자 원정에 나가지 않았던 사람들이 소란을 피우며 그의 말을 방해하기 시작했다. 문제는 원정에 나가지 않은 사람들의 수가 훨씬 많았다는 것이다.

---

* 켄투리아는 재산에 따라 분배된 표결권을 의미하는데 당시 로마에는 총 193켄투리아가 있었다. 이 가운데 가장 재산이 많은 계급이 98표, 나머지 다섯 개 계급이 95표를 가져갔다.

마침내 부족 단위로 투표가 시행되었고 세 표 차이로* 유죄가 선고되었다. 형은 영구 추방이었다. 판결이 선고된 뒤 민중은 그 어느 적과 싸워 이겼을 때보다 크게 환호하고 기뻐하며 흩어졌다. 그러나 원로원은 괴로움과 극심한 절망에 빠졌다. 후회스럽고 몹시 분하기까지 했다. 민중이 그토록 강력한 권리를 행사함으로써 귀족을 모욕하도록 허용하기 이전에 무엇이든 해보고 무엇이든 견뎌내지 않은 것이 후회스럽고 몹시 짜증스러웠다. 더 이상 계급을 구분하는 복장이나 표시가 소용이 없었다. 기뻐하는 이들이 평민, 분통을 터뜨리는 이들이 귀족이라는 것이 한눈에 드러났다.

XXI.

그럼에도 당사자 마르키우스는 겁을 먹지도, 낙담하지도 않았다. 태도와 자세, 안색이 모두 침착했고 모든 귀족들이 그의 불행한 상황에 괴로워하는 가운데 그만이 아랑곳하지 않았다. 그러나 이것은 계산이나 온유한 성격에 따른 태도가 아니었다. 운명을 차분하게 받아들인 결과도 아니었다. 실은 분노와 깊은 증오가 그를 흔들고 있었다. 분노가 고통에서 비롯되었다는 것을 아는 사람은 많지 않다. 분노로 변형되어 가는 과정에서 고통은, 말하자면 그 자체의 불꽃에 의해 소진되고, 낮은 데 멈추어 있는 본연의 성질을 벗어던진다. 따라서 분노에 찬 사람은 고열에 달아오른 사람처럼 흥분한다. 영혼이 부어올라 욱신거리고 화끈거리는 상태이기 때문이다. 마르키우스 또한 그런 상태였다는 것은 곧 행동으로 드러났다.

• 할리카르낫소스 출신의 디오뉘시오스에 따르면 스물한 개 부족 가운데 아홉 개 부족이 무죄에 표를 던졌다고 한다.

마르키우스가 집으로 가자 어머니와 아내는 통곡을 하며 그를 맞았다. 그는 두 여인을 끌어안고는 닥쳐온 운명을 태연하게 견뎌내야 한다고 당부했다. 그러고는 곧장 집을 나와 성문으로 갔다. 귀족들은 한 몸이 되어 성문까지 그를 호위했으나 그는 아무것도 받지 않고 요청하지 않은 채 자신이 보호하고 있던 사람들 서넛만 데리고 떠났다.

며칠 동안 그는 어느 시골집에서 홀로 지내며 분노가 속삭여 말하는 엇갈리는 조언 사이에서 갈등했다. 그러나 선량하거나 유익한 의도를 품기는커녕 로마인들에게 복수를 할 방법에만 골몰했다. 마침내 그는 이웃나라를 부추겨 로마를 상대로 만만치 않은 전쟁을 일으키고자 했다. 따라서 먼저 볼스키족을 시험해 보기로 했다. 그들에게 여전히 병력과 자금이 충분하다는 것을 알고 있었기 때문이다. 그들은 또한 로마에 대한 시기 어린 증오심으로 가득했고 로마에 여러 번 패배했음에도 세력이 심하게 약화된 것은 아니었다.

XXII.

한편 안티움에는 툴루스 아우피디우스라는 자가 있었는데 부유하고 용맹한 데다 태생까지 고귀하여 볼스키족 사이에서 왕과 다름없는 대접을 받고 있었다. 마르키우스는 이자가 자신을 그 어느 로마인보다 증오한다는 것을 알고 있었다. 두 사람은 몸 담았던 전투에서 협박과 도전의 말을 주고받은 적이 많았다. 객기에 찬 젊은 전사들이 경쟁적으로 뱉어내는 자랑은 서로의 민족에 대한 감정뿐만 아니라 서로에 대한 사적인 증오마저 낳았다. 그러나 마르키우스는 툴루스가 그릇이 큰 사람이라는 것을 알고

• 오뒷세우스는 고향을 떠나 있는 동안 아내를 괴롭힌 구혼자들을 벌하기 위해 변장을 하고 고향으로 숨어든다. 그림은 오뒷세우스의 유모 에우뤼클레이아가 오뒷세우스의 발을 씻어주다가 그의 정체를 발견하는 장면.

있었다. 그리고 로마에 복수할 기회만 주어진다면 그 어느 볼스키인보다 적극적으로 나설 것이라고 생각했다.

이런 말이 있다.

"분노와 싸우는 것은 힘겹다. 분노는 원하는 모든 것을 구하기 때문이다. 목숨을 지불하더라도."

마르키우스는 이 말을 한 사람이 옳았다는 것을 입증한다. 그는 누구도 알아볼 수 없도록 전혀 그답지 않은 차림새를 한 뒤 마치 오뒷세우스처럼 "원수들의 도시로 들어갔다."

XXIII.

때는 저녁 무렵이었고 마르키우스를 본 사람은 많았으나 알아보는 사람은 없었다. 곧장 툴루스의 집으로 향한 그는 들키지 않고 숨어 들어가 말없이 화로에 앉았다. 그리고 머리를 가린 상태에서 꼼짝도 하지 않았다. 집안사람들은 그를 보고도 일으켜 세울 엄두를 내지 못했다. 그의 태도와 침묵에서 위엄이 느껴졌기 때문이다. 대신 식사를 하러온 툴루스에게 이를 알렸다. 툴루스는 식탁에서 일어나 마르키우스에게 가더니 누구인지, 왜 왔는지 물었다. 그러자 마르키우스가 가려져 있던 얼굴을 드러내며 잠시 후 말을 꺼냈다.

"툴루스, 그대가 아직도 나를 알아보지 못하고 그대 눈을 의심하고 있다면 내가 내 정체를 밝히겠소. 내 이름은 가이우스 마르키우스. 그대와 볼스키 민족에게 나만큼 많은 피해를 입힌 사람이 없고 그것은 코리올라누스라는 나의 이름 때문에 부인하고 싶어도 부인할 수 없소. 볼스키족에 대한 나의 적개심의 상징인 이 이름 외에는 나는 내가 겪은 온갖 고난과 위험에 대한 그 어떤 보상도 받은 적이 없다오. 로마인들의 시기와 오만방자함은, 그리고 관리들과 내 계급 사람들의 비겁한 배신은 나로부터 내 이름을 제외한 모든 것을 박탈했소. 내가 탄원자로서 그대의 화로에 앉은 것은 신변의 안전을 보장받기 위해서가 아니오. 죽음이 두려웠다면 왜 여기 왔겠소? 나는 나를 내친 사람들에게 복수하기 위해 왔으며 내가 그대의 부하로 들어가는 순간 복수는 시작되오. 그러니 적을 처부수고 싶다면 내 재앙을 이용하시오. 내 개인의 불행을 볼스키족 전체의 행운으로 바꾸시오. 나는 그대와 맞서 싸울 때보다 그대 편에서 싸울 때 더 잘 싸울 수 있을 것이오. 적의 비밀을 아는 사람이 모르는 사람보다 더 잘 싸우는 법이니까. 그러나 그대가 희망을 버렸다면 나는 살고 싶지도 않소. 오랫동안 적이자 원수였던 사람을, 이제는 값어치도 쓸모도 없는 사람을 살려두는 것이 득이 될 리 만무하다고 생각한다면."

이 말이 몹시 마음에 들었던 툴루스는 오른손을 내밀며 말했다.

"일어나시오, 마르키우스. 그리고 힘내시오. 그대는 우리에게 큰 복이오. 나아가 우리 볼스키족은 그대에게 더 큰 복을 가져다주겠소."

이어서 툴루스는 마르키우스에게 온갖 친절을 베풀며 식사를 대접했고 이어지는 며칠 동안 전쟁에 관해 함께 논의했다.

XXIV.

한편 로마에서는 마르키우스의 처벌에 마음이 상한 귀족들이 민중을 증오하고 있었으므로 커다란 소란이 많았고 여러 예언자와 사제, 개인들이 하늘에서 내려온 불길한 조짐들을 전하고 있었다.*

XXVI.

안티움에서 주요 인사들과 비밀리에 회동을 하던 마르키우스와 툴루스는 로마가 내부의 갈등으로 분열되어 있을 때 전쟁을 시작해야 한다고 재촉했다. 그러나 안티움은 2년 간 적대 행위를 하지 않는다는 정전 협정에 동의한 바 있었으므로 협정을 깨는 불명예스러운 선택을 망설였다. 바로 그때 로마 스스로가 구실을 만들어 주었다.

당시 로마의 극장과 경기장에서 내려진 포고령에 따르면 로마를 방문 중인 모든 볼스키족은 해가 뜨기 전에 로마를 떠나야 했다. 볼스키족을 겨냥한 의혹과 비난이 돌고 있었기 때문이다. 이것이 마르키우스의 약삭빠른 계략이었다고 전하는 이들도 있다. 그가 로마의 집정관들에게 사람을 보내 볼스키족이 극장을 습격하고 도시에 불을 지를 것이라고 허위로 신고했다는 것이다.

로마의 포고령은 로마인들에 대한 볼스키족의 감정을 더욱 악화시켰다. 툴루스는 이 사건을 확대 해석함으로써 볼스키인들을 부추겼고 로마에 사절단을 보내게 만드는 데 성공했다. 사절단은 전쟁에서 빼앗긴 볼스키족의 영토와 도시들을 되돌려 달라고 요구했다. 그러나 사절단의 요구를 들은 로마인들은 몹시 분개했으며 먼저 무기를 드는 쪽이 볼스키족일지언정 마지막으로 내려놓는 쪽은 로마인들이 될 것이라고 답변했다.

로마의 대답을 들은 툴루스는 시민 회의를 소집했고 시민들은 투표를 거쳐 전쟁을 벌이기로 결정했다. 그러자 툴루스는 마르키우스를 불러들이라고 조언했다. 툴루스에게는 마르키우스에 대한 어떤 미움도 남아 있지 않았다. 그리고 마르키우스가 적으로서 입힌 피해보다 같은 편으로서 주게 될 도움이 더 크리라고 여겼다.

XXVII.

그리하여 마르키우스가 부름을 받고 민회에 참석하게 되었다. 시민들은 그가 전장에서 세운 공훈에 대해 듣고 그의 용맹이 뛰어나다는 사실을 알고 있었으나 그의 연설을 듣고 말솜씨 또한 뒤지지 않는다는 것을 깨달았다. 그가 남다른 지성과 기개를 지니고 있다는 것도 확신했다. 그리하여 마르키우스를 툴루스와 함께 장군직에 앉혔다. 그리고 전쟁을 지휘할 전적인 권한을 주었다.

그러나 마르키우스는 볼스키족 병사들에게 장비를 지급하고 병력을 집결시키는 데 시간이 걸릴 것을 우려했다. 행동할 최적의 기회를 놓칠까 두려웠던 것이다. 따라서 관리들과 주요 시민들에게 필요한 병력과 물자를 모으고 제공하는 일을 맡겼다. 그 자신은 열의가 누구보다 강한 지원자들을 설득하여 정식 징병 절차 없이 그들을 데리고 로마로 전진하기 시작했다. 아무도 예측하지 못한 순간에 갑작스럽게 로마 영토로 들이닥친 것이다.

그 결과 얼마나 많은 전리품을 획득했으면 진영에서 모두 써버릴 수도, 집으로 가져갈 수도 없었다. 그러나 상당한 전리품을 빼앗았다는 점, 그리고 적의 영토에 심각한 피해와 손상을 입혔다는 점은 마르키우스의 눈에는 원정의 가장 하찮은 성과였다. 그가 원정을 실시한 가장 큰 목적은 로마의 민중에게 귀족을 비난할 새로운 빌미를 주는 것이었고 이 목적을 이루어낸 것이 가장 주된 성과였다. 다른 모든 것을 망치고 파괴할지언정 귀족들의 영토는 철저히 지켰으며 아무도 손상하거나 약탈하도록 내버려두지 않았던 것이다. 이는 도시 내 당파들 간의 더욱 심한 비난과 다툼으로 이어졌다.

귀족은 민중이 영향력 있는 사람을 정당하지 못한 이유로 내쫓았다고 비난했다. 반면 민중은 귀족이 민중에게 복수하기 위해 마르키우스를 이용했으며 전쟁으로 인한 민중의 고통을 강 건너 불 보듯 구경만 했다고 주장했다. 게다가 적은 도시 밖에 있는 귀족의 재물과 토지를 보호해 주기까지 했다며 비난했다. 목적을 달성한 마르키우스는 볼스키족에게 크나큰 용기와 적에 대한 경멸을 심어준 다음 무사히 군대를 이끌고 복귀했다.

XXVIII.

볼스키족의 병력은 빠르고 활발한 움직임 속에 집결되었다. 그런데 병력이 지나치게 컸기 때문에 일부는 도시의 수비를 위해 남겨두고 일부만 이끌고 로마를 상대로 행군하기로 결정했다. 이어서 마르키우스는 툴루스에게 둘 중 어느 병력을 지휘할지 택하도록 했다. 툴루스는 마르키우스의 용맹이 자신보다 못하지 않고 그가 전투에서 자신보다 운이 더 좋았던 만큼 전장으로 나갈 병력을 맡아달라고 부탁했다. 자신은 뒤에 남아 도시를 수비하고 출정한 병력을 위해 필요한 물자를 보내주겠다고 했다.

그리하여 마르키우스는 강력해진 병력을 이끌고 먼저 로마의 식민지 키르케이이를 공격하러 나섰다. 그러자 키르케이이는 제풀에 마르키우스에게 항복했고 마르키우스는 도시에 아무 피해도 입히지 않았다.

그런 다음 그는 라티니족의 영토를 짓밟았다. 로마인들이 라티니족을 방어하러 나서리라고 생각했기 때문이다. 둘은 동맹관계였고 라티니족은 실제로 여러 차례 로마로 전령을 보내 도움을 요청했다. 그러나 평민은 라티니족의 호소에 무관심했다. 집정관들 역시 임기가 얼마 남지 않은 시점에서 원정을 떠나는 위험을 감수하고 싶지 않았기에 전령들을 그냥 돌려보냈다.

이와 같은 상황에서 마르키우스가 병력을 이끌고 라티니 도시들을 공격했다. 그는 저항하는 도시들, 즉 톨레리움, 라비쿰, 페둠을 사로잡았고 이후 볼라까지 빼앗았다. 시민들은 노예로 삼고 재산은 압수했다. 그러나 도시가 스스로 넘어온 경우 그는 많은 아량을 베풀었고 자신의 의도와 달리 시민들에게 피해가 가는 것을 막기 위해 영토에서 가능한 멀리 떨어진 곳에 진영을 치고 관심을 끊었다.

XXIX.

마르키우스는 로마에서 12밀레• 도 떨어지지 않은 볼라까지 사로잡은 뒤 재물을 상당량 빼앗고 성인 대부분을 칼날에 희생시켰다. 그즈음 수비대로 편성되어 있던 볼스키족 병사들은 인내심을 잃어가고 있었다. 그러다 마침내 그들마저 무기를 들고 마르키우스에게 몰려가는 사건이 벌어졌다. 그들은 오로지 마르키우스만을 유일한 지도자로 인정하겠다고 선언했다. 곧 마르키우스는 이탈리아 전역에서 이름을 크게 떨치게 되었다. 세상은 단 한 사람이 편을 바꿈으로 해서 사태가 그와 같이 놀라운 반전을 겪었다는 점에 경악하였다.

그러나 로마에서는 모든 것이 뒤죽박죽이었다. 시민들은 싸우기를 거부했고 파벌로 나뉘어 서로 다투는 데 모든 시간을 소비했다. 그 와중에 적이 라비니움을 포위했다는 소식이 들려왔다. 그곳은 로마의 조상 신들과 관련된 신성한 상징이 보관된 곳이었다. 그리고 아이네아스가 세운 최초의 도시였으므로 로마의 기원이기도 한 곳이었다. 라비니움이 포위

• 로마의 거리 단위로 천 걸음가량.

되었다는 소식은 평민들 사이에서 놀랍고도 전폭적인 의견의 변화를 가져왔다. 이러한 변화는 귀족들조차 예측하지 못한 낯선 현상이었다. 평민은 마르키우스에게 내린 형벌을 철회하고 그를 다시 로마로 들이고 싶은 생각이 간절했다.

반면 원로원은 평민의 제안을 심사하기 위해 소집된 자리에서 제안에 반대하고 거부권을 행사했다. 화가 난 나머지 평민의 청이라면 무조건 반대하고 싶었기 때문일 수 있다. 마르키우스가 평민의 자비로 인해 복귀하는 것이 불만이었기 때문일 수도 있다. 그것도 아니라면 평민에게 푸대접을 받고도 평민, 귀족을 가리지 않고 해를 입힌 마르키우스가 원망스러웠기 때문일 수도 있다. 그는 나라의 가장 영향력 있고 힘센 시민들이 자신을 동정하고 있다는 것을 알았고, 그들 역시 부당한 대접을 받았다는 것을 알았으면서도 나라 전체를 적으로 삼았기 때문이다. 원로원의 결정이 공포되자 민중은 별다른 수가 없었다. 원로원의 결정 없이 민중이 투표를 통해 법을 제정할 권리는 없었다.

XXX.

그러나 부결 소식을 들은 마르키우스는 한층 더 분개했다. 그리하여 라비니움의 포위 공격을 중지하고 분노에 휩싸인 채 로마로 행군했다. 그리고 로마에서 5밀레도 떨어지지 않은 이른바 클루일리아의 구덩이라는 곳에 진영을 쳤다. 마르키우스가 나타나자 도시는 공포와 대혼란에 빠졌지만 당분간 내분은 멈추었다. 집정관이든 의원이든 마르키우스를 복귀시키자는 민중의 제안에 감히 반대하지 못했기 때문이다. 그들은 오히려 마르키우스와의 화해를 제안한 민중의 결정이 훌륭했다고 인정했다. 여인들이 정신없이 우왕좌왕하는 모습, 나이 든 남자들이 신전을 찾아 탄원의 눈물과 기도를 올리는 모습을 보고 난 뒤였다. 어디를 봐도 용기 있는 사람이나 뾰족한 수가 없었다. 원로원은 처음부터 분노와 복수심을 내려놓았어야 했다. 그러지 않은 것은 참담한 실수였다.

결국 그들은 마르키우스에게 사절단을 보내기로 만장일치로 결정했다. 사절단의 임무는 마르키우스에게 고국으로 돌아올 특권을 주고 전쟁을 멈추어 달라고 간청하는 것이었다. 마침 원로원이 구성한 사절단은 마르키우스의 친척과 친구들로 이루어져 있었다. 그들은 마르키우스가 인척과 동료들을 처음부터 달갑게 맞아 주리라 생각했다. 그러나 실제는 전혀 달랐다. 적의 진영 속으로 인도된 사절단은 마르키우스가 위엄 있는 모습으로 앉아 있는 것을 발견했다. 밉살스러우리만치 엄격한 표정이었다.

볼스키족 주요 인사들에 둘러싸인 그는 로마인들에게 원하는 것을 말하라고 했다. 로마인들은 합리적이고 사려 깊은 말로, 그리고 그들의 처지에 알맞은 방식으로 요구 사항을 말했다. 개인적인 문제에 관한 한 마르키우스의 대답은 로마의 푸대접에 대한 쓰라림과 분노로 가득 차 있었다. 한편 볼스키족을 대표하는 장군으로서 그는 전쟁에서 빼앗긴 도시와 영토의 반환을 명령했다. 나아가 법령의 제정을 통해 볼스키족과 동맹을 맺고 그들에게 라티니족과 동일한 시민권을 보장할 것을 요구했다. 정당하고 동등한 권리를 바탕으로 하지 않는다면 그 어떤 휴전 상태도 확고하고 영속적일 수 없다고 마르키우스는 말했다. 나아가 30일 동안 숙고할 시간을 주고 사절단이 떠난 뒤에는 즉시 로마 영토에서 병력을 철수했다.

XXXI.

이것을 첫 빌미로 삼아 불평을 터뜨린 볼스키족 사람들이 있었으니 마르키우스의 커져가는 영향력을 전부터 불쾌하게 여기고 시샘하던 자들이었다. 그중에는 툴루스도 있었다. 마르키우스에게 개인적인 원한이 있었던 것은 아니나 툴루스 역시 한낱 인간에 불과했기 때문이다. 그는 어느새 자신의 명성이 완전히 가려졌다는 것, 그리고 볼스키족 사람들이 자신을 무시하고 있다는 것이 짜증스러웠다. 볼스키족 사람들은 마르키우스만이 전부이고 다른 지도자들은 마르키우스가 배분해 주는 영향력과 권력으로 만족해야 한다고 여기고 있었다.

바로 이런 이유에서 비밀리에 탄핵의 씨앗이 뿌려진 것이다. 불평 분자들은 단결하여 마르키우스에 대한 증오를 나누었고 마르키우스가 병력을 철수한 것을 두고 황금 같은 기회를 포기했다고 비난했다. 그가 볼스키족의 도시와 군대를 배반한 것은 아니지만 그가 포기한 황금 같은 기회는 볼스키족의 모든 것을 살릴 수도 죽일 수도 있었다. 마르키우스는 30일 간의 휴전을 선언했는데 전쟁에서는 그보다 훨씬 짧은 기간 안에 극적인 반전이 일어날 수 있었기 때문이다.

그럼에도 마르키우스는 이 기간을 허송세월하지 않았다. 로마의 여러 동맹국을 공격하고 그들의 영토를 짓밟고 약탈한 것이다. 그리하여 가장 크고 인구가 많은 도시 일곱 군데를 사로잡았다. 로마는 감히 동맹국을 도우려고 나서지 않았다. 대신 하염없이 망설였고 전쟁에 임하는 로마의 태도는 마치 감각이 전혀 없는, 온몸이 마비된 사람들의 태도 같았다. 30일이 지나자 마르키우스는 또다시 전군을 이끌고 로마 근처로 갔다.

로마는 그의 화를 누그러뜨리고 볼스키족 병력을 철수하도록 간청할 요량으로 다시 한 번 사절단을 보냈다. 사절단은 마르키우스가 두 나라를 위해 최선이라고 여길 만한 제안과 합의안을 준비했다. 그들의 말에 따르면 로마는 협박에 굴하여 양보할 생각은 없었다. 그러나 볼스키족에게 어떤 특권이 주어져야 한다는 것이 마르키우스의 생각이라면 무기를 내려놓는다는 조건하에 그 특권을 주겠노라고 했다.

그러자 마르키우스는 볼스키족의 장군으로서가 아니라 여전히 로마의 시민권을 가진 사람으로서 대답하겠노라고 했다. 그는 공정한 합의에 이르기 위한 필요조건에 대하여 로마가 보다 합리적인 시각을 가져야 한다고 충고하고 설득했다. 그러고는 사흘 안에 이전의 자신 요구에 대한 승인을 얻어 돌아오라고 했다. 그러나 승인을 얻지 못할 경우 또다시 헛된 말만을 가지고 그의 진영으로 걸어 들어온다면 무사하지 못할 것이라고 했다.

XXXII.

사절단이 돌아와 원로원에 결과를 보고하자 도시는 사나운 폭풍이 휘저은 파도 위에 얹힌 듯 몹시 동요했다. 그리하여 이윽고 마지막이자 성스러운 닻이 내려졌다. 모든 신의 사제들, 비의를 집행하고 보호하는 이들, 그리고 새의 비행을 보고 전통 방식으로 점을 치는 이들을 마르키우스에게 보내는 법령이 통과된 것이다. 따라서 그들은 각자의 신성한 의식을 집행할 때와 같이 각자의 고유한 차림으로 마르키우스에게로 가게 되었다. 사제들의 임무는 전과 다르지 않았다. 전쟁을 멈추고 볼스키족의 대우에 관하여 동료 시민들과 논의하라고 마르키우스에게 촉구하는 일이었다. 마르키우스는 이 사절단을 진영으로 맞이하기는 했으나 한 발도 물러나지 않았으며 전보다 부드럽게 행동하거나 말하지도 않았다. 대신 이전의 요구사항에 합의하든가 전쟁을 받아들이라고 했다.

따라서 사제들이 돌아왔을 때 로마는 성안에 얌전히 남아 있기로 결정했다. 그리고 마르키우스가 공격해 온다면 성벽을 지키고 방어에 힘쓰기로 했다. 그러나 무엇보다도 시간과 운명의 변덕에 희망을 걸었다. 노력으로는 도저히 스스로를 구원할 수 없었고 소란과 공포와 흉흉한 소문이 도시를 사로잡고 있었기 때문이다.*

XXXIII.

한편 그 당시 로마에서는 여인들로 이루어진 다양한 무리들이 여러 사원을 방문해 탄원을 올리곤 했다. 대다수의 경우, 그리고 지위가 높은 여인들의 경우 유피테르 카피톨리누스의 제단으로 가곤 했다. 그중에는 발레리아라는 여인이 있었는데 전사로서 그리고 정치가로서 로마를 위해 여러 훌륭한 봉사를 했던 푸블리우스의 누이였다. 내가 「푸블리콜라」 편에 적었듯 푸블리콜라는 이 사태가 벌어졌을 당시 세상을 떠나고 없었으나 발레리아는 여전히 명성과 지위를 누리고 있었으며 우수한 혈통을 더욱 돋보이게 하는 삶을 살고 있었다.

그런데 기도를 하던 중 별안간 어떤 충동에 사로잡힌 듯한 발레리아는 하늘이 불어넣었다고 하지 않을 수 없는 뚜렷한 목적의식을 갖고 적절한 해결 방법을 강구해냈다. 자리에서 일어난 발레리아는 다른 여인들도 일으켜 세웠다. 그들은 모두 마르키우스의 어머니 볼룸니아의 집으로 갔다. 집 안으로 들어간 여인들은 마르키우스의 자식들을 무릎에 앉힌 볼룸니아가 며느리와 함께 앉아 있는 것을 보았다. 발레리아는 따라온 여인들을 곁으로 불러 말을 꺼냈다.

"볼룸니아, 그리고 베르길리아, 여기 보이는 우리는 같은 여인의 자격으로 이야기하러 온 것이지 원로원의 명령이나 집정관의 지시를 받아서

온 것이 아닙니다. 다만 신께서 우리의 탄원을 딱히 여기시어 우리의 가슴에 이곳으로 오고자 하는 충동을 심어주신 듯합니다. 두 분께서 우리의 부탁을 들어준다면 두 분은 우리를 비롯하여 온 로마의 시민들을 살릴 수 있습니다. 뿐만 아니라 승낙한 두 분께서는 사비니족 딸들 못지않게 현저한 명성을 누리게 될 것입니다. 사비니족의 딸들은 서로 전쟁을 벌이고 있던 아버지의 나라와 남편의 나라를 우정과 평화로 이끌지 않았습니까?

일어나 우리와 함께 마르키우스 장군께 가서 탄원합시다. 이 나라는 마르키우스 장군의 손에 부당한 일들을 제법 많이 겪었습니다. 그러나 분노했을망정 시민들은 두 분께 어떠한 해도 입히지 않았고 그럴 생각조차 하지 않았습니다. 게다가 장군의 손에 공정한 대접을 받지 못할 운명에 처해 있음에도 장군을 두 분께 돌려드리고자 했습니다. 나라를 위해 이러한 정확하고 올바른 사실을 기억하십시오."

발레리아의 이 같은 말에 다른 여인들도 동조하며 외쳤다. 그러자 볼룸니아가 대답했다.

"여러분, 여러분이 잘못되면 우리 또한 잘못되는 것은 물론입니다. 그러나 우리는 마르키우스 덕분에 누렸던 명성과 지위를 잃었습니다. 뿐만 아니라 마르키우스의 신변도 적의 무기에 보호받기보다 감시당하고 있습니다. 그러나 우리의 가장 큰 슬픔은 조국이 우리에게 희망을 걸 만큼 약해져 있다는 점입니다. 나도 마르키우스가 우리의 말을 얼마나 귀담아들을지 모릅니다. 어머니와 아내, 자식보다 소중히 여겼던 조국의 요구조차 귀담아듣지 않고 있으니까요. 그래도 우리를 이용하세요. 데리고 마르키우스에게 가세요. 다른 것은 몰라도 적어도 나라를 위해 탄원하다가 숨

• 리비우스를 비롯한 다른 역사가들의 기록에 따르면 마르키우스의 어머니의 이름은 베투리아였다. 16세기 출간된 위인전기 모음(Promptuarii Iconum Insigniorum)에 수록된 삽화.

을 거둘 수 있지 않겠어요."

XXXIV.

그리하여 볼룸니아는 아이들과 베르길리아를 데리고 다른 여인들과 함께 볼스키족의 진영으로 갔다. 이 딱하기 그지없는 광경에 적들조차 말없이 경의를 표했다. 때마침 마르키우스는 선임 참모들과 군사 회의 중이었다. 여인들이 다가오는 것을 보자 놀라움을 감출 수 없었던 것은 당연하다. 앞장서서 걸어오던 어머니를 알아본 그는 융통성 없고 인정사정 모르던 기존의 태도를 고집하려고 애썼다. 그러나 감정에 북받치고 눈앞의 광경에 혼란을 느낀 나머지 가만히 앉아 있을 수가 없었다. 여인들이 다가오기를 기다릴 수가 없었던 것이다. 마르키우스는 재빨리 회의석에서 내려가 여인들을 마중하러 달려갔다. 제일 먼저 어머니를 맞았고 한참 동안 끌어안고 놓지 않았다. 다음으로 아내와 자식들을 안았고 눈물도 손길도 아끼지 않은 채 감정의 홍수에 떠내려가는 자신을 내버려두었다.

• 『로마 성벽에 선 코리올라누스』. 지오반니 바티스타 티에폴로의 그림.

XXXV.

그러나 마음껏 인사를 나눈 뒤 마르키우스는 어머니가 할 말이 있다는 것을 깨달았다. 그리하여 볼스키족 고문관들을 곁으로 불러 함께 볼룸니아의 말을 들었다.

"아들아, 네가 추방된 뒤 우리가 얼마나 딱한 지경에 빠졌는지 이 허름한 복장과 몰골을 보면 말하지 않아도 짐작하겠지. 네 앞에 있는 우리들은 누구보다 불행한 여인들이다. 행운의 여신은 무엇보다 달콤해야 할 광경을 가장 무시무시하게 만들었구나. 나는 내 아들이, 네 아내는 자기 남편이 조국의 성벽 앞에 진을 치고 있는 모습을 보아야 하는구나. 게다가 다른 사람들이 불행과 괴로움을 달래기 위해 신께 올리는 기도조차 우리에게는 무엇보다 어렵다. 조국의 승리와 너의 안전을 한꺼번에 빌 수가 없으니 말이다. 적이 우리에게 저주라고 내리는 것이 우리 기도 속에도 있다는 말이다.

네 아내와 자식들은 나라를 잃든가 너를 잃을 것이다. 나는 이것을 전쟁이 대신 결정해 줄 때까지 살아 기다릴 마음이 없다. 내가 너를 설득하여 갈등과 적의를 우정과 화합으로 대체하게 만들 수 없다면, 네가 양국의 은인이 되기보다 일국의 파괴자가 되겠다면 널 낳아준 여인을 짓밟지 않고서는 네 나라를 공격할 수 없으리라는 것을 똑똑히 알아두어라.

나는 네가 개선 행진을 하는 동료 시민들의 손에 끌려오든, 네 나라와 싸워 이기든 그것을 지켜볼 날을 기다릴 의무가 없다. 내가 만약 볼스키족을 멸망시키고 조국을 구하라고 했다면 네 앞에 놓인 문제는 매우 괴롭고 결정하기 어려운 것이었을 테지. 동료 시민을 해하는 것도 명예롭지 못하지만 믿어준 사람을 배신하는 것 또한 정의롭지 못하니까. 하지만 우리는 단지 재앙을 막아달라는 것뿐이다. 양국 모두에게 유익할 만한 어떤 것을 부탁하는 것이다.

그렇게 된다면 볼스키족의 명성과 명예가 더욱 빛나겠지. 병력이 우월한 측이 크나큰 은혜, 즉 평화와 우정을 베푸는 것처럼 보일 테니 말이다. 실은 똑같이 나눠 갖는 것일 테지만. 만약 그러한 은혜가 주어진다면 그것은 네 덕분일 것이다. 그렇지 않다면 너는 양국 모두의 비난을 홀

• 『코리올라누스』. 세바스티아노 리치의 그림.

로 받게 될 것이다. 전쟁의 결과는 불투명한 법이지만 이것만은 확실하다. 이긴다고 해도 너는 네 조국을 파괴한 악마가 될 것이고 패배한다면 세상은 네가 네 복수심을 충족하고자 네 은인과 동료들에게 무엇보다 커다란 재앙을 가져왔다고 생각할 것이다."

XXXVI.

볼룸니아가 말을 하는 동안 마르키우스는 아무런 대답 없이 듣기만 했다. 그리고 어머니가 말을 마치자 한참을 침묵 속에 서 있었다. 그러자 볼룸니아가 다시 한 번 말을 꺼냈다.

"아들아, 왜 말이 없느냐? 분노와 증오에 모든 것을 양보하는 것은 옳고, 어머니의 소원을 들어주는 것은 옳지 않느냐? 불의를 기억하는 것은 위대한 사람에게 어울리고, 부모로부터 받은 은혜를 존경심과 자부심을 갖고 기억하는 것은 훌륭하고 선한 사람에게 어울리지 않느냐? 배은망덕한 동료 시민들을 그토록 모질게 심판했던 너라면 은혜를 누구보다 소중하게 여기는 것이 옳다. 그러나 너는 네 나라를 그토록 가혹하게 벌주었음에도 네 어머니에게는 감사할 줄을 모르는구나. 나의 마땅하고 합리적인 부탁을 들어주는 일은 네가 할 수 있는 무엇보다 큰 효도일 테지만 네가 내 말을 듣지 않으니 내가 마지막 방법을 아껴둘 이유가 무어냐?"

이 말과 함께 볼룸니아는 아들의 발치에 몸을 던졌고 그의 아내와 자식들도 똑같이 했다. 그러자 마르키우스가 외쳤다.

• 무릎을 꿇고 코리올라누스에게 탄원하는 어머니와 여인들.
•• 오를라이 페트릭스가 그린 『코리올라누스』(세부).

"어머니, 제게 무슨 짓을 하신 겁니까?"

마르키우스는 어머니를 일으켜 오른손을 따뜻하게 감싸며 말했다.

"어머니께서 승리하셨습니다. 어머니의 승리는 조국에는 행운이지만 제게는 죽음을 의미합니다. 이제 패자가 되어 돌아갈 수밖에 없게 되었으니까요. 오직 어머니 단 한 분께 굴복했을지언정."

마르키우스는 이 말을 마치고 어머니, 아내와 짧게 사적인 대화를 나눈 뒤 로마로 되돌려 보냈다. 식구들이 돌아가기를 원했기 때문이다. 다음 날 아침 그는 볼스키 군대를 이끌고 철수했다. 볼스키족은 벌어진 일에 대해 다양한 감정을 갖고 있었고 모두가 똑같이 만족한 것은 아니었다. 일부는 마르키우스라는 사람과 그의 행위가 모두 잘못되었다고 생각했다. 반면 분쟁이 평화롭게 마무리된 사실에 호의적이었던 다른 사람들은 그에게 잘못이 없다고 생각했다. 한편 다른 사람들은 마르키우스가 일을 진행한 방식에 대해서는 만족하지 않았지만 그럼에도 그를 나쁜 사람으로 보지는 않았다. 누구든 두 손을 들지 않을 수 없는 애절한 부탁이었다는 것을 인정했기 때문이다. 생각이 어떠했든 그를 반대하는 사람은 없었다. 그의 권위를 인정해서라기보다 효심에 감복하여 모두가 군소리 없이 그를 따른 것이다.

XXXVII.

한편 로마 사람들은 전쟁으로부터 자유로워진 순간 그동안의 두려움과 공포가 얼마나 컸는지 더욱 극명하게 드러냈다. 성벽을 지키던 사람들이 볼스키군의 철수를 목격하자마자 모든 신전이 활짝 열렸고 시민들은 마치 전쟁에서 승리한 듯 화관을 쓰고 제물을 올렸다. 그러나 로마의 기쁨은 원로원과 시민 전부가 여인들에게 부여한 영예, 그리고 애정 어린 친절에서 가장 잘 드러났다.

그들은 여인들이 도시를 구했다고 굳게 믿고 있었다. 그리하여 원로원은 여인들에게 그들이 원하는 모든 영예와 호의를 내릴 것을 결정했고 관리들에게 이를 제공하고 실행에 옮길 것을 명령했다. 그러나 당사자들은 여성을 수호하는 행운의 여신의 신전을 짓는 것 이외에는 아무것도 요구하지 않았다. 신전을 짓는 비용 또한 여인들 스스로 조달하기로 했다. 다만 신들에게 바쳐야 할 희생 제사와 의례는 나라가 세금을 들여 거행해달라고 했다.*

XXXIX.

한편 마르키우스가 원정을 마치고 안티움으로 돌아갔을 때 오래전부터 그를 미워했고 그에 대한 시기심에 억눌려 있었던 툴루스는 단번에 그를 없앨 음모를 꾸몄다. 이번에 적을 놓치면 영영 잡을 수 없으리라 믿었기 때문이다. 따라서 마르키우스의 반대파를 대거 결집한 뒤 그에게 지휘권을 내려놓고 볼스키족 앞에서 전쟁의 운영에 대한 감사를 받으라고 촉구했다.

그러나 마르키우스는 권력을 가진 툴루스가 시민들 사이에서 그 어느 때보다 큰 영향력을 누릴 때 공직에서 물러나는 것이 두려웠다. 그래서 먼저 볼스키족 민중의 의사를 묻고 그들이 원한다면 지휘권을 내려놓겠다고 했다. 처음에 지휘권을 잡은 것도 그들이 원해서였기 때문이다. 또한 그 전에라도 원하는 사람이 있다면 전쟁 운영 전반에 관하여 낱낱이 보고하겠다고 했다.

이어서 회의가 소집되었고 사주를 받은 민중 지도자들은 자리에서 일어나 마르키우스에 대한 반대 여론을 조성하고자 했다. 그러나 마르키우스가 발언을 하기 위해 자리에서 일어나자 무질서하던 일부 관객들은 그에 대한 존경심에 잠잠해졌고 그에게 거침없이 말할 기회를 주었다. 한편 안티움의 최고 시민들, 그리고 로마와의 화평이 특히 마음에 들었던 사람들은 마르키우스의 말에 호의를 갖고 귀 기울일 것이며 공정한 판결을 내리겠다는 뜻을 분명히 했다.

그러자 툴루스는 마르키우스의 항변의 결과가 두렵기 시작했다. 마르키우스는 누구보다 능력 있는 연설가 가운데 하나였으며 볼스키족은 그가 초반에 이룩한 업적을 매우 고맙게 여기고 있었으므로 그가 나중에 저지른 실수를 눈감아 줄 가능성이 다분했다. 로마를 손에 넣는 데 근접할 수 있었던 것은 마르키우스의 노력 덕분이었다. 그 노력이 없었다면 로마를 굴복시키지 못한 것을 억울하게 여길 수조차 없었을 것이다.

따라서 음모에 가담한 자들은 더 이상 늦출 수 없다고 판단했고 가장 대담한 자들이 나섰다. 그들은 배신자의 말을 들어서는 안 되며 마르키우스에게 지휘권을 넘겨 독재자 행세를 허락해도 안 된다고 외치며 우르르 덮쳐 그를 죽였다. 마르키우스를 위해 싸워줄 사람은 거기 없었다.

그러나 볼스키족 대부분은 암살 행위가 옳다고 여기지 않았고 이것은 순식간에 입증되었다. 여러 도시에서 그의 시신을 보기 위해 줄줄이 몰려들었기 때문이다. 볼스키족은 마르키우스를 위해 합당한 장례를 치러주고 부족장이나 장군의 무덤에 하듯 그의 무덤을 온갖 무기와 전리품으로 장식해 주었다. 그러나 로마인들은 그의 사망 소식을 들었을 때 그 어떤 존경이나 증오의 표시도 하지 않았다. 단지 그를 열 달 동안 추모하게 허락해달라는 여인들의 부탁을 들어 주었을 뿐이다. 아버지나 아들, 형제를 잃었을 때 관습적으로 지키는 추모 기간이 열 달이었다. 내가 「누마」 편에 적었듯 이것은 가장 길게 허락된 애도 기간이었다.

곧이어 볼스키족의 도시들은 마르키우스의 죽음을 뼈저리게 실감했다. 무엇보다 먼저 아이퀴족과 최고 지휘권을 놓고 다투어야 했다. 동맹을 맺은 관계였던 우방 민족과의 다툼은 유혈 사태와 학살로 이어졌다. 나아가 로마와의 전투에서 패배했으며 그 와중에 툴루스가 죽었다. 병력의 핵심이 갈가리 찢긴 볼스키족은 로마가 제시한 몹시 수치스러운 조건을 기꺼이 받아들여야 했다. 로마의 종속 민족이 되어 로마의 명령에 따르기로 약속했던 것이다.

PLUTARCH
LIVES

I.

기록하고 기억할 가치가 있는 두 사람의 업적을 모두 다루고 난 지금, 둘의 군사적 행적을 저울질했을 경우 어느 한쪽으로 뚜렷이 기울지 않는다는 것이 명백해졌다. 두 사람 모두 병사로서는 대담성과 용기를, 지휘관으로서는 능력과 선견지명을 두드러지게 나타냈다. 다만 알키비아데스가 바다와 육지에서 이어진 여러 전투에서 지속적으로 성공하고 승리했으므로 그를 보다 유능한 장군으로 보는 사람도 있을 것이다.

두 사람 모두 고국에서 지휘권을 잡았을 때에는 언제나 나라의 뜻을 위해 현저한 성공을 이루어냈다. 반대로 적의 편으로 넘어갔을 때에는 조국에 더욱 뚜렷한 피해를 입혔다. 한편 정치가로서 알키비아데스는 지나치게 방탕했고 민중의 마음을 사기 위한 그의 노력 또한 타락과 방종으로 얼룩져 있었기에 냉정한 사고를 가진 시민들은 그를 혐오했다. 마르키우스의 철저한 무례함이 그의 자부심, 귀족적인 태도와 어우러져 로마 시민의 미움을 산 것 또한 사실이다. 그러니 두 가지 중 그 어떤 방식도 바람직하지 않다. 그럼에도 호의를 베풀어 민중의 마음의 사고자 하는 사람이 대중을 향하여 모욕의 말을 퍼붓는 사람보다 비난받을 이유가 적다. 권력을 위해 민중에 아첨하는 것은 수치스러운 일이지만 협박, 공포, 압제를 통한 집권은 수치스러울 뿐 아니라 정의롭지 못하기까지 하다.

II.

직설적이고 성격이 단순하다는 것이 마르키우스에 대한 주된 평판이었음은 부인할 수 없다. 반면 알키비아데스는 부도덕하고 진실하지 못한 방식으로 공무를 돌보았다. 나아가, 투퀴디데스가 전하는 바에 따르면 알키비아데스는 악의적인 속임수로 라케다이몬 사절단을 기만하고 평화를 종식한 일로 가장 큰 비난을 받는다. 알키비아데스의 정책이 나라를 다시 전쟁에 빠뜨린 것은 사실이다. 그러나 그가 만티네이아와 아르고스를 동맹국으로 삼은 일은 아테나이를 강력하고 얕볼 수 없는 나라로 만들기도 했다. 마르키우스 또한 속임수를 이용해서 로마와 볼스키족 간에 전쟁의 불씨를 일으켰다. 디오뉘시오스가 전하는 바에 따르면 그는 경기를 보러 온 볼스키족 방문객들에게 거짓 혐의를 뒤집어씌웠다.

그런데 그 동기를 살펴보면 마르키우스의 속임수가 더 악랄하다. 알키비아데스가 야심이나 정쟁 상대의 영향을 받았다면 마르키우스는 단지 분노에 굴복한 것이기 때문이다. 디온에 따르면 분노로부터 "감사의 보답을 받는 사람은 없다." 마르키우스는 이탈리아의 여러 지방을 혼란에 빠뜨렸고 조국에 대한 분노 때문에 죄 없는 여러 도시를 희생시켰다.

알키비아데스 또한 분노로 인해 동포에게 여러 커다란 재앙을 가져온 일이 있다. 그러나 알키비아데스는 동료 시민들이 뉘우치고 있다는 것을 깨닫자마자 선의를 보여주었다. 두 번째로 쫓겨난 뒤에도 아테나이 장군들이 저지른 실수에 기뻐하지 않았으며 그들의 어리석고 위험한 계획을 무관심으로 바라보지 않았다. 알키비아데스가 택한 행동은 아리스테이데스가 테미스토클레스에게 취한 행동과 비슷했다. 아리스테이데스는 덕분에 드높은 칭송을 받았다. 알키비아데스 역시 자신에게 적대적인 아테나이 장군들을 찾아가 어떻게 해야 이길 수 있는지 솔직하게 말해 주었다.

그러나 마르키우스는 무엇보다도 로마 전체에 피해를 입혔다. 로마 전체가 마르키우스에게 피해를 입힌 것이 아니라는 점은 무시했다. 세력이 컸던 최고 시민들은 오히려 그와 함께 불의를 겪었으며 그의 괴로움을 나누었음에도 마르키우스는 이를 조금도 고려하지 않은 것이다. 게다가 그는 그가 저지른 어리석고 분노에 찬 행위를 무마하려던 사절단과 그들의 탄원에 양보하지 않고 저항했다. 그로써 조국을 되찾기 위해서가 아니라 뒤집어엎고 파괴하기 위해 치열하고 무자비한 전쟁을 시작했음을 확실히 한 것이다.

그런데 이와 관련해서 두 사람의 처지에는 뚜렷한 차이가 있었다. 알키비아데스가 도로 아테나이 편으로 넘어간 것은 그의 목숨을 빼앗으려고 음모를 꾸미고 있던 스파르테 사람들에 대한 공포와 증오심 때문이었다. 반면 볼스키족은 마르키우스를 지극히 공정하게 대접하고 있었다. 그런 볼스키족을 곤경에 빠진 채 내버려두고 떠난다는 것은 불명예스러운 일이었다. 그는 볼스키족의 지도자로 임명된 바 있었고 그들 사이에서 크나큰 신뢰와 영향력을 누리고 있었기 때문이다.

반면 라케다이몬 사람들의 손에 이용을 당한, 아니 악용된 알키비아데스는 라케다이몬 내에서도 정처 없이 방황해야 했고 군의 진영 안에서도 이리 던져지고 저리 던져졌다. 그러다 마침내 팃사페르네스의 손안으로 몸을 던진 것이다. 물론 팃사페르네스의 비위를 맞춘 목적이 간절히 돌아가고 싶은 아테나이의 무참한 파괴를 막기 위해서였다면 이야기는 달라진다.

III.

나아가 금전 문제에 대해 말하자면 알키비아데스는 종종 뇌물을 수락함으로써 부정하게 돈을 벌고 호화롭고 방탕한 생활을 위해 바람직하지 못하게 돈을 썼다. 반면 마르키우스는 지휘관들이 금전을 포상으로 내려도 받기를 거부했다. 채무와 관련된 분쟁에서 대중이 그를 특별히 증오한 것은 바로 이런 이유에서다. 마르키우스의 악의에 찬 태도가 돈에 대한 욕심이 아니라 가난한 자들을 깔보고 업신여기는 마음에서 나왔다는 것이 분명했기 때문이다.

안티파트로스는 철학자 아리스토텔레스의 죽음에 관한 편지에서 이렇게 말한다.

"그는 여러 다른 재능과 더불어 설득력을 갖고 있었다."

그러나 마르키우스에게는 이 능력이 없었다. 따라서 그의 위대한 업적과 덕행은 그로 인해 이득을 보는 사람들에게마저 불쾌하게 여겨졌다. 그들은 마르키우스의 자만과, 플라톤이 "고독의 동지"라고 말하는 그의 아집을 견딜 수 없었다. 반면 알키비아데스는 만나는 사람들을 따뜻하게 대우하는 법을 알고 있었다. 그가 성공을 거듭하고 있었을 때 그의 명성에 선의와 존경심이 따랐고 명성이 화려하게 꽃피었으리라는 점은 의심할 여지가 없다. 때로는 그의 실수마저도 매력적이고 복스럽게 보였기 때문이다. 그가 나라에 여러 차례 커다란 피해를 입히고도 지도자이자 장군으로 거듭 선출된 것은 바로 이런 이유에서다. 반면 마르키우스는 여러 용맹스러운 업적을 세운 덕택에 집정관에 당선될 자격이 충분했음에도 선거에서 패배했다. 따라서 한 사람은 동포에게 피해를 입히면서도 미움을 받고 싶어도 받을 수 없었고 다른 한 사람은 존경은 받아도 결국 사랑은 받을 수 없었던 것이다.

IV.

지휘관으로서 마르키우스는 조국을 위해 큰 승리를 쟁취한 적이 없었던 반면 적을 위해서는 조국과 맞서 여러 성공을 거두었다. 그러나 알키비아데스는 일개 병사로서 그리고 지휘관으로서 종종 아테나이에 유익한 도움이 되었다. 고국에 있을 때 그는 정적들을 원하는 대로 다스렸다. 비방이 난무한 것은 그가 나라 밖에 있을 때였다. 반면 마르키우스는 로마 민중의 비난을 받을 당시 로마에 있었으며 볼스키족의 손에 죽임을 당했을 때도 볼스키족과 함께 하고 있었다. 볼스키족의 행위가 정의롭거나 바람직했다고 할 수는 없어도 마르키우스 자신의 행동이 구실을 제공한 것은 맞다. 그는 로마가 공식적으로 제기한 강화 조건을 거절했으면서도 여인들의 사적인 호소에 설득당했다. 그로써 전쟁에 이길 황금 같은 기회를 내던지고도 적대행위를 종식시키지 않았으며 전쟁이 계속되도록 내버려두었다.

만약 그가 자신에 대해 정당한 평가를 해준 이들을 존중했다면 병력을 철수하기 전 자신을 믿어준 사람들의 동의를 받았어야 했다. 그러나 만약 볼스키족이 어떻게 되든 상관없이 자신의 복수심만을 채우기 위해 로마를 상대로 전쟁을 벌였다가 갑작스럽게 멈춘 것이라면 어머니의 청을 들어줌으로 해서 조국을 살릴 것이 아니라 조국을 구함으로써 어머니를 살리는 것이 고귀한 선택이었을 것이다. 어머니와 아내는 마르키우스가 포위 공격을 하고 있던 조국과 뗄 수 없는 관계였기 때문이다.

그러나 시민들의 탄원과 사절단의 간청, 그리고 사제들의 기도마저 가혹하게 대하고 나서 어머니에 대한 호의로서 철수에 동의한 것은 어머니에 대한 효도라기보다 조국에 대한 모욕이었다. 로마는 한 가련한 여인의 중재로 구원받았을 뿐이다. 마르키우스는 로마라는 나라가 그 자체로서는 구원받을 가치가 없다는 듯 취급한 것이다. 따라서 마르키우스의 호의는 실로 불쾌하고 가혹한 것이었으며 전혀 호의랄 수도 없는 것이었고 양측 모두 쉽게 받아들일 수 없었다. 그가 반대파의 설득을 듣지도 않고, 그리고 전우들의 허락을 얻지도 않고 철수했기 때문이다.

이 모든 것의 원인은 마르키우스의 비사교적이고, 몹시 교만하며 고집스러운 성격에 있었다. 이러한 성격은 그 자체로도 대부분의 사람들에게 거슬리는데 야심과 결합되면 극도로 잔악하고 견딜 수 없게 된다. 그리고 이러한 성격을 가진 사람들은 대중의 비위를 맞추는 데 전혀 관심이 없다. 그러나 대중의 존경을 받고 싶지 않다고 말하면서도 대중이 존경을 표하지 않으면 불쾌해 한다.

메텔루스나 아리스테이데스, 그리고 에파미논다스와 같은 사람들에게 다수의 관심을 끌거나 강요하려는 성향이 없었던 것은 물론이다. 그들은 민중이 부여하거나 박탈할 수 있는 권리를 진정 가벼이 여겼다. 따라서 반복해서 추방을 당하고 선거에서 패배하고 법정에서 유죄 판결을 받아도 동포들의 망은에 분노를 키우지 않았고 오히려 그들이 뉘우쳤을 때 친절을 보였으며 화해를 원할 때 응해 주었다. 민중의 호의를 바라지 않는 사람이라면 그들의 무관심을 괘씸하게 여기지 않는 것이 당연하다. 민중의 존중을 받지 못하는 데서 느껴지는 불쾌함은 그들의 존경심에 대한 지나친 갈망으로 인한 감정일 가능성이 높다.

V.

알키비아데스는 존경받고 싶은 마음을 부인하지 않았으며 무관심을 섭섭하게 여겼으므로 동료들에게 상냥하고 쾌활하게 굴었다. 그러나 마르키우스는 지나친 교만 때문에 그에게 명예와 지위를 줄 힘을 갖고 있는 사람들의 비위를 맞출 수 없었다. 그럼에도 야심에 가득 찬 나머지 관심을 받지 못했을 때 상처를 받고 화를 냈다. 마르키우스에게 이런 단점이 있었기는 해도 다른 모든 점에서 그는 훌륭했다. 게다가 그의 자제심과 재물에 대한 초연함은 알키비아데스가 아닌 헬라스의 가장 뛰어나고 순수한 인물들과 견줄 만하다. 알키비아데스는 누구보다 씀씀이가 헤펐으며 재물에 관계된 일에서는 그 누구의 존경도 바라지 않았다.

뤼산드로스

I.

델포이에 있는 아칸토스 사람들의 보고寶庫에는 이렇게 새겨져 있다.

"브라시다스와 아칸토스인들이 아테나이로부터 얻은 전리품."

따라서 많은 사람들은 건물 안에 서 있는 대리석상이 브라시다스의 상이라고 생각한다. 그러나 실은 뤼산드로스의 상이다. 그는 오래된 관습에 따라 머리를 길게 기르고 있으며 수염도 풍성하다.

• 아폴론의 신전으로 유명한 델포이에는 시민들의 봉헌물을 보관하는 보고가 여럿 있었다.

아르고스 사람들이 패배의 슬픔에 머리를 박박 밀고 스파르테 사람들이 승리의 기쁨에 머리를 길렀다는 이야기는 사실이 아니다. 코린토스의 귀족 가문 박키아다이가 라케다이몬으로 도피했을 당시 그들의 민머리가 볼품없고 흉하다고 생각한 스파르테인들이 머리를 길게 기르고 싶어 했다는 이야기 또한 거짓이다. 머리를 길게 기르는 풍습은 뤼쿠르고스 때로 거슬러 올라간다. 뤼쿠르고스는 풍성한 머리카락이 잘생긴 사람을 더 보기 좋게, 추한 사람을 더 끔찍하게 보이게 한다고 말한 것으로 알려져 있다.

• 뤼산드로스. 16세기 출간된 위인전기 모음(Promptuarii Iconum Insigniorum)에 수록된 삽화.

II.

뤼산드로스의 아버지 아리스토클레이토스는 헤라클레스의 자손들의 혈통을 이어받았으나 왕족 계열은 아니었다고 한다.• 뛰어난 혈통에도 가난 속에 자라나야 했던 뤼산드로스는 어느 누구 못지않게 민족의 관습에 순응했다. 또한 사나이다웠으며 모든 쾌락에 초연했다. 그러나 훌륭한 입적이 성공적이고 명예로운 사람들에게 가져다주는 쾌락은 예외였다. 그러한 쾌락에 굴복하는 것은 스파르테의 젊은이에게 흉이 아니었다. 실로 스파르테 사람들은 어린이들이 시작부터 여론에 예민하기를 원하며 비난에 낙담하고 칭송에 기뻐하도록 가르친다. 반면 여론에 무관심하고 둔감한 사람은 뛰어나고 싶은 열망이 없는 건달로 여기고 경멸한다.

• 「뤼산드로스」 편 XV권.

이런 라코니아식 교육은 뤼산드로스에게 야망과 경쟁심을 깊이 심어 주었고 이와 관련해서 그의 본성을 크게 탓할 수는 없다. 그러나 그는 보통 스파르테 사람과 달리 권력과 영향력이 강한 사람들과 본능적으로 영합하곤 했던 것으로 보인다. 그리고 목적을 이루기 위해서라면 오만한 권력자를 견디는 데 거리낌이 없었는데 어떤 이들은 이것이 그의 정치적 능력의 큰 부분을 차지했다고 말한다.

그리고 아리스토텔레스는 소크라테스나 플라톤, 헤라클레스와 같이 위대한 성품을 가진 사람들에게 우울에 빠지는 경향이 있다고 말하면서 뤼산드로스 역시 어릴 때는 아니더라도 어느 정도 나이를 먹었을 때 우울을 겪었다고 적었다.

그러나 뤼산드로스의 가장 독특한 점은 그가 가난을 견디어냈음에도 그리고 그 자신은 금전의 지배를 받거나 부패하지 않았음에도 조국을 재물과 재물에 대한 애정으로 가득 채웠다는 점이다. 재물에 초연했기 때문에 존경받았던 스파르테도 뤼산드로스로 인해 더 이상 존경 받지 못하게 되었다. 그가 아테나이와 싸운 뒤 금은을 대량 반입했기 때문이다. 물론 그 자신은 단 한 푼도 가지지 않았다.

쉬라쿠사이의 참주 디오뉘시오스가 뤼산드로스의 딸들에게 값비싼 시켈리아 산 키톤•을 보냈을 때도 그는 딸들이 더 못나 보일 것 같다며 받지 않았다. 그러나 얼마 후 뤼산드로스가 사절 자격으로 같은 도시의 같은 참주에게 찾아갔을 때 참주는 겉옷 두 벌을 보여주며 딸을 위해 어느 것을 가져가겠느냐고 물었다. 뤼산드로스는 딸이 더 잘 선택할 것이라고 말하고 두 벌 모두를 갖고 떠났다.

• 헬라스 남녀가 입던 여러 가지 길이의 느슨한 옷을 통칭하는 말. 로마에서는 투니카라고 한다. 위에 겉옷이나 갑옷을 걸치기도 했다.

III.

펠로폰네소스 전쟁이 시작된 지 오랜 시간이 흐르고 아테나이가 시켈리아에서 대패했을 때 그들은 즉시 해상 권력을 잃고 곧 전쟁을 아주 포기할 것처럼 보였다. 그러나 추방되었던 알키비아데스가 돌아와 지휘권을 잡으면서 커다란 변화가 일어났고 아테나이의 해군은 다시 만만치 않은 상대가 되었다.

그러자 라케다이몬은 다시 겁을 먹었고 전쟁에 대한 새로운 의욕을 불러일으키기 위해 뤼산드로스에게 해상 지휘권을 맡겼다. 보다 능력 있는 지도자와 강력한 병력이 필요하다고 생각했기 때문이다. 뤼산드로스가 에페소스•에 도착했을 때 그는 그곳 사람들이 그에게 매우 호의적이고 스파르테의 승리에 대한 상당한 열의를 보이고 있는 것을 발견했다. 이것은 의외였다. 당시 에페소스는 비교적 가난했으며 페르시아 풍속이 흘러들어와 페르시아의 일부가 되어버릴 위기에 있었다. 도시 밖은 전부 뤼디아•• 땅이었고 페르시아의 장군들이 에페소스를 본부로 삼고 있었기 때문이다.

뤼산드로스는 에페소스에 진영을 차리고 온 사방에서 상선을 불러와 에페소스에 회문을 내리도록 한 다음 함선을 지을 준비를 했다. 그렇게 그는 항구의 통행과 시장의 거래를 되살렸고 시민들의 집과 작업장을 소득으로 가득 채웠다. 그날 이후로 에페소스는 크고 위엄 있는 도시가 되고픈 희망을 갖게 되었다. 뤼산드로스의 노력 덕분이기도 했다. 아무튼 에페소스는 오늘날 그 바람대로 되어 있다.

• 오늘날의 터키에 있는 도시로 플루타르코스가 살아 있을 당시 전성기를 누렸다.

•• 페르시아 제국의 일부

• 에페소스에 있는 하드리아누스 신전으로 2세기에 지어졌다.

IV.

페르시아 왕의 아들 퀴로스가 사르데이스로 왔다는 소식을 들었을 때 뤼산드로스는 그와 의견을 나누고 팃사페르네스를 비난하기 위해 퀴로스에게 갔다. 팃사페르네스는 라케다이몬을 돕고 아테나이를 바다에서 몰아내는 임무를 맡은 페르시아의 지방관이었으나 임무를 태만히 하고 있다고 여겨졌다. 알키비아데스가 힘쓴 탓이었다. 팃사페르네스는 의욕이 부족했으며 스파르테에 너무 적은 군자금을 지급함으로써 함대의 효율을 떨어뜨리고 있었다. 한편 퀴로스는, 저열한 데다 사적으로는 자신과 원수 관계였던 팃사페르네스가 비난을 받고 모함을 당하는 것이 고소했다.

뤼산드로스는 이런 심리를 이용하여 퀴로스의 마음을 얻고자 했다. 나아가 행동거지를 통해, 특히 상대방에게 머리를 숙이고 경의를 표하는 대화 방식을 통해 젊은 왕자의 호감을 샀다. 그리고 퀴로스로 하여금 전쟁을 강경하게 몰아붙이게 만들었다.

떠나는 뤼산드로스를 위한 연회에서 왕자는 우정의 표현을 거부하지 말아달라고 간청하며 무엇을 말해도 거절하지 않을 터이니 원하는 것을 말하라고 했다. 그러자 뤼산드로스가 대답했다.

"왕자님께서 이토록 너그러우시니 제가 여쭙겠습니다. 저희 선원들에게 각각 3오볼로스가 아닌 4오볼로스를 주시면 감사하겠습니다."

그러자 퀴로스는 공익을 위하는 뤼산드로스를 가상히 여겨 1만 다레이코스*를 내렸다. 뤼산드로스는 이 자금으로 선원들의 급여를 1오볼로스 인상해 주었고 그렇게 얻은 명성으로 적의 함선을 비웠다. 적의 선원들이 더 높은 급여를 보장하는 뤼산드로스에게 왔기 때문이다. 적에게 남은 선원들은 활기가 없었고 반항적이었으며 상관들에게 날마다 골칫거리를 안겨 주었다. 그러나 적에게 그러한 피해를 입히고 적을 그토록 약화시켰음에도 뤼산드로스는 알키비아데스가 두려워 해전을 피했다. 알키비아데스는 더 활기찼고 함선도 더 많았으며 육지와 바다에서의 전투를 통틀어 패배를 몰랐던 장군이었다.

V.

그러나 얼마 후 알키비아데스는 키잡이 안티오코스에게 함대의 지휘권을 넘기고 사모스를 떠나 포카이아로 갔다. 그러자 안티오코스는 겁도 없이 뤼산드로스를 조롱하듯 트리에레스 두 척을 이끌고 에페소스의 항구로 들어갔다. 그리고 해안에 정박되어 있던 뤼산드로스의 함대 곁으로 보란 듯 노를 저으며 고함을 치고 비웃었다. 뤼산드로스는 격분했다. 그럼에도 처음에는 함선 몇 척만을 움직여 안티오코스를 추격했다. 그러자 이번에는 아테나이군이 안티오코스를 도우러 왔다. 어느새 뤼산드로스는 다른 함선에도 병력을 배치하였고 싸움은 결국 전면전으로 번졌다.

* 페르시아의 금화.

승리는 뤼산드로스 차지였다. 그는 트리에레스 열다섯 척을 사로잡고 승전비를 세웠다. 그러자 격정을 억누르지 못한 아테나이 사람들이 알키비아데스의 지휘권을 빼앗았다. 알키비아데스는 사모스에 배치되어 있던 병사들의 조롱과 비난을 견딜 수가 없었던 나머지 진영을 떠나 케르소네소스로 갔다. 이 전투는 크지 않은 전투였으나 알키비아데스의 운명을 뒤바꾸었으므로 오래 기억되었다.

이때 뤼산드로스는 여러 도시에서 자신감과 용기가 비범한 사람들을 추려 에페소스로 불러들였다. 그리고 그들의 마음에, 그가 훗날 수립하게 되는 혁명적인 지배 체제, 즉 10인 지배 체제의 씨앗을 뿌렸다. 우선 각자의 도시에서 정당을 만든 뒤 나랏일에 관여하라고 격려하고 부추겼다. 그러면 아테나이 제국의 멸망과 함께 그들도 민주정을 없애고 권력을 쥘 수 있게 되리라고 했다. 나아가 실질적인 이득을 제공함으로써 뤼산드로스는 그들 모두에게 미래에 대한 믿음을 심어 주었다. 친구이자 동료였던 그들에게 큰 과업과 높은 지위, 지휘권 등을 맡긴 것이다. 한편 그들의 탐욕을 충족시켜 주기 위해 그들이 행하고 있던 불의와 악행에도 참여했다.

그러자 모두가 뤼산드로스에게 달라붙었고 아첨했으며 그에게 마음을 주었다. 뤼산드로스가 권력을 쥐고 있는 한 모두가 최고의 야망을 실현할 수 있으리라고 기대했기 때문이다. 따라서 칼리크라티다스가 뤼산드로스의 뒤를 이어 해군 대장으로 취임했을 당시 아무도 그에게 호의를 보이지 않았다. 뿐만 아니라 그가 누구보다 정의롭고 고결한 사람이라는 것이 명백하게 밝혀진 뒤에도 사람들은 도리아 지방 특유의 단순함과 진솔함이 담긴 그의 지휘 방식을 마음에 들어 하지 않았다. 사람들은 영웅을 표현한 조각상의 아름다움을 칭송하듯 칼리크라티다스의 덕성을 존경했다. 그러나 더 이상 뤼산드로스의 열렬한 지지를 받지 못하게 된 것을 안타까워했고 그가 자기편 사람들의 안위에 보낸 관심을 그리워했으므로 뤼산드로스가 배를 타고 사라질 때 그들은 낙심하여 눈물을 흘렸다.

VI.

뤼산드로스는 칼리크라티다스에 대한 병사들의 불만을 부채질하기까지 했다. 퀴로스가 라케다이몬 해군을 위해 지급했던 자금이 남자 사르데이스로 보내버린 것이다. 칼리크라티다스에게는, 원한다면 직접 자금을 구해 병력을 유지하라고 말했다. 그리고 마침내 떠나는 날이 오자 칼리크라티다스를 불러 그가 넘겨받은 함대가 해상을 완전히 장악하고 있음을 잊지 말라고 했다. 그러자 칼리크라티다스는 뤼산드로스의 뻔뻔한 자랑이 허영에 찬 헛된 주장임을 증명하기 위해 이렇게 말했다.

"그렇다면 사모스를 왼쪽에 두고 밀레토스로 항해하여 거기서 함대를 내게 넘기십시오. 우리가 바다의 주인이라면 적이 있는 사모스를 지나 항해하는 것이 두렵지 않겠지요."

그러자 뤼산드로스는 함대의 지휘권이 이미 넘어갔다고 대답하고는 펠로폰네소스로 배를 몰았다. 혼자 남은 칼리크라티다스는 당황하여 어쩔 줄을 몰랐다. 고국에서 자금을 가지고 온 것도 아니었고 이미 곤궁한 처지에 있는 도시들로부터 강제로 자금을 걷을 수도 없었다. 따라서 유일한 방법은 뤼산드로스가 했듯 페르시아의 왕의 장군들에게로 가서 돈을 요청하는 것이었다.

그러나 이러한 일에 칼리크라티다스만큼 적합하지 않은 자가 없었다. 간섭을 싫어하고 자존심이 강한 성격 때문이었다. 칼리크라티다스는, 귀중한 것이라고는 황금밖에 없는 페르시아인들의 집을 방문해 머리를 조

아리느니 헬라스 사람들에게 패배를 당하는 편이 낫다고 생각했다.

그럼에도 칼리크라티다스는 필요에 의해 어쩔 수 없이 뤼디아로 가야 했다. 퀴로스의 집에 이른 그는 라케다이몬의 해군 대장 칼리크라티다스가 왔으며 면담을 원한다고 전했다. 그러자 문지기 한 사람이 말했다.

"누구신지 몰라도 왕자님은 지금 바쁘십니다. 포도주를 드실 시간이니까요."

그러자 칼리크라티다스는 극히 단순하게 대답했다.

"괜찮습니다. 포도주를 다 드실 때까지 여기 서서 기다리지요."

페르시아인들이 그를 순진한 시골뜨기로 보고 비웃자 그는 자리를 떠났을 뿐 다른 아무것도 하지 않았다. 그러나 두 번째로 문 앞에 당도했을 때에도 면담을 거절당하자 그는 격분하여 에페소스로 돌아갔다. 그러면서, 페르시아인들의 조롱에 머리를 숙였을 최초의 사람들을 향해 온갖 저주를 퍼부었다. 페르시아인들이 돈만 믿고 거드름을 피우는 것이 그들의 탓이라고 생각했던 것이다. 그는 또한 사람들이 지켜보는 앞에서 호언장담했다. 스파르테로 돌아가자마자 헬라스 사람들이 서로 화해할 수 있도록 온 힘을 다함으로써 페르시아인들에게 두려움을 불어넣고 권세를 빌미로 헬라스를 이간질하지 못하도록 막겠다고 맹세한 것이다.

VII.

실제로 칼리크라티다스는 라케다이몬의 명성에 누가 되지 않을 만한 목표를 세웠으며 정의감과 대범함, 용맹스러움이 헬라스 최고라는 것을 입증했다. 그러나 그 후 오래지 않아 아르기누사이에서 벌어진 해전에서 패하고 모습을 감추었다. 그러자 스파르테의 승세가 꺾였으며 여러 동맹국에서는 사절단을 보내 뤼산드로스를 해군 대장으로 앉혀 달라고 청했다. 그가 지휘한다면 상황에 보다 적극적으로 대처할 수 있으리라고 주장한 것이다. 퀴로스 또한 사람을 보내 같은 요청을 해왔다.

그런데 라케다이몬에서는 같은 사람이 두 차례 해군 대장에 오르는 것을 법으로 막고 있었다. 그럼에도 라케다이몬 사람들은 여러 동맹국의 청을 들어주고 싶었으므로 아라코스라는 자에게 해군 대장이라는 칭호를 주고 뤼산드로스를 부대장으로 붙였다. 명목상 부대장이었지만 최고의 권력은 뤼산드로스에게 있는 것이나 다름없었다. 그리하여 뤼산드로스가 출항했고 이는 여러 도시에서 정치권력과 영향력을 쥐고 있던 대부분의 사람들이 오래도록 바라왔던 바였다. 그들은 민주정이 완전히 뒤엎어지면 뤼산드로스의 도움을 받아 더 많은 권력을 쟁취하고자 했기 때문이다.

그러나 단순하고 고결한 성품을 가진 지도자를 원했던 사람들에게 뤼산드로스는 칼리크라티다스와 비교하여 부도덕하고 음흉하게 보였다. 그들의 눈에 뤼산드로스는 전장에서도 다양한 빛깔의 속임수를 써서 원하는 것을 교묘하게 빼앗는 사람이었다. 정의로운 행위라도 이익을 가져올 경우에만 칭찬하였고 정의롭지 않더라도 이익을 가져오는 일이라면 명예로운 일처럼 포장했다. 게다가 진실이 본질적으로 거짓보다 낫다고 생각하지 않고 때에 따라 진실과 거짓의 가치에 대한 평가를 달리하였다. 속임수를 써서 전쟁을 벌이는 것은 헤라클레스의 자손답지 않다고 주장하는 사람에게 뤼산드로스는 이렇게 비웃어 주었다.

"사자의 가죽이 가리지 못하는 곳에는 여우의 가죽을 덧대어야지."

VIII.

기록에 따르면 뤼산드로스가 밀레토스를 다룬 방식이 이러했다. 뤼산드로스를 도와 민주정을 뒤엎고 적을 추방하기로 약속했던 친구와 동료들이 마음을 바꾸고 민중과 화해하자 뤼산드로스는 겉으로는 기뻐하며 화해에 동참하는 듯했다. 그러나 뒤에서는 그들을 헐뜯고 비난하는가하면 그들을 부추겨 민중을 새로이 공격하게 만들었다.

이어서 봉기가 시작되었다는 소식이 들리자 그는 빠르게 다가가 성안으로 진입했다. 그리고 함께 음모를 꾸몄던 자들을 만나기가 무섭게 그들을 호되게 꾸중하고 처벌을 할 듯 거칠게 다루었다. 반면 민중에게는 기운을 북돋아주며 자신이 왔으니 안심하라고 했다. 그러나 이것은 교활한 연기였다. 민중 정당의 지도자들이 도망치는 것을 막고 그들을 도시에 가두어 죽이기 위한 행동이었다. 실제로 지도자들은 뤼산드로스가 바라던 운명을 맞았다. 뤼산드로스를 믿은 모든 사람들이 빠짐없이 학살된 것이다.

나아가 안드로클레이데스가 기록한 바에 따르면 뤼산드로스는 신에게 맹세를 할 때 누구보다 무분별했고 이는 그의 언행에서도 나타난다. 뤼산드로스는 "아이들은 공기놀이로, 어른은 맹세로 속이는 것"을 방침으로 삼고 있었다. 사모스의 폴뤼크라테스를 모방한 셈이다. 그런데 폭군을 모방하는 것은 장군의 바람직한 자세가 아니며 신을 대할 때 적을 대하듯, 아니 그보다 심하게 대하는 것은 라코니아 사람답지 못하다. 신에 대한 맹세를 수단으로 삼아 적을 속이는 행위는 적을 두려워하지만 신을 경멸한다고 고백하는 것이나 다름없다.

IX.

아무튼 퀴로스는 뤼산드로스를 사르데이스로 불러 이런 저런 선물을 내렸다. 그리고 뤼산드로스를 기쁘게 하기 위해 강력히 주장하기를 만약 아버지•가 스파르테에 아무것도 내리지 않는다면 자신이 사비를 털겠다고 약속했다. 그러고도 안 되면 면담을 할 당시 앉아 있던, 금은으로 된 왕좌를 조각내겠다고 했다. 뿐만 아니라 아버지를 수행하러 메디아로 갈 때에는 뤼산드로스에게 각국의 조공을 걷는 일을 맡겼고 지배권마저 넘겼다. 그리고 그를 끌어안으며 자신이 돌아올 때까지 아테나이와 싸워서는 안 된다고 간곡히 부탁했다. 그러고는 포이니케와 킬리키아에서 함선을 잔뜩 끌고 돌아오겠다고 약속한 뒤 부왕을 만나러 길을 떠났다.

한편 뤼산드로스는 아테나이와 동등한 위치에서 해전을 할 수도 없었고 거대한 함대를 놀리고 있을 수도 없었다. 그리하여 바다로 나가 섬을 몇 군데 짓밟았으며 아이기나와 살라미스에 들러 약탈하기도 했다. 그런 다음 앗티케에 상륙하여 아기스 왕을 맞이했다. 데켈레이아에 있던 왕이 뤼산드로스를 만나기 위해 친히 행차한 것이다. 뤼산드로스는 그곳에 배치되어 있던 육군 병력 앞에서 강력한 함대를 뽐냈는데 마치 바다의 주인이기라도 한 것처럼, 어디든 마음대로 갈 수 있다는 듯 거드름을 부렸다. 그러나 아테나이 사람들이 그를 추격하고 있다는 소식을 듣고는 다른 길을 택해 섬 사이를 헤집고 아시아로 달아났다.

이어서 헬레스폰토스가 무방비 상태인 것을 본 뤼산드로스는 직접 함대를 몰아 바다 쪽에서 람프사코스를 쳤다. 그동안 토락스는 육군 병력과 협조하여 성벽을 공격했다. 그리하여 둘은 순식간에 도시를 빼앗았고 부하들이 약탈하게 두었다.

한편 트리에레스 180척으로 이루어진 아테나이 함대는 케르소네소스 반도에 있는 엘라이우스에 당도하자마자 람프사코스가 무너졌다는 소식을 듣고 즉시 세스토스로 갔다. 거기서 식량을 구한 뒤 아이고스포타모

• 페르시아의 왕 다레이오스.

이로 항해하여 여전히 람프사코스에 머물고 있던 적의 앞으로 갔다. 당시 아테나이군의 지휘는 여러 장군들이 함께 맡고 있었는데 그중에는 필로클레스라는 자도 있었다. 그는 민중을 설득하여, 포로의 오른손 엄지손가락을 자르도록 하는 법령을 통과시킨 장본인이었다. 노를 저을 수는 있어도 창을 던지지는 못하게 만들기 위해서였다.

X.

당시 양측의 병사들은 모두 다음 날 함대가 맞붙을 것으로 예상하고 일단 쉬고 있었다. 그러나 뤼산드로스는 다른 계획을 세우고 있었다. 그는 동이 틀 무렵 전투가 있을 것처럼 새벽부터 선원과 키잡이들에게 승선을 지시했다. 그리고 소리 없이 질서 있게 자리를 잡은 뒤 명령을 기다리라고 당부했다. 육지의 병력도 같은 방식으로 대열을 이루고 해변에서 묵묵히 대기하도록 지시했다.

해가 뜨자 아테나이 함대가 일제히 다가왔다. 함대는 일렬로 늘어선 뒤 싸움을 걸었다. 뤼산드로스는 해가 뜨기 전부터 배를 일렬로 세우고 적의 함대를 기다렸음에도 앞으로 나설 기미를 보이지 않았다. 대신 함대의 전방으로 통보함通報艦을 급파하여 혼란에 휩싸여서도 안 되고 적을 향해 나서도 안 된다고 전하며 얌전히 대열을 유지하도록 당부했다. 해가 중천에 이르자 아테나이 함대가 철수했다. 그러자 뤼산드로스는 적의 동태를 염탐하기 위해 트리에레스 두어 척을 보냈다. 그리고 정찰대가 돌아와 적의 선원들이 배에서 내렸다는 것을 알리자 비로소 아군의 하선을 허락했다. 다음 날에도 뤼산드로스는 똑같은 전술을 반복했고 사흘째에도, 나흘째에도 반복했다. 그러자 상대가 두려움에 잔뜩 움츠리고 있다고 생각한 아테나이군은 매우 대담하고 우쭐해졌다.

이 당시 케르소네소스에 위치한 자기만의 요새에서 살고 있던 알키비아데스는 아테나이군을 찾아가 장군들을 책망했다. 먼저 그들이 불리하고 심지어 위험한 위치, 즉 닻을 내릴 곳이 없는 열린 해변에 진영을 쳤다고 나무랐다. 둘째, 식량을 조달받을 세스토스에서 너무 멀리 떨어졌다고 지적했다. 해안을 좀 더 거슬러 올라가 세스토스의 항구에서 가까운 위치에 정박하는 것이 바람직했다. 그러지 않으면 식량을 구하기 위해 지나치게 오랜 시간 적과 떨어져 있어야 했기 때문이다. 적은 단 한 사람의 지휘를 받고 있었고 그 지휘관에 대한 경외심으로 언제든 신속히 명령에 복종할 준비가 되어 있었다. 알키비아데스가 이같이 충고했으나 아테나이 장군들은 받아들이지 않았고 튀데우스는 알키비아데스에게, 장군도 아닌 주제에 나서지 말라며 거만한 태도로 말하기까지 했다.

XI.

그리하여 알키비아데스는 그들이 어떤 반역 행위를 꾸미고 있다고 의심하고 자리를 떠났다. 닷새째에도 아테나이 함대는 적의 앞으로 갔다가 다시 돌아왔다. 어느새 그들은 조심성 없이 적을 깔보는 데 익숙해져 있었다. 뤼산드로스는 정찰선을 내보내며 정찰선의 지휘관들에게 지시했다. 아테나이군이 하선하는 것을 확인하자마자 뱃머리를 돌려 온 힘을 다해 노를 젓되 절반가량 왔을 때 뱃머리에 황동 방패를 올리는 것으로 공격 신호를 보내라는 주문이었다.

뤼산드로스 자신은 돌아다니며 각 함선의 키잡이와 지휘관을 진심을 다해 격려했다. 그리고 선원과 병사 모두가 정해진 위치를 벗어나지 못하도록 관리하라고 지시했다. 신호가 올라가면 적을 향해 열의와 힘을 다해 노를 저어야 했다. 이윽고 정찰선이 황동 방패를 올리고 뤼산드로스의 함선에 있는 나팔이 공격을 지시했다. 함대는 일제히 앞으로 나아갔고 육상 병력은 곶을 차지하기 위해 해안을 따라 전속력으로 달렸다.

• 아테나이의 장군 코논. 16세기 출간된 위인전기 모음(Promptuarii Iconum Insigniorum)에 수록된 삽화.

이 지점에서 두 땅덩어리의 거리는 15스타디온이었는데 노잡이들의 넘치는 의욕 덕분에 빠르게 좁혀졌다. 공격해 오는 적의 함대를 가장 먼저 발견한 아테나이 측 장군은 코논이었다. 상륙해 있던 코논은 서둘러 승선명령을 내렸으며 코앞으로 다가온 재앙에 잔뜩 흥분했다. 그는 병사들을 향해 함선에 탑승하라고 지시하고 애원하고 또 강요했다.

그러나 코논의 열띤 노력은 효과가 없었다. 병사들이 뿔뿔이 흩어져 있었기 때문이다. 싸움이 벌어지리라고 생각하지 못한 병사들은 하선하자마자 시장으로 향하거나 시골길을 산책하거나 잠을 자려고 막사에 누웠으며 식사를 차리는 사람도 있었다. 지휘관들의 경험 부족으로 인해 그들은 어떤 일이 일어날지 짐작조차 하지 못했던 것이다.

다가오는 적의 고함 소리, 그리고 노가 철퍼덕철퍼덕 물을 때리는 소리가 들려오고 있었다. 코논은 함선 여덟 척과 함께 몰래 빠져나갔고 탈주에 성공하여 퀴프로스로, 거기서 다시 에바고라스로 향했다. 뤼산드로스가 지휘하는 펠로폰네소스인들은 남아 있는 함선을 덮쳤다. 일부는 텅 비어 있는 상태였고 일부는 선원이 승선하는 와중에 사로잡혀 무력화되었다. 한편 무장도 하지 않은 채 우왕좌왕 모여든 병사들은 배 위에서 죽임을 당하거나 내륙으로 도망친 경우 상륙한 적의 손에 죽임을 당했다.

뤼산드로스는 장군들을 포함한 적병 3천 명을 포로로 잡았고 함대 전체를 사로잡았다. 다만 파랄로스호, 그리고 코논이 이끌고 도망친 함선은 제외되었다. 뤼산드로스는 적의 진영을 약탈한 뒤 적의 함대를 이끌고 람프사코스로 돌아갔고 피리 소리와 승리의 찬가가 그를 맞았다. 그는 최소한의 수고와 노력으로 엄청난 업적을 이루어냈던 것이며 이전의 그 어느 싸움보다 길고, 믿을 수 없이 다양한 사건과 행불행으로 점철되었던 전쟁•을 단시간에 종식시킨 것이다. 전쟁 중에 불거진 온갖 분쟁과 사건들은 천태만변하였으며 이 전쟁에서 목숨을 잃은 헬라스 장군들의 숫자는 이전 모든 전쟁에서 전사한 장군들의 숫자보다 많았다. 그런데 단 한 사람의 분별력과 능력이 전쟁을 마무리 지은 것이다. 따라서 어떤 이들은 이 결과가 신의 개입으로 인해 가능했다고 여기기도 했다.*

XIII.

동맹국 간의 특별 회의를 통해, 포로로 잡힌 아테나이 사람 3천 명이 모두 사형을 선고받은 뒤 뤼산드로스는 아테나이의 필로클레스 장군을 불렀다. 아테나이 병사들에게 헬라스 포로들의 오른손 엄지손가락을 자르라고 지시한 바로 그 필로클레스였다. 뤼산드로스는 그가 어떤 처벌을 받아야 마땅할지 필로클레스 자신에게 물었다. 그러나 불행을 겪고도 여전히 꼿꼿했던 필로클레스는 판사도 없는 사건에서 기소자 행세를 말라고 했다. 그리고 반대 입장이었다면 자신도 뤼산드로스를 죽였을 테

• 오늘날 펠로폰네소스 전쟁이라고 부르는 긴 싸움을 종식시킨 것이 바로 뤼산드로스였다.

니 차라리 승자로서 당당하게 죽여 달라고 했다. 그런 뒤 필로클레스는 목욕을 하고 값비싼 겉옷을 걸친 다음 형장으로 가서 조국의 부하들 앞에서 본보기를 보였다. 이는 테오프라스토스의 기록에 따른 것이다.

이 일이 있고 뤼산드로스는 여러 도시로 항해했고 아테나이인들을 만날 때마다 아테나이로 돌아갈 것을 명령했다. 아테나이 밖으로 한 발짝만 나와도 가차 없이 학살하겠다고 장담한 것이다. 그가 이렇게 아테나이 사람들을 모두 성안으로 몰아넣은 것은 나라에 식량 부족과 심각한 굶주림이 찾아오기를 기대했기 때문이다. 아테나이가 충분한 식량을 비축하고 포위 공격을 버텨낸다면 골치 아픈 싸움이 될 터였다.

뤼산드로스는 또한 민주정을 비롯한 다른 정치 형태를 억누르고 각 도시에 라케다이몬 출신 하르모스테스, 즉 지방관을 남겨두었다. 그 밖에도 그가 각 도시에 조직했던 정당에서 지배자 열 명을 선출했다. 그는 적대 관계에 있는 도시든 동맹 관계에 있는 도시든 같은 방식으로 처리한 뒤 유유히 항해를 다녔다. 어떤 의미에서 헬라스의 패권을 손에 쥔 것이다. 지배자를 고를 때 태생이나 부를 따지지 않았으며 동료와 지지자들에게 권력을 넘겼고 그들이 마음껏 상벌을 내릴 수 있도록 허락했기 때문에 가능했다.

뤼산드로스는 또 직접 여러 학살 사건에 동참했고 동료들이 적을 물리치는 것을 도왔다. 따라서 헬라스 사람들이 그를 통해 겪은 것은 라케다이몬 식 지배의 정수가 아니었다. 희극 작가 테오폼포스는 라케다이몬 사람들을 술집 여자에 빗대어 말하기를 헬라스 사람들에게 자유라는 매우 맛좋은 술을 준 뒤 술에 식초를 뿌린 격이라고 했다. 그러나 이것은 적절하지 않다. 술맛은 처음부터 쓰고 지독했다. 뤼산드로스가 민중에게 자기 결정권을 주지 않고 각 도시를 누구보다 뻔뻔하고 성질 나쁜 귀족들의 손에 맡겨 놓았기 때문이다.

XIV.

전쟁의 뒷수습에 길지 않은 시간을 들이고 난 뒤 뤼산드로스는 라케다이몬으로 전령을 보내 함선 2백 척을 몰고 돌아간다고 전했다. 그런 다음 앗티케에서 두 왕 아기스와 파우사니아스의 함대와 합류했다. 아테나이를 순식간에 사로잡으리라고 생각했던 것이다.

그러나 아테나이가 함락되지 않고 버티자 그는 함대를 끌고 도로 아시아로 건너갔다. 거기서 전과 같은 방식으로, 남은 도시들의 정치 체제를 짓밟고 10인 지배 체제를 수립했다. 각 도시에서 여러 시민들이 죽어 나갔고 여럿이 추방되었다. 그는 또한 사모스 사람들을 남김없이 몰아내고 섬의 도시들을 한때 추방되었던 자들에게 넘겼다. 나아가 아테나이 사람들의 손에서 세스토스를 빼앗은 다음 세스토스 사람들을 쫓아낸 뒤 도시와 영토를 자신이 데리고 있던 키잡이, 갑판장들에게 배분했다. 이때 라케다이몬 사람들은 처음으로 뤼산드로스의 조치에 반대했다.

그러나 모든 헬라스인들이 뤼산드로스의 조치를 흐뭇하게 바라본 경우도 많았다. 예를 들어 아이기나 사람들이 오랜 세월 끝에 고향에 돌아가게 된 일, 멜로스와 스키오네 사람들이 조국을 되찾은 일이 그런 경우였다. 뤼산드로스가 이 도시들을 점령하고 있던 아테나이인들을 몰아내고 주인에게 되돌려준 덕분이었다.

이어서 아테나이가 굶주림에 시달려 딱한 곤경에 빠져 있다는 소식이 들려오자 뤼산드로스는 페이라이에우스 항구로 배를 몰았다. 그가 아테나이를 정복하자 아테나이는 뤼산드로스의 지시대로 협정에 응할 수밖에 없었다. 라케다이몬 사람들이 전하는 말에 따르면 뤼산드로스는 에포로스*들에게 "아테나이를 사로잡았다"고 썼으며 "사로잡은 것으로 충분하다"는 답장을 받았다고 한다. 그러나 이 이야기는 라케다이몬 사람들의 간결한 언행을 강조하기 위해 꾸며낸 이야기이고 실제로 에포로스들이 보낸 명령은 다음과 같았다.

"라케다이몬 당국의 결정은 다음과 같다. 아테나이는 페이라이에우스 항구와 항구로 이어지는 긴 장벽을 철거한다. 나아가 점령하고 있던 다른 모든 도시에서 철수해 본국의 영토에만 머무른다. 이와 같이 하고 나라 밖 시민들을 불러들인다면 평화를 주겠다. 평화를 원한다면, 허용되는 함선의 숫자에 관하여서는 그곳에서 결정되는 대로 따르라."

아테나이 사람들은 하그논의 아들 테라메네스의 조언을 받들어 라케다이몬의 명령을 수락했다. 당시 젊은 연설가 클레오메네스는 테라메네스에게 따졌다. 정치가 테미스토클레스가 라케다이몬을 막아내기 위해 세운 장벽을 다른 나라도 아닌 라케다이몬에 내어주다니 테미스토클레스의 뜻에 반하는 말과 행동이 아니냐고 물은 것이다. 그러자 테라메네스가 답했다.

"하지만 젊은이, 나는 절대로 테미스토클레스의 뜻에 반하는 조언을 하고 있는 것이 아닐세. 테미스토클레스는 시민의 안전을 위해 성벽을 세웠고 우리 또한 시민의 안전을 위해 벽을 철거하는 것이네. 게다가 장벽이 도시의 번영을 책임진다면 스파르테는 누구보다 궁핍한 처지에 있어야 옳지 않은가? 스파르테에는 성벽이 하나도 없으니 말이네."

XV.

이어서 뤼산드로스는 열두 척을 제외하고 아테나이의 함선을 모두 빼앗았고 성벽을 전부 점거했다. 그리고 무뉘키온 달 열엿새날, 즉 아테나

• 스파르테의 최고 행정관. 모두 다섯 명이며 두 왕과 함께 국가의 행정부를 이끌었다.

이가 살라미스 해전에서 페르시아를 눌렀던 바로 그날 아테나이의 정치 체제를 바꾸기 위한 조치에 들어갔다. 그러나 아테나이 사람들이 이에 완강히 반대하자 뤼산드로스는 아테나이가 항복의 조건에 응하지 않고 있다고 고국에 고자질했다. 장벽을 뜯어내야 할 날이 지났거늘 장벽은 여전히 건재했기 때문이다. 따라서 뤼산드로스는 협정을 어긴 아테나이를 어떻게 할 것인지 윗선에 다시 의뢰하여 결정을 기다려야 한다고 주장했다.

실은 동맹국 간의 회의에서 아테나이 시민들을 노예로 팔아넘기자는 제안이 나왔다는 주장도 있다. 그러자 테바이 사람 에리안토스가 도시마저 깨끗이 밀어버리자고 제안했다고 한다. 주변 영토는 양에게 풀을 뜯기는 데 쓰자고 했다. 그러나 마침 지도자들이 모인 연회에서 어느 포키스 사람이 에우리피데스 작 『엘렉트라』의 첫 합창부를 읽었다. 이렇게 시작하는 부분이다.

오, 아가멤논의 따님이시여,
우리 왔습니다, 엘렉트라 공주님의 시골 마당으로.

그러자 모두 측은한 마음이 들었다. 그토록 명성이 자자했으며, 그토록 훌륭한 시인을 배출한 도시를 없애고 파괴하는 행위는 잔인하다고 생각한 것이다.

그러나 결국 아테나이는 전면 양보했고 뤼산드로스는 아테나이를 없애는 대신 피리 소리에 맞추어 장벽을 철거하고 함선을 불태웠다. 그러기 위해 라케다이몬에서 피리 부는 소녀들을 부르고 이미 진영에 있던 피리 부는 사람들도 모두 결집시켰다. 화관을 쓴 동맹국 사람들은 그날을 자유가 시작된 날로 치고 기쁨을 만끽했다. 뤼산드로스는 지체하지 않고 지배 체제에도 변화를 주었다. 아테나이 내에 지배자 서른 명을 두고 페이라이에우스에 열 명을 둔 것이다.

나아가 아크로폴리스에 수비대를 배치하고 스파르테 사람 칼리비오스를 하르모스테스로 앉혔다. 칼리비오스는 운동선수 아우톨뤼코스에게 지팡이를 치켜든 장본인이었다. 크세노폰의 「향연」의 주인공이기도 한 아우톨뤼코스가 칼리비오스의 다리를 잡고 넘어뜨렸을 때 뤼산드로스는 화가 난 칼리비오스의 편을 들지 않았다. 오히려 그를 비난하며 그가 자유민을 다스릴 줄 모른다고 거들었다. 그러나 도시를 지배하고 있던 30인은 칼리비오스를 만족시키기 위해 추후 아우톨뤼코스를 사형에 처했다.

XVI.

모든 문제를 처리한 뤼산드로스는 트라키아로 배를 몰았으나 남은 공금, 그리고 자신이 받은 모든 선물과 승리관은 귈립포스의 편에 라케다이몬으로 보냈다. 세력이 누구보다 컸으며 헬라스의 실질적인 주인이나 다름없었던 뤼산드로스에게 선물을 보내오는 사람이 많은 것은 당연했다. 당시 귈립포스는 시켈리아에서 지휘권을 잡고 있었다. 그러나 전해지는 말에 따르면 귈립포스는 자루의 밑을 뜯은 다음 각 자루에서 은화를 상당량 가져간 뒤 자루를 도로 꿰매어 놓았다고 한다. 각 자루 속에 내용물을 적은 목록이 있다는 사실을 까맣게 몰랐던 것이다. 스파르테로 온 귈립포스는 훔친 은화를 지붕의 기와 밑에 숨겨놓고 자루는 에포로스들에게 전해주었다. 자루의 봉인이 멀쩡하다는 것을 보여주는 것도 잊지 않았다.

그러나 에포로스들이 자루를 열고 돈을 세자 금액은 목록에 있는 것과 일치하지 않았고 그들은 어리둥절할 수밖에 없었다. 그러다 귈립포스의 하인 한 명이, 기와 밑에 부엉이 여러 마리가 잠자고 있다는 수수께끼 같은 말을 통해 진실을 폭로했다. 아테나이의 패권이 널리 미쳤기에 당시 유통되던 대부분의 동전에는 부엉이 그림이 그려져 있었던 듯하다.•

• 기원전 450년경의 아테나이 화폐. 부엉이가 뚜렷이 그려져 있다.
•• 오늘날 그리스에서 통용되는 유로화에도 부엉이 그림이 그려져 있다.

XVII.

과거의 찬란하고 위대한 업적에 이같이 수치스럽고 저열한 행위를 덧붙인 귈립포스는 이 일로 라케다이몬을 떠났다. 스파르테의 가장 지혜로운 시민들은 바로 이 일을 겪으며 돈의 위력을 두려워하게 되었고 돈이 평범한 시민들뿐 아니라 영향력 있는 시민들까지 타락시키고 있다고 주장하며 뤼산드로스를 비난했다. 그리고 나라 안으로 유입된 모든 금은을 재앙으로 여기고 도시를 정화하라고 에포로스들을 심하게 다그쳤다.

에포로스들은 이 문제에 대해 논의를 시작했다. 테오폼포스에 따르면 스키라피다스가, 에포로스••에 따르면 플로기다스가 금화와 은화를 반입해서는 안 되며 스파르테의 화폐를 써야 한다고 주장했다. 스파르데의 화폐는 철이었고 불에서 나오자마자 식초에 담갔기에 잘 부러지고 손질하기 어려웠으며 재가공할 수 없었다. 게다가 몹시 무거워 운반하는 것도 큰 골칫거리였으며 엄청난 양과 무게에도 가치가 매우 적었다.*

그러나 뤼산드로스의 동료들이 이 조치에 반대했으며 돈을 나라 안에

• 부엉이는 아테나이의 수호신, 아테나의 신조다.
•• 역사가. 여기서는 스파르테의 관리를 칭하는 일반 명사가 아니다.

두어야 한다고 고집했으므로 금화나 은화는 공공의 용도에 한해서 사용할 수 있게 하자는 결정이 내려졌다. 만약 사적인 용도로 쓰기 위해 소지한다면 그 사람은 사형으로 벌할 수 있게 했다. 그러나 뤼쿠르고스가 염려했던 것은 화폐가 아니라 그것이 생성하는 탐욕이었다. 사적인 용도로 나라밖의 돈을 소지할 수 없다는 규정을 만들었다고 해서 탐욕이 사라진 것은 아니었다. 오히려 공적인 목적으로 돈을 소지하는 것을 허락함으로써 돈의 사용에 위엄과 명예를 실어주었다.*

아무튼 뤼산드로스는 이때 과거 그 어느 헬라스인보다 세력이 컸으며 그 세력보다 훨씬 더 큰 허세와 자부심을 갖고 있는 것으로 여겨졌다. 두리스의 기록에 따르면 헬라스의 도시들은 처음으로 그를 위해, 마치 신에게 하듯 제단을 세우고 제물을 바쳤으며 승리의 노래를 지어 불렀다.*

XIX.

지도자들과 동료들 사이에서 뤼산드로스의 야망은 조금 성가신 데에서 그쳤다. 그러나 아첨이 계속되자 그의 야망에는 교만과 가혹함까지 더해졌다. 그는 상을 내릴 때에든 벌을 내릴 때에든 민중의 지도자다운 절제를 보여주지 못했다. 그가 친구와 동지들에게 내리는 상은 도시에 대한 무제한적인 통치권이나 절대적 권력이었던 반면 그의 분노를 가라앉힐 수 있는 유일한 처벌은 적의 죽음이었다. 그는 추방조차 허락하지 않았다.

훗날에는 심지어 이런 일도 있었다. 그는 밀레토스에서 적극적으로 활동하던 민중 지도자들이 국외로 빠져나갈 것을 우려하여, 나아가 이미 숨어 있는 자들을 은신처에서 데리고 나오기 위하여 그들에게 아무 해도 입히지 않겠다는 맹세를 했다. 그러자 도시 안에서 활동 중이었던 민중 지도자들은 그의 말을 신뢰했고 은신처에 있던 이들마저 도피를 마치고 돌아왔다. 그러자 뤼산드로스는 그들 모두를 귀족 지배자들의 손에 넘겨 학살하도록 했다. 합치면 적어도 8백 명이 넘었다.

다른 도시에서도 민중 정당에 소속되어 있던 셀 수 없는 사람들이 죽임을 당했다. 뤼산드로스가 사람을 죽인 것은 개인적인 필요 때문이기도 했지만 또 한편으로는 온 사방에 있는 여러 동료들의 증오와 탐욕을 만족시키기 위함이었다. 그들은 작당하여 함께 손에 피를 묻혔다. 그러니 라케다이몬 사람 에테오클레스가 "헬라스에 뤼산드로스는 한 명이면 족하다"고 했을 때 많은 사람들이 동의한 것은 당연하다.

테오프라스토스의 말에 따르면 아르케스트라토스 역시 알키비아데스에 대해 같은 말을 했다. 그러나 알키비아데스의 경우 오만하고 무엇이든 제멋대로 하려는 성미가 비난을 샀다면 뤼산드로스의 권력은 그의 잔혹한 성격으로 인해 더욱 공포스럽고 압제적이었다.

그럼에도 라케다이몬 사람들은 뤼산드로스를 비난하는 목소리에 별다른 주의를 기울이지 않았다. 그러나 뤼산드로스가 자신의 영토를 약탈하고 파괴하는 것에 격분한 파르나바조스가 스파르테로 사람들을 보내 그를 비난하자 에포로스들은 몹시 화가 났다. 나아가 뤼산드로스와 친한 토락스가 사적으로 돈을 소지한 것으로 밝혀지자 그를 사형에 처하고 뤼산드로스를 고향으로 부르는 서신 두루마리를 보냈다.

서신 두루마리라는 것은 이렇다. 에포로스들은 해군 대장이나 장군을 출정시킬 때 길이와 굵기가 동일한 목봉 두 개를 만든다. 이렇게 치수가 똑같은 지팡이를 만든 뒤에는 하나를 출정하는 사람에게 주고 하나는 에포로스들이 가진다. 이 지팡이를 스퀴탈레라고 한다. 알려져서는 안 되는 중요한 서신을 보낼 때에는 가죽 띠와 비슷한, 길고 좁은 양피지 두루마리를 준비하여 그것을 스퀴탈레에 돌려 감는다. 빈 공간이 보이지 않도록 표면 전체를 덮는 것이다. 그런 다음 양피지에 쓰고자 하는 내용을 적는다. 내용을 다 쓰고 나면 양피지를 벗겨 나무 지팡이 없이 지휘관에게 보내는 것이다. 양피지를 받은 사람은 그 자체로는 아무 의미도 알아낼 수 없다. 글자가 서로 연결되지 않고 뒤죽박죽이기 때문이다. 그러나 스퀴탈레를 꺼내 양피지 띠로 그것을 감싸면 돌돌 말린 상태가 다시 복구되어 글자의 앞뒤가 맞게 된다. 그렇게 지팡이에 감긴 서신을 읽으면 내용이 전달되는 것이다. 양피지도 지팡이와 같이 스퀴탈레라고 부른다. 측정된 대상이 측정 수단의 이름을 갖게 되는 이치와 같다.

• 스퀴탈레는 대략 그림과 같이 생겼을 가능성이 높다.

XX.

헬레스폰토스에 있던 뤼산드로스에게 서신 두루마리가 도착하자 그는 심기가 무척 불편해졌다. 그는 무엇보다 파르나바조스의 비난이 두려웠기 때문에 그와 회담을 갖고 화해를 하고 싶었다. 회담에서 그는 파르나바조스에게 간청했다. 뤼산드로스에게는 잘못이 없으며 자신도 불만이 없다는 내용의 편지를 써서 스파르테의 관리들에게 보내달라고 애원한 것이다. 그러나 그것은 크레테 사람 앞에서 속임수를 쓰는• 격이었다. 뤼산드로스는 상대를 잘못 판단한 것이다.

파르나바조스는 뤼산드로스가 원하는 대로 해주겠다고 약속하고는

• 크레테 사람은 거짓말을 잘하기로 소문이 나 있었다. 그래서 크레테 사람 앞에서 속임수 쓴다는 말은 우리 식으로 하면 공자 앞에서 문자 쓴다는 속담과도 일맥상통한다.

그의 앞에서 그가 바라는 대로 편지를 썼다. 그러나 파르나바조스는 이미 완성한 편지를 비밀리에 지니고 있었다. 봉인을 할 때가 되자 그는 감쪽같이 똑같은 두 편지를 바꿔치기하였고 몰래 준비해 두었던 편지를 뤼산드로스에게 주었다.

뤼산드로스는 스파르테에 도착해서 관례에 따라 원로원 의회로 갔다. 그리고 거기서 파르나바조스의 편지를 에포로스들에게 전달하고는 자신을 겨냥한 가장 심각한 비난이 곧 해소되리라 생각했다. 라케다이몬 사람들은 페르시아의 장군들 중에서도 파르나바조스를 매우 높이 사고 있었다. 전쟁 당시 가장 큰 도움이 되었기 때문이다. 그러나 에포로스들이 편지를 읽고 뤼산드로스에게 보여주었을 때 그는 깨달았다.

"오뒷세우스만 꾀를 부릴 줄 아는 것은 아니다."

뤼산드로스는 한동안 몹시 혼란스러워하다 물러났다. 그러나 며칠 뒤 관리들을 만나, 암몬의 신전으로 가야 한다고 말했다. 거기서, 전투에 앞서 약속했던 제물을 바쳐야 한다고 했다.

• 암몬은 숫양의 머리를 한 이집트의 신으로도 잘 알려져 있으나 헬라스에서는 제우스와 동일시되었다. 사진은 퀴프로스에서 발견된 기원전 3세기 초의 석상이다. 암몬의 양쪽으로 숫양 두 마리가 앉아 있는 것이 보인다.

뤼산드로스가 트라키아의 도시 아퓌타이를 포위 공격할 때 암몬이 꿈속에 나타났다는 말도 있다. 그러자 뤼산드로스는 신의 명령이라며 포위 공격을 거두고 아퓌타이 사람들에게 암몬을 위한 제를 올리라고 지시했다. 자신은 신들을 달래려고 리뷔에아프리카로 넘어갔다고 한다.

그러나 대부분의 사람들은 암몬이 그저 핑계에 지나지 않는다고 생각했다. 그들에 따르면 뤼산드로스는 사실 에포로스들을 두려워했다. 게다가 고국에 돌아와 멍에를 진 신세가 되자 조바심이 났고 권위에 복종하는 것을 참을 수 없었다. 마치 초원에서 자유롭게 풀을 뜯던 말이 마구간으로 돌아와서 평소대로 주어진 일을 해야 하는 상황과 같았다. 그는 얼마간 방랑과 유람을 하고 싶었다. 그러나 에포로스는 그가 나라 밖으로 간 것에 대해 또 다른 이유를 다는데 그것은 천천히 이야기하도록 하겠다.

XXI.

힘겹게 에포로스들로부터 놓여난 뤼산드로스는 배를 띄웠다. 그러나 그가 나라 밖으로 나가자 두 왕은 뤼산드로스가 그동안 형성해 놓은 인맥을 통하여 타 도시를 철저히 통제하고 있음을 깨달았다. 사실상 그가 헬라스의 주인이었던 것이다. 따라서 두 왕은 도처에 있던 뤼산드로스의 친구들을 끌어내리고 도시의 운영권을 민중에게 되돌려주기 위한 절차에 들어갔다. 나아가 이러한 변화와 맞물려 새로운 분란이 터져 나왔다. 그 가운데 첫 번째가 바로 퓔레*에 있던 아테나이 사람들이 참주 30인을 공격하여 압도한 사건이었다.

일이 이렇게 되자 뤼산드로스는 서둘러 고국으로 돌아왔고 라케다이몬 사람들을 설득하여 30인을 돕는 한편 민중을 벌하도록 했다. 그러자 라케다이몬은 사절을 통해 30인에게 전쟁 자금 100탈란톤**을 보내고 뤼산드로스를 장군으로 파견했다. 그러나 두 왕은 뤼산드로스를 시기하고 있었고 그가 아테나이를 두 번이나 사로잡게 내버려두고 싶지 않았다. 그래서 둘 중 하나가 군대와 함께 출정해야 한다고 생각했다. 그리하

• 아테나이로부터 120스타디온 넘게 떨어져 있던 산속 요새. 1스타디온이 약 180미터이므로 21킬로미터 이상 떨어진 거리였다.

•• 은화 1탈란톤은 총 무게가 약 26킬로그램이 나갈 정도의 양이었다. 6천 드라크메에 해당하기도 했다.

여 파우사니아스 왕이 싸움에 나섰다. 겉으로는 아테나이 민중에 맞서 30인을 도우려는 것처럼 보였지만 실은 전쟁을 멈추기 위해서였다. 그래야 뤼산드로스가 동료들의 노력에 힘입어 다시 아테나이의 실세가 되는 것을 막을 수 있을 터였다.

파우사니아스는 어렵지 않게 목적을 이루어냈다. 아테나이 사람들을 화해시키고 불화를 멈춤으로써 뤼산드로스로부터 야심찬 희망을 빼앗은 것이다. 그러나 얼마 가지 않아 아테나이 민중이 다시 반란을 일으키자 파우사니아스는 비난의 대상이 되었다. 비난에 따르면 그는 민중의 입에서, 귀족 지배자들이 물려두었던 재갈을 빼냈으며 민중을 다시 뻔뻔하고 건방지게 만들었다. 반면 뤼산드로스는 남을 만족시키거나 환호를 받기 위해서가 아니라 스파르테의 이익을 위해 단호하게 지시를 내릴 줄 아는 사람이라는 명성을 새로이 얻게 되었다.

XXII.

뤼산드로스는 언행 또한 거칠었고 이는 상대를 공포에 떨게 했다. 예를 들어 아르고스와 라케다이몬이 국경을 두고 다투고 있을 때였다. 아르고스는 자신들의 주장이 라케다이몬의 주장보다 더 합리적이라고 밀어붙였다. 그러자 뤼산드로스가 칼을 가리키며 말했다.

"합리적인지 아닌지는 이걸 다룰 줄 아는 사람이 결정하오."

또 어느 메가라 사람이 그와 면담하다가 점점 대담한 발언을 내뱉자 그가 말했다.

"나라 없는 뜨내기 주제에 입만 살아서는."

한번은 보이오티아가 그를 이중으로 속이려 들자 뤼산드로스가 물었다.

"보이오티아 영토를 행진할 때 우리가 창을 세우고 행진해야겠습니까, 가로들고 행진해야겠습니까?"

코린토스 사람들이 들고 일어났을 당시 뤼산드로스는 군대를 이끌고 코린토스의 성벽으로 갔다. 병사들이 머뭇거리며 공격을 망설이고 있을 때 마침 산토끼 한 마리가 성벽을 에워싼 웅덩이를 뛰어넘었다. 그러자 뤼산드로스가 말했다.

"부끄럽지 않은가? 성벽에서 토끼가 잠자게 놔두는 게으른 놈들을 두려워하다니?"

아기스 왕이 형제 아게실라오스와, 아들로 알려진 레오튀키데스를 남기고 죽었을 때, 아게실라오스의 연인이었던 뤼산드로스는 왕국을 차지하라고 그를 설득했다. 헤라클레스의 진정한 자손은 아게실라오스뿐이라는 것이 이유였다. 레오튀키데스가 알키비아데스의 아들이라는 소문이 있었기 때문이다. 알키비아데스는 스파르테에서 유배 생활을 할 당시 아기스의 아내 티마이아와 비밀리에 관계를 맺은 적이 있었다. 전해지는 말에 따르면 아기스는 날짜를 계산해 본 뒤 아내가 밴 아이가 자신의 아이가 아님을 깨닫고 레오튀키데스에게 관심을 주지 않았으며 끝까지 아들을 공공연히 거부했다고 한다.

그러나 병든 채 헤라이아로 실려가 죽음을 앞두고 있을 때 아기스는 젊은 레오튀키데스와 그의 친구들의 간청에 무너져 여러 사람들 앞에서 레오튀키데스가 자신의 아들임을 인정했다. 나아가 자리한 사람들에게 그 사실을 라케다이몬 사람들 앞에서 증언해달라고 부탁한 뒤 세상을 떠났다.

그리하여 사람들은 레오튀키데스를 위해 사실대로 증언을 했다. 한편 아게실라오스는 지난 업적이 화려했으며 뤼산드로스의 지지를 받고 있기는 했어도 디오페이테스로 인해 왕권을 요구할 명분이 줄어들고 있었다. 디오페이테스는 신탁•을 잘 해석하기로 매우 유명한 사람으로 절름발이 아게실라오스에 관해 예언한 적이 있었다.

조심하라, 기세등등한 스파르테여.
두 다리 튼튼한 너희로부터 불구의 왕이 나지 않도록.
예상치 못한 고생이 너희를 오래도록 억압할 터이니.
앞으로만 굴러가는 학살 전쟁의 물결도.

따라서 많은 사람들이 신탁에 대한 복종심으로 인해 레오튀키데스 쪽으로 기울고 있을 때 뤼산드로스는 디오페이테스가 예언을 제대로 해석하지 않았다고 주장했다. 불구의 왕이 라케다이몬을 지배하면 신이 노여워한다는 의미가 아니라 사생아나 태생이 부덕한 사람이 헤라클레스의 자손과 나란히 왕이 된다면 왕국이 불구가 된다는 의미라고 했다. 뤼산드로스의 영향력은 매우 컸기 때문에 그의 주장은 받아들여졌고 아게실라오스는 왕이 되었다.

• 아게실라오스와 뤼산드로스. 버거스의 판화.

XXIII.

그 즉시 뤼산드로스는, 아시아로 원정을 떠나라고 아게실라오스를 격려하고 자극했다. 페르시아를 무찌른다면 매우 위대해질 것이라고 부추긴 것이다. 그는 또 아시아에 있는 친구들에게 편지를 보내 라케다이몬

• 신탁(神託)이란 신이 맡겨 놓은 뜻이라는 의미다.

의 왕 아게실라오스를 대對 페르시아 전쟁의 장군으로 임명해달라고 부탁했다. 아시아의 친구들은 뤼산드로스가 시키는 대로 라케다이몬으로 사절단을 보내 아게실라오스를 장군으로 요청했다. 뤼산드로스의 노력으로 아게실라오스는 왕이 되는 것에 맞먹는 명예를 얻은 것이다.

야망을 타고난 사람들은 웬만해서는 지휘할 능력은 충분하다. 그러나 동일한 명성을 누리는 자들에 대한 그들의 시기는 고귀한 업적을 성취하는 데 작지 않은 걸림돌이 된다. 그들은 도움이 될 만한 사람들조차 뛰어남을 겨루는 경쟁자로 만들어 버린다.

아게실라오스가 고문관 서른 명과 함께 뤼산드로스를 데려간 것은 사실이다. 그는 가장 가까운 뤼산드로스에게 특별대우를 해주려고 했다. 그러나 아시아에 당도하자 생각이 달라졌다. 그 지역 사람들의 태도 때문이었다. 아게실라오스와 안면이 없던 지역 사람들은 왕과 아주 드물게 그리고 짧게 회동한 반면 지난날 많은 교류를 쌓은 뤼산드로스의 경우 다르게 대우했다. 언제나 그의 거처앞에서 대기하거나 그를 수행하곤 한 것인데 뤼산드로스의 지지자들은 그에게 경의를 표하기 위해서, 뤼산드로스의 의심을 받고 있던 자들은 두려움으로 인해 그렇게 했다.

비극 작품을 보면 전령이나 하인의 역할을 맡은 배우가 높은 관심을 받고 주연을 맡는 반면 왕관을 쓰고 홀을 든 배우의 말은 무시되곤 한다. 마찬가지로 실질적인 지배권은 고문관 뤼산드로스에게 있었고 왕에게 남은 것은 권력의 허울뿐이었다. 그러니 뤼산드로스의 과도한 야망을 적절히 통제하고 뤼산드로스를 2인자의 자리로 낮출 필요는 있었을 것이다. 그러나 명성을 위하여 은인이자 친구를 철저히 내치고 모욕한 것은 아게실라오스답지 않았다.

다시 말해 아게실라오스는 뤼산드로스에게 업적을 달성할 기회조차 주지 않았고 그에게 지휘를 맡기지도 않았다. 나아가 뤼산드로스가 어느 한 사람의 청원을 위해 진심으로 노력하는 모습을 보이면 그 사람에게는 평범한 청원자보다 적은 보상을 주어 보내거나 청원 자체를 들어주지 않았다. 소리 없이 뤼산드로스의 영향력을 빼앗고 차갑게 식힌 것이다. 그리하여 목적한 바를 하나도 거두지 못한 뤼산드로스는 자신의 관심 어린 노력이 오히려 친구들의 청원에 방해가 된다는 것을 깨닫고 도움을 주는 것을 멈추었다. 나아가 그들에게 시중을 들거나 찾아오지 말아 달라고 간청했다. 대신 왕과 의논하거나, 추종자들에게 더 큰 힘이 될 수 있는 사람들에게 가라고 했다.

이 말을 들은 대부분의 사람들은 뤼산드로스를 통해 청원하는 것을 멈추었지만 뤼산드로스를 찾아가는 것은 그만두지 않았다. 오히려 열린 산책길과 운동장에서 그의 시중을 들어 아게실라오스를 더욱 짜증스럽게 했다. 아게실라오스는 뤼산드로스가 그러한 존경을 받는 것이 부러웠던 것이다. 따라서 대동한 대부분의 스파르테 사람들에게 전장의 지휘권이나 도시의 지배권을 맡기면서도 뤼산드로스에게는 자신의 고기를 써는 일을 맡겼다. 하루는 이오니아를 욕하는 김에 뤼산드로스까지 욕하였다.

"가서 내 고기를 써는 사람에게나 아부하라지."

이에 뤼산드로스는 아게실라오스와 면담을 요구했으며 둘 사이에는 짧고 라코니아적인 대화가 이어졌다.

"전하께서는 친구를 깎아내릴 줄 아시는군요."

"나를 넘어선다면. 하지만 내 권력을 키워줄 줄 아는 친구와는 그 권력을 나눠 갖기도 하지."

"제 행동보다는 전하의 말씀이 더 번지르르 한 것 같군요. 아무튼 부탁입니다. 저희를 지켜보는 외국인들을 봐서라도 제가 지금보다 유용할 수 있는 곳으로, 그러나 전하의 눈에 거슬리지 않을 곳으로 보내주십시오."

XXIV.

요청에 따라 뤼산드로스는 사절로 임명되어 헬레스폰토스로 갔다. 아게실라오스에게 매우 화가 나 있었지만 임무를 게을리 하지는 않았다. 그곳에는 인격이 고매한 어느 페르시아인 스피트리다테스가 병력을 거느리고 있었다. 뤼산드로스는 파르나바조스와 사이가 좋지 않았던 스피트리다테스를 꼬드겨 그와 맞서 싸우도록 만들었다. 그런 뒤 스피트리다테스를 아게실라오스에게 데리고 갔다.

그러나 왕은 전쟁에서 더 이상 뤼산드로스의 도움을 필요로 하지 않았고 뤼산드로스는 임기가 끝나자마자 아무런 영예도 얻지 못한 채 스파르테로 돌아가야 했다. 그는 아게실라오스에게 분노했을 뿐만 아니라 스파르테의 지배체제마저 전에 없이 혐오하게 되었다. 그래서 지체하지 않고 당장 혁명적 변화를 일으킬 계획을 실행에 옮기겠다고 결심했다. 얼마 전에 이미 궁리하고 꾸며놓은 계획이었다.

계획은 이러했다. 도리아 지역민들과 결합해 펠로폰네소스로 내려온 헤라클레스의 자손들은 스파르테에서 눈부시게 융성하고 있었으며 그 수도 많았다. 그러나 모든 가문이 왕손을 배출할 수 있는 것은 아니었다. 왕은 오직 두 가문, 즉 에우뤼폰티다이와 아기아다이 가문에서만 선택되었다. 나머지 가문 사람들은 태생이 고귀하다 해도 나라를 다스릴 특권을 갖지 못했다. 반면 뛰어난 업적에 따르는 영예는 힘과 권세와 능력이 있는 모두에게 열려 있었다.

뤼산드로스는 그러한 나머지 가문에 속해 있었다. 위대한 업적을 세워 뛰어난 명성을 얻었으며 수많은 지지자들과 상당한 권력을 쟁취한 뤼산드로스였다. 그러나 그는 나라가 자신의 노력으로 인해 강력해졌음에도 태생이 자신보다 더 고귀할 것 없는 다른 사람들이 나라를 다스리는 것을 보고 심기가 불편했다. 따라서 두 가문으로부터 왕권을 빼앗아 모든 헤라클레스의 자손들에게 공평하게 나누어 줄 계획을 세웠다. 스파르테 사람 모두에게 나누어 주려고 했다는 기록도 있다. 고위층에게 돌아가는 특권이 헤라클레스의 자손들에게 국한되지 않고 헤라클레스처럼 월등한 능력이 있는 자에게 돌아갈 수 있게 하기 위해서였다. 헤라클레스가 신의 경지에 오른 것도 월등한 능력 때문이었다. 뤼산드로스는 만약 자신이 세운 원칙에 따라 왕권이 주어진다면 자신이 첫 번째로 선택받으리라고 생각했다.

XXV.

그리하여 뤼산드로스는 먼저 자신의 힘으로 시민들을 설득시킬 준비를 했고 그러기 위해 할리카르낫소스 사람 클레온의 연설을 외웠다. 그러나 자신의 계획이 시민들에게 얼마나 생소하고 방대하게 느껴질지 깨닫고는 더 적극적인 지지를 확보하려 애썼다. 말하자면 시민들을 위해 정교한 무대 장치를 도입한 것이다. 뤼산드로스는 아폴론의 신탁과 예언을 모아 알맞게 끼워 맞추었다. 먼저 시민들에게 막연한 종교적 두려움, 미신적 공포를 불어넣음으로써 그들을 겁주고 압도한 뒤 논리적인 설득을 시작하지 않는다면 클레온의 절묘한 수사법도 아무 소용이 없으리라고 생각한 것이다.

역사가 에포로스가 전하는 말에 따르면 뤼산드로스는 퓌토델포이의 여사제를 매수하려고 시도했다가 실패했으며 다시 페레클레스를 통해 도도네•의 여사제를 설득했으나 실패했다. 그런 뒤에 뤼비에아프리카에 위

• 퓌토(델포이의 옛 이름)는 아폴론 신전이 있던 곳이고 도도네는 제우스 신전이 있던 곳이다.

치한 암몬의 신전으로 올라가 암몬의 신탁을 해석하는 사제들과 회담을 가졌다. 여기서 뤼산드로스는 꽤 많은 돈을 제시했으나 사제들은 이를 불쾌하게 여겼고 스파르테로 사절단을 보내 뤼산드로스를 비난했다. 그러나 스파르테에서 혐의를 인정하지 않자 이 뤼비에 사절단은 돌아서며 이렇게 말했다.

"스파르테인들이여, 그대들이 리뷔에로 와서 살게 되면 우리는 이보다는 더 나은 판결을 내려주리라."

사제들이 알고 있는 어느 옛 신탁에 따르면 라케다이몬인들은 훗날 리뷔에에 정착하게 되어 있었기 때문이다.

그러나 뤼산드로스가 계획하고 꾸며낸 책략은 보잘것없지 않았고 마치 수학적 증명처럼 여러 중요한 가정을 하고 있었다. 게다가 어렵고, 구하기 힘든 전제를 바탕으로 결론을 향해 나아갔으므로 이것을 설명하자면 역사가인 동시에 철학자였던 사람•의 기록을 참고하는 것이 좋겠다.

XXVI.

당시 폰토스에는 아폴론의 아이를 가졌다는 여인이 있었다. 여인을 믿은 사람이 적었던 것은 당연하다. 그러나 여인은 아들을 낳았고 여러 저명한 인사들이 아이를 보살피고 키우는 데 관심을 가졌다. 사연은 알려지지 않았으나 아기의 이름은 실레노스라고 지어졌다. 뤼산드로스는 이와 같은 상황을 전략의 기초로 삼고 나머지 구조는 스스로 치밀하게 구성했다. 그러기 위해 그는 아기의 출생에 대한 이야기를 지지하는 적지 않은 주요 인물들을 끌어들였고 그들은 의심을 사지 않고 출생에 얽

• 페린은 이 사람이 아마도 에포로스일 것이라고 추측한다.

힌 사연에 신빙성을 부여했다.

뤼산드로스 일당은 또한 델포이에서 새로운 소식을 가져와 스파르테에 퍼뜨렸다. 소식에 따르면 델포이 사제들은 여러 가지 옛 신탁이 기록된 비밀문서를 갖고 있었다. 이 문서는 움직일 수 없었고 읽는 것조차 법으로 금지되어 있었다. 신탁을 기록한 서판을 넘겨받으려면 오랜 세월 뒤에 아폴론의 자식이 찾아와 문서를 지키는 사람들에게 태생을 증명하는 합당한 증표를 제시해야 했다.

이제 남은 일은 실레노스가 나타나 아폴론의 아들로서 신탁을 요구하는 것이었다. 계획은 이러했다. 음모에 가담한 사제들은 그에게 태생에 관한 질문을 하고 정확한 답변을 요구한다. 그리고 마침내 실레노스가 아폴론의 아들이라는 것을 인정하고 그에게 문서를 보여준다. 그러면 실레노스가 여러 증인들 앞에서 예언을 소리 내어 읽고 특별히 왕권에 대한 내용을 강조한다.

이 모든 책략의 목적은 한 가지였다. 능력에 따라 왕을 뽑는 것이 스파르테의 명예와 이익에 더 부합한다고 선언하고 있는 옛 신탁의 공개였다. 그러나 실레노스가 마침내 장성하여 계획을 실행할 준비를 마쳤을 때 뤼산드로스의 연극은 배우 한 사람, 즉 동료 한 사람의 비겁함 때문에 수포로 돌아갔다. 그가 결정적인 순간에 용기를 잃고 주춤한 것이다. 그러나 자초지종이 밝혀진 것은 뤼산드로스가 살아 있을 동안이 아니라 그가 죽고 난 뒤였다.

XXVII.

뤼산드로스는 아게실라오스 왕이 아시아에서 돌아오기 전, 보이오티아 전쟁에 뛰어든 뒤에 죽음을 맞았다. 아니, 그가 헬라스를 보이오티아 전쟁에 빠뜨렸다는 말이 옳겠다. 기록에 따르면 둘 다 옳다. 뤼산드로스에게 전쟁의 책임을 묻는 사람들도 있고 테바이에 묻는 사람들도 있으며 공동 책임이라는 말도 있다.

테바이의 책임은 아울리스에서 아게실라오스의 제물을 내팽개친 데 있다.* 또한 안드로클레이데스와 암피테우스가 왕의 돈을 받고 헬라스와 라케다이몬을 이간질하자 포키스를 덮쳐 약탈한 책임도 테바이에 있다. 한편 뤼산드로스가 테바이에 화가 난 이유는 테바이가 전리품의 십분의 일을 달라고 주장했기 때문이라고 한다. 전리품에 대한 권리를 주장한 것은 여러 동맹국 가운데 테바이가 유일했다. 테바이 역시 뤼산드로스가 전리품을 전부 스파르테로 보내자 분통을 터뜨렸다고 한다.

그러나 전쟁의 가장 큰 원인은 참주 30인을 타도하려는 아테나이 사람들에게 테바이가 힘을 보탠 사건이었다. 언급했다시피 참주 30인은 뤼산드로스가 세운 지배 세력이었다. 당시 라케다이몬은 참주 30인을 보다 위협적으로 만들기 위해 아테나이를 벗어나 도망한 사람들을 전부 색출하라는 명령을 내려두고 있었다. 나아가 그들이 어디에서 은신하고 있든 본국으로 송환하도록 했고 송환을 방해하는 모든 이를 스파르테의 적으로 선포했다.

이에 맞서 테바이는, 헤라클레스와 디오뉘소스의 너그러운 정신을 본받아 정반대의 명령을 내렸다. 보이오티아의 모든 집과 도시를, 도움을 필요로 하는 아테나이 사람에게 개방하도록 한 것이다. 나아가 붙잡힌 도망자를 돕지 않는 사람에게는 벌금 1탈란톤을 매겼다. 또한 아테나이의 참주들과 맞서기 위해 무기를 들고 보이오티아를 지나가는 사람이 있으면 테바이 사람은 보지도, 듣지도 못한 것으로 해야 했다. 새 법령이

• 「아게실라오스」 편 VI권.

헬라스적이고 인도적이라고 생각한 테바이 사람들은 법령을 통과시켰을 뿐 아니라 행동에 옮겼다. 트라쉬불로스, 그리고 그와 함께 퓔레를 점거하고 있던 아테나이 사람들이 참주들과 싸우기 위해 고국으로 향하자 테바이 사람들은 그들에게 무기와 자금을 제공했을 뿐 아니라 기밀을 지켜주었고 작전 본부까지 마련해주었다. 뤼산드로스가 테바이에 불만을 가진 것은 이러한 이유에서였다.

XXVIII.

노년까지 지속된 우울증에 성격이 완전히 거칠어진 뤼산드로스는 에포로스들을 부추겨 테바이 원정을 준비하도록 설득했다. 그런 뒤 지휘권을 잡고 원정에 나섰다. 이후 에포로스들은 파우사니아스 왕에게도 군대를 주어 내보냈다. 파우사니아스가 키타이론 산을 지나는 우회로를 이용해 보이오티아를 침략하는 동안 뤼산드로스가 거대 병력을 이끌고 포키스를 통과하여 합류할 예정이었다. 뤼산드로스는 제발로 넘어온 오르코메노스를 사로잡았고 레바데이아를 덮쳐 약탈했다.

그런 다음 플라타이아에 당도해 있던 파우사니아스에게 서신을 보냈다. 플라타이아에서 나와 할리아르토스에서 병력을 합치자는 내용이었다. 자신은 날이 밝기 전에 할리아르토스의 성벽 앞에 있을 것이라고 약속했다. 그러나 이 편지를 전달하던 병사가 테바이의 정찰병들에게 붙잡혔고 서신은 테바이의 손에 들어갔다. 따라서 테바이군은 도움을 주러 온 아테나이 병력에 도시를 맡기고 그들 자신은 초저녁에 할리아르토스로 향했다. 그들은 뤼산드로스보다 먼저 성에 도착하는 데 성공했고 상당수가 성안으로 들어갈 수 있었다.

뤼산드로스는 먼저 언덕에 병력을 배치하고 파우사니아스를 기다릴 작정이었으나 시간이 갈수록 초조해졌다. 그리하여 결국 무기를 집어 들고 동맹군을 재촉했다. 동맹군 병사들은 뤼산드로스의 지휘 아래 줄을 지어 성벽으로 난 길을 따라갔다. 한편 성 밖에 남아 있던 테바이군은 도시를 좌측에 두고 움직이며 킷수사 샘터에서 적의 뒤로 접근했다.

전해지는 이야기에 따르면 유모들이 갓 태어난 디오뉘소스를 목욕시킨 곳이 바로 이 샘물이다. 포도주 빛깔로 빛나는 이 샘물은 매우 맑고 맛이 좋았기 때문이다. 멀지 않은 곳에는 크레테의 때죽나무가 왕성하게 자라고 있었는데 할리아르토스 사람들은 이것을 라다만토스가 한때 거기 살았다는 증거라고 믿었다. 그들은 알레아라고 부르는 라다만토스의 무덤도 제시한다. 근처에는 알크메네의 묘비도 있는데 암피트뤼온이 죽은 뒤 라다만토스와 함께 살다가 거기 묻혔기 때문이라고 한다.*

한편 성안에 있던 테바이군은 할리아르토스 병사들과 전열을 갖춘 뒤 한동안 잠자코 있었다. 그러나 뤼산드로스가 정예 부대를 데리고 성벽으로 다가오는 것을 보자 갑자기 성문을 열어젖히고 그들을 덮쳤으

---

* 라다만토스는 크레테의 왕 미노스의 형제로 미노스 왕에 대한 두려움에 보이오티아로 도피해 거기서 알크메네와 결혼했다.

며 뤼산드로스와 그의 예언자를 포함한 몇 사람을 죽였다. 그러나 동맹군 대부분은 재빨리 주 병력이 있는 곳으로 후퇴했다. 테바이군이 멈추지 않고 곧바로 그들을 바짝 뒤쫓자 전 병력은 언덕으로 도주했고 그 가운데 1천 명이 적의 손에 죽었다. 테바이 병사 3백 명 또한 거칠고 험난한 곳으로 적을 추격하다 목숨을 잃었다. 스파르테의 승리를 바란다고 비난을 받았던 자들이었다. 시민들이 씌운 혐의를 벗기에 급급했던 그들은 추격하는 과정에서 스스로를 지나치게 노출시켰고 그 결과 목숨을 잃었다.

XXIX.

파우사니아스에게 참패의 소식이 전해졌을 때 그는 플라타이아에서 테스피아이로 행군하는 중이었다. 그는 소식을 듣자마자 병사들을 전투대열로 배치한 뒤 할리아르토스로 갔다. 트라쉬불로스 또한 아테나이 병사들을 이끌고 테바이에서 나왔다. 그러나 파우사니아스가 정전 협정을 맺고 죽은 이들의 시신을 찾아오려고 하자 스파르테의 원로들이 이를 참지 못하고 다같이 분통을 터뜨리며 왕에게로 갔다.

그들의 주장에 따르면 뤼산드로스의 시신을 되찾기 위해서는 정전 협정이라는 허울 아래 숨을 것이 아니라 무력을 이용해 당당히 싸워야 했다. 그 결과 승리한다면 뤼산드로스에게 장례를 치러줄 수 있을 터였고 패배한다고 해도 뤼산드로스와 함께 죽음을 맞는 일은 영광스러운 일이 될 터였다. 그러나 파우사니아스는 테바이군과 싸워 승리하는 것이 힘겨운 일이라는 것을 알고 있었다. 테바이군은 승리의 기쁨에 젖어 사기가 치솟아 있었고 뤼산드로스의 시신이 성벽과 매우 가까운 곳에 위치해 있었기 때문에 승리를 한다고 해도 정전 협정 없이 시신을 수습하기는 곤란했다.

따라서 파우사니아스 전령을 보내 정전 협정을 맺은 뒤 병력을 철수했다. 그리고 뤼산드로스의 시신을 데리고 보이오티아의 국경을 넘자마자 동맹국의 땅 파노페우스에 그를 묻었다. 오늘날까지 델포이와 카이로네이아를 잇는 길가에는 그의 묘비가 남아 있다.

XXX.

뤼산드로스가 어떤 운명을 맞이했는지 알게 된 스파르테인들은 너무 격분한 나머지 왕을 사형할 것인지 여부를 재판에 부쳤다. 그러나 왕은 재판을 피해 테게아로 도망쳤고 그곳에 있는 아테나 여신의 신전에서 탄원자로서 여생을 보냈다.

한편 뤼산드로스의 죽음과 함께 밝혀진 그의 가난은 그의 탁월함을 보다 명백히 드러냈다. 그토록 큰 부와 권력을 쥐고 있었고 온 도시들과 페르시아 대왕이 그에게 경의를 표했음에도 그는 집안을 키우기 위해 부를 축적한다는 것은 생각조차 하지 않았던 것이다. 이것은 테오폼포스의 증언인데 테오폼포스는 비난을 할 때보다는 칭송을 할 때 더 신뢰가 가는 사람이다. 칭송보다 비난을 더욱 즐기기 때문이다.

한편 에포로스에 따르면 시간이 흐른 뒤 스파르테와 동맹국 간에 분쟁이 일었고 이에 뤼산드로스가 지니고 있었던 문서를 검토할 필요가 생겼다. 그래서 아게실라오스가 그의 집으로 갔고 집에서 스파르테의 헌법에 대한 연설문을 발견했다. 이 연설문에서 뤼산드로스는 에우뤼폰티다이와 아기아다이 가문으로부터 왕권을 빼앗아 모든 스파르테인들에게 왕권을 얻을 동일한 기회를 주어야 한다고 주장했다. 그리고 가장 뛰어난 시민들 가운데서 왕을 선출해야 한다고 했다. 아게실라오스는 발견한 연설문을 시민들 앞에 제시하고 싶은 마음이 간절했다. 시민 뤼산드로스가 진정 어떠한 사람이었는지 공개하고 싶었던 것이다.

그러나 당시 최고 에포로스 자리에 있었던 신중한 라크라티다스가 아게실라오스를 말렸다. 뤼산드로스를 파헤칠 것이 아니라 연설문을 그와 함께 묻어야 한다고 주장한 것이다. 은근한 설득력이 있는 연설이었기 때문이다.

그럼에도 그들은 죽은 뤼산드로스에게 많은 영예를 안겼다. 눈에 띄는 것은 뤼산드로스의 딸들과 약혼했던 자들에게 벌금을 부과한 일이다. 약혼자들은 뤼산드로스가 죽은 뒤 그가 가난했다는 것이 알려지자 파혼했기 때문이다. 벌금이 부과된 이유는 이러했다. 그들은 뤼산드로스를 부자라고 여기고 아첨했으나 그의 가난이 그를 선하고 정의로운 사람으로 입증하자마자 그를 버렸다. 스파르테에서는 결혼을 하지 않아도,

결혼을 늦게 해도 벌금을 물어야 했지만 부당한 결혼을 해도 벌금을 물어야 했던 것으로 보인다. 선한 사람, 혹은 동료의 집안과 혼약을 맺는 대신 부자와 손잡기 위해 혼약을 맺는 것이 부당한 결혼에 속했다. 뤼산드로스에 대한 기록은 여기서 끝난다.

술라

I.

루키우스 코르넬리우스 술라는 귀족 집안 출신이었고 선조들 가운데에는 집정관 루피누스도 있었다. 루피누스는 쌓은 명예보다는 불명예로 더 뚜렷하게 기억되는 사람이었다. 법을 어기고 은쟁반을 10리브라 이상 소유했기 때문인데 이 이유로 원로원에서 제명되었다. 그 즉시 루피누스의 자손들은 지위가 추락했고 한동안 그 상태가 지속되었다. 술라의 가문은 부유하지도 않았다.

• 술라의 것으로 추정되는 두상, 뮌헨 조각미술관.
•• 연설하는 술라.

술라는 젊었을 때 값싼 셋방에서 살았고 훗날 그가 지나치게 부유해졌다고 생각한 사람들은 그의 달라진 형편을 흉으로 삼았다. 그 예로 술라가 리뷔에 원정 이후 몹시 거들먹거리자 어느 귀족이 그에게 말했다고 한다.

"아버지가 아무것도 물려주지 않

았는데 이렇게 부유해지다니 그대가 어떻게 정직한 사람일 수 있겠는가?"

비록 당시 로마 사람들이 과거의 순수함이나 고고함을 잃고 타락하여 사치스럽고 호화롭게 살았다고는 해도 그들은 물려받은 재산을 탕진하는 일이나 대를 이은 가난을 저버리는 일을 똑같은 불명예로 여겼다.

훗날 술라가 절대적인 권력을 쥐고 수많은 사람들을 죽음에 처했을 때 어느 해방노예가 타르페이아 절벽에서 내던져질 운명을 맞았다. 살생부에 올라간 사람을 숨기고 있다는 혐의 때문이었다. 그 해방노예는 자신이 술라와 같은 집에서 셋방살이를 했다며 그를 비난했다. 당시 그는 2천 세스테르티우스를 내고 윗집을 빌리고 있었고 술라는 3천 세스테르티우스를 내고 아랫집을 빌리고 있었다는 것이다. 당시 두 사람의 재산의 차이는 단지 1천 세스테르티우스에 지나지 않은 것이다. 앗티케의 단위로 환산하면 250드라크메에 불과하다. 이것이 젊은 시절 술라가 가졌던 재산에 대한 기록이다.

II.

술라의 외모는 그의 조각상에 대체로 잘 드러나 있다. 그러나 회색 눈동자에서 번득이는, 끔찍하리만치 날카롭고 강렬한 시선은 잘 나타나 있지 않다. 이 시선은 그의 얼굴 피부 때문에 더욱 무시무시하게 보였다고 한다. 술라의 피부는 크고 붉은 반점으로 뒤덮여 있는 가운데 드문드문 창백했다. 그가 술라라는 이름을 얻은 것도 바로 이런 피부 때문이었다고 한다. 아테나이의 어느 입버릇 나쁜 광대의 농담 "술라의 얼굴은 보릿가루를 뿌려놓은 오디"도 여기서 나온 것이다.

이 농담을 여기서 언급하는 것은 부적절하지 않다. 술라는 타고난 성격상 농담을 무척 즐겼기 때문이다. 젊고 이름 없던 시절 그는 배우, 광대들과 많은 시간을 함께 보냈으며 그들의 타락한 생활을 함께 했다. 그리고 최고 지배자가 된 뒤에는 가장 제멋대로인 배우들을 모아 함께 술을 마시고 농담을 주고받았다. 사람들은 그를 두고 나잇값을 못한다고 했다. 나아가 술라의 행위는 그의 높은 관직에 대한 모욕이었을 뿐더러 시급한 사안의 방치로 이어지기도 했다.

술라는 식탁 앞에만 앉으면 진지해지기를 거부했기 때문이다. 평소에는 엄한 표정을 하고 일처리에만 관심이 있다가도 좋은 친구들 사이에서 술을 마시기 시작하기만 하면 전혀 다른 사람이 되었다. 그래서 희극 가수들과 무용수들은 그를 조금도 사납다고 생각하지 않았으며 그의 모든 요구를 귀담아 듣고 받아줄 준비가 되어 있었다. 바로 이런 느슨한 성격에서 색정에의 탐닉, 무분별한 향락에 대한 병적인 애착이 비롯된 것으로 보인다. 술라는 늙어서도 절제하지 않았고 배우 메트로비우스와 젊음 가득한 사랑을 계속했다.

이런 일도 있었다. 술라는 천하지만 부유한 여인 니코폴리스를 사랑했는데 여인은 그가 보여준 친밀함과 발랄한 애교에 매료되어 결국 그를 사랑하게 되었고 죽을 때 술라에게 유산을 남겼다. 술라는 자신을 친아들처럼 아낀 양어머니의 재산도 물려받았다. 이 덕에 그는 적당히 부유해졌다.

III.

마리우스가 처음으로 집정관직에 당선되었을 때 술라는 재무관에 임명되어 마리우스와 함께 리뷔에로 갔다. 유구르타를 상대로 전쟁을 치르기 위함이었다. 진영의 총 책임을 맡은 술라는 어느새 신망을 얻게 되었다. 그가 기회를 적절히 활용하여 누미디아의 왕 복쿠스와 우의를 다졌기 때문이다. 누미디아의 도적떼로부터 도망친 왕의 사절단을 융숭하게 대접하고 그들에게 선물을 준 뒤 호위대를 붙여 무사히 되돌려 보낸 것이다.

• 훗날 술라와 적대적인 관계가 되는 마리우스.

복쿠스는 오랫동안 사위 유구르타를 증오하고 두려워해 왔었다. 그래서 유구르타가 전쟁에서 패하고 장인을 찾아오자 그를 해하려는 음모를 꾸몄다. 복쿠스는 제 손이 아닌 술라의 손을 이용해 유구르타를 붙잡고 그를 로마로 넘기려는 속셈에서 술라를 초대했다. 술라는 마리우스와 이 문제를 상의한 뒤 병사 몇 사람과 함께 엄청난 위험을 무릅썼다. 누미디아인, 그것도 자기 가족을 배신하려는 사람을 믿고 또 다른 누미디아인을 넘겨받기 위해 복쿠스의 손안으로 들어간 것이다. 두 사람 모두를 손안에 넣은 복쿠스는 막상 이 사람 아니면 저 사람을 배신해야 하는 상황에 놓이자 오래도록 갈등하다가 결국 원래 계획했던 대로 유구르타를 배신하기로 결정하고 그를 술라에게 넘겼다.

• 붙잡혀 술라의 앞에 선 유구르타. 가브리엘 드 보르본의 그림.
•• 무장하지 않은 채 복쿠스의 막사로 들어온 유구르타. 메리 맥그리거의 『로마 이야기』에 수록된 삽화.

이 덕에 개선 행진을 하게 된 사람이 마리우스였다는 것은 사실이다. 그러나 마리우스를 시기하던 사람들은 성공의 영광을 술라에게 돌렸고 이것은 마리우스를 내심 불편하게 만들었다. 한편 술라는 자연히 우쭐해졌다. 처음으로 미천하고 이름 없는 위치에서 벗어나 시민들 사이에 어느 정도 이름을 알리고 명예의 맛을 보았기 때문이다. 얼마나 기세등등해졌으면 자신의 업적을 반지에 새긴 다음 줄곧 인장으로 쓸 정도였다. 복쿠스가 유구르타를 건네주고 술라가 건네받는 그림이었다.

IV.

이것이 마리우스를 괴롭힌 것은 당연하다. 그러나 그는 술라를 시기할 가치도 없는 사람으로 여겼으므로 두 번째로 집정관에 올랐을 때 그를 부관副官으로 임명했고 세 번째 임기 중에는 군사 호민관으로 임명했다. 그리고 술라를 매개로 많은 임무를 성공으로 이끌었다.

그 예로, 마리우스의 부관일 당시 술라는 텍토사게스족의 족장 코필루스를 사로잡았고 호민관 시절에는 크고 인구가 많은, 마르시족의 나라를 설득하여 로마의 우방이자 동맹이 되도록 했다. 그러나 술라는 마리우스가 자신의 성공을 불편하게 여긴다는 것, 그리고 자신에게 활약할 기회를 주기를 꺼리는 동시에 진급에 반대한다는 것을 깨달았다. 그리하여 그는 마리우스의 동료 집정관 카툴루스의 밑으로 들어갔다. 카툴루스는 훌륭한 사람이기는 해도 치열한 싸움을 하기에는 둔한 편이었다. 그리하여 카툴루스는 술라에게 여러 시급하고 가장 중요한 임무들을 맡겼고 술라는 권력과 명성을 얻게 되었다.

술라는 알페스알프스에 사는 이방인들을 상당히 많이 무찔렀을 뿐 아니라 식량이 떨어지자 조달 임무를 맡았다. 식량을 얼마나 풍부하게 확보했으면 카툴루스의 군대는 풍요롭게 지내는 것을 넘어 마리우스의 병사들에게 남은 것을 나누어 주기까지 했다. 술라도 언급했듯 이것은 마리우스의 심기를 몹시 불편하게 만들었다. 두 사람 간의 증오의 초석이자 원인은 이처럼 사소하고 유치했다. 그러나 반목은 동포 간의 유혈 사태, 돌이킬 수 없는 불화로 이어졌고 폭정을 낳았으며 나라 전체에 혼란을 가져왔다.

이는 에우리피데스가 실로 현명한 사람이었으며 체제의 병폐에 대해 잘 알고 있었음을 증명한다. 에우리피데스는 야망이라는 신이 그 숭배자들에게 그 무엇보다 해롭고 치명적이라는 것을 알고 이를 경고했기 때문이다.

• 극작가 에우리피데스. 그가 야망이라는 신에 대해 경고한 것은 『포이니케의 여인들』을 통해서였다.

V.

이윽고 술라는 전쟁으로 얻은 명성이 정치 활동을 합리화하기 충분하다고 여기고 즉각 군 생활을 관두고 공직에 나섰다. 그리하여 법무관 선거에 출마했으나 패배했다. 술라는 낙마의 책임을 시민들에게 돌렸다. 술라의 주장에 따르면 시민들은 술라와 복쿠스의 관계를 알고는 술라가 법무관에 앞서 조영관•이 된다면 멋진 사냥 장면이 들어간 볼거리, 리뷔에 야생 짐승 간의 싸움 등을 선사할 것으로 알았다. 그래서 다른 사람들에게 법무관직을 맡기고 자신을 억지로 조영관에 선출한 것이다.

그러나 이어진 사건들로 볼 때 술라는 자신이 낙마한 진정한 이유를 알고도 고백하고 있지 않다. 다음 해 법무관에 당선된 것이 이를 뒷받침한다. 술라가 당선된 것은 부분적으로는 시민들에게 굽혔기 때문이고 부분적으로는 그들의 지지를 얻기 위해 돈을 이용했기 때문이다.

법무관으로 있을 때 술라는 카이사르에게 으름장을 놓으며 자신이 가

• 조영관의 임무에는 건축물과 시설을 건설하고 관리하는 것 이외에도 대중을 위한 각종 볼거리를 제공하는 일이 포함되었다.

진 권위를 그에게 불리하게 이용하겠다고 한 적이 있다. 그러자 카이사르가 코웃음을 치며 말했다.

"그 권위, 법무관님 것이 맞습니다. 제값 다 주고 사셨잖습니까."

행정관직에서 물러난 뒤 술라는 캅파도키아로 파견되었다. 명목상으로는 아리오바르자네스를 복위시키기 위해서였지만 실은 미트리다테스의 하염없는 움직임을 제압하기 위해서였다. 당시 미트리다테스는 물려받은 것만큼의 영토를 새로이 확보하고 있었다. 임무를 위해 술라는 자신의 병력을 동원하는 대신 주로 동맹군을 활용했다. 그들은 술라의 밑에서 싸우는 데 적극적이었다. 그리하여 술라는 캅파도키아인들을 무수히 무찌르고 그들을 도우러 온 아르메니아인들을 더 많이 죽인 다음 고르디오스를 몰아내고 아리오바르자네스에게 왕위를 돌려주었다.

• 캅파도키아의 왕 아리오바르자네스. 기원전 95-63년.

•• 폰토스의 왕 미트리다테스. 기원전 1세기경. 루브르 박물관.

한편 에우프라테스 강변에 머무르는 동안 술라는 파르티아 사람 오로바조스의 방문을 받았다. 그는 아르사케스 왕의 사절이었다. 그때까지 두 국가 간에는 아무런 교류가 없었다. 파르티아가 로마의 우방국이자 동맹국이 되고 싶어 할 때 술라가 그들과 회동한 첫 번째 로마 사람이었다는 것은 술라에게 주어진 여러 커다란 행운 가운데 하나였다.

이때 있었던 일화를 덧붙이자면 술라는 아리오바르자네스와 오로바조스, 그리고 자신이 앉을 의자 세 개를 놓도록 지시했다. 그리고 중간에 앉아 접견을 받았다. 이것을 이유로 파르티아 왕은 훗날 오로바조스를 사형에 처하게 된다. 혹자는 그처럼 오만한 자세로 바깥 나라 사람들을 대하는 술라를 칭찬했으나 혹자는 그가 때를 모르고 위세를 부리는 천박한 사람이라고 했다.

이런 기록도 있다. 오로바조스의 수행원 중에는 칼다이오이족 사람이 한 사람 있었다. 그는 술라의 얼굴을 찬찬히 뜯어보고, 그의 생각과 행동을 신중하게 관찰하고, 또 자신만의 독특한 점술 원리에 따라 술라의 본성을 탐구한 다음 그가 무조건 세계 제일이 되리라고 선언했다. 나아가 그 순간 최고가 아닌 자리에 만족하고 있는 그가 오히려 신기하다고 했다.

그러나 술라가 로마로 돌아오자 켄소리누스는 뇌물 수수 혐의로 그를 기소했다. 그가 우방과 동맹국들로부터 큰돈을 받았다는 이유였다. 그러나 켄소리누스는 재판에 나타나지도 않고 기소를 철회했다.

VI.

이어서 술라와 마리우스 사이에 새로운 다툼이 불거졌다. 복쿠스가 새로운 시비거리를 제공했기 때문이다. 그는 로마 시민들을 기쁘게 하는 동시에 술라의 마음을 사고자 카피톨리움•에 전리품을 걸친 신상을 헌정했다. 그리고 그 옆에 황금을 덮어씌운 조각을 세웠는데 복쿠스가 술라에게 유구르타를 넘기는 모습이었다. 마리우스는 격분하여 조각을 철거하려 했으나 술라를 도와 이를 막으려는 사람들이 있었으므로 도시는 둘의 다툼으로 불타오르기 직전이었다. 바로 그때 오랫동안 연기만 피우고 있던 동맹시 전쟁이 불길을 일으키며 타올라 로마를 위협했고

• 카피톨리누스 언덕에 자리한 신전이자 요새.

당분간 마리우스와 술라의 다툼은 멈추었다. 다채로운 반전을 거듭하며 로마인들에게 셀 수 없는 불행과 심각한 위험을 가져다준 이 중대한 전쟁에서 마리우스는 딱히 이렇다 할 공을 세우지 못했다. 전장에서 뛰어난 활약을 하려면 먼저 강인하고 원기가 왕성해야 한다는 사실만을 입증했을 뿐이다.

반면 술라는 여러 인상적인 업적을 세웠고 동료 시민들 사이에 훌륭한 지도자라는 명성을 획득했다. 그의 지지자들은 그를 누구보다 뛰어난 지도자라고 칭했으며 심지어 적들도 그를 누구보다 운이 좋은 사람이라고 했다. 그럼에도 술라의 반응은 코논의 아들 티모테우스의 반응과는 달랐다. 티모테우스가 승리했을 때 그의 반대파는 그의 성공을 행운의 여신의 덕택으로 돌렸다. 반대파가 그린 그림 속에서 행운의 여신은 티모테우스가 잠든 사이 그물로 여러 도시들을 사로잡고 있었다. 티모테우스는 무례하게 화를 냈다. 자신이 위험을 무릅쓰고 얻은 영광을 빼앗겼다고 생각했기 때문이다. 그래서 하루는 원정에서 승리하고 돌아온 뒤에 이렇게 말했다고 한다.

"아테나이 시민들이여, 적어도 이번 원정에서는 행운의 여신이 손을 쓰지 않았습니다."

행운의 여신은 명예를 독식하려는 욕심이 저토록 컸던 티모테우스의 철없는 언동을 되갚아준 것으로 전해진다. 따라서 그는 이후 눈부신 업적이라고는 세우지 못하고 무엇을 하든 낭패를 보았으며 시민들의 기분을 상하게 하여 결국 추방되었다.

반면 술라는 부러움이 담긴 축하의 말을 기쁘게 받아들였을 뿐 아니라 자신의 업적이 하늘의 도움을 받았음을 오히려 강조하고 행운의 여신에게 공을 돌리곤 했다. 이는 허풍이 심해서였거나 그가 실제로 신적인 개입을 믿었기 때문인 것으로 보인다. 회고록에서 술라는 숙고 끝에 실행한 행위보다 충동적으로 과감하게 저질렀던 행위가 결과가 더 좋았으며 신중했다는 평을 들었다고 쓰고 있다. 또 전쟁을 하는 것보다 행복한 삶을 사는 데 소질이 있다고 말한 것으로 미루어 신의 노력보다는 행운에 더 많은 공을 돌린 것으로 보인다. 사실상 술라는 자신이 철저히 행운의 여신의 손안에 있다고 여겼으며 사돈이자 지위가 같은 메텔루스와 잘 지낼 수 있었던 것도 신의 작은 축복 덕분이라고 여겼다. 함께 관직에 오른 메텔루스가 예측과 달리 성가시게 굴지 않고 협조적이었기 때문이다.

나아가 루쿨루스에게 바치는 회고록의 헌정문에서 그는, 꿈속에서 신이 내리는 명령보다 확실한 것은 없다고 조언한다. 동맹시 전쟁 당시 군대와 함께 파견되었을 때 있었던 사건도 전한다. 당시 라베르나 근처에서 땅에 깊은 균열이 생겼고 거기서 굉장한 불길이 터져 나왔으며 눈부신 불꽃이 하늘로 치솟았다. 예언자들은 보기 드문 용기와 특출한 외모를 가진 용맹스러운 사람이 나라를 손에 넣고 어려움으로부터 구할 것이라고 말했다. 술라는 자신이 바로 그 사람이라고 말한다. 머리카락이 금발이므로 외모가 독특하다고 주장한 것은 물론 그동안 세운 위대하고 고귀한 업적을 들어 용기를 자랑하는 데 역시 부끄러움이 없었다. 신의 힘에 대한 술라의 태도에 관해서는 이 정도로 마치겠다.

다른 관점에서 보면 술라는 성격이 좀처럼 고르지 못했고 변덕을 부렸다. 많이 빼앗았지만 더 많이 내어줬으며 뜻밖의 칭찬을 하는 만큼 뜻밖의 모욕도 했다. 자신이 필요로 하는 사람에게는 알랑거리고 자신을 필요로 하는 사람에게는 오만하게 굴었다. 따라서 경멸하는 성격을 타고났는지 아첨하는 성격을 타고났는지 알 수 없었다.

처벌도 불규칙했다. 툭하면 몽둥이로 때려죽였다가도 몹시 심각한 잘못을 가볍게 눈감아주기도 했다. 또 치유할 수 없는 상처를 입고도 기꺼이 화해를 받아들이는가 하면 작고 사소한 잘못을 죽음이나 재물의 압수로 되갚기도 했다. 이것을 보면 술라가 본성상 단호하고 복수심이 많았으나 자신의 이익의 대한 계산적인 고려 끝에 엄격한 성미를 죽였다고 결론지을 수 있을 것이다.

예를 들자면 동맹시 전쟁에서 술라의 병사들이 법무관 신분의 부관 알비누스를 몽둥이와 돌로 때려죽인 일이 있었다. 술라는 이 극악한 범죄를 처벌하지 않고 넘어갔을 뿐 아니라 병사들이 이 위반 행위를 통해 더욱 큰 각오로, 의욕적으로 전쟁에 임할 것을 기대한다고 진지하게 말을 전했다. 병사들이 용맹을 발휘함으로써 죗값을 대신하려고 할 것이라는 논리였다. 병사들의 범죄를 비난하는 사람들에게 술라는 아무런 신경도 쓰지 않았다. 이미 마리우스의 권력을 축소하려는 계획을 갖고 있었던 데다가 동맹시 전쟁이 끝난 틈을 타 장군이 되어 미트리다테스와 싸우려고 하고 있었기 때문에 부하들을 너그럽게 다룬 것이다.

로마로 돌아왔을 때 술라는 퀸투스 폼페이우스와 함께 집정관에 선출되었다. 당시 술라는 50살이었는데 대제사장 메텔루스의 딸 카이킬리아와 매우 시끌벅적한 혼인을 했다. 평민들은 이 결혼을 주제로 술라를 조롱하는 노래를 지어 불렀고 리비우스의 말에 따르면 여러 일류 시민들은 분노했다. 술라가 집정관직에 오를 자격은 있어도 카이킬리아를 아내로 삼을 자격은 없다는 이유였다.

카이킬리아가 술라의 유일한 아내였던 것도 아니다. 술라는 성년이 되기도 전에 이미 일리아를 첫 아내로 삼았고 일리아는 술라에게 딸을 낳아주었다. 다음으로는 아일리아와 결혼했다. 세 번째로는 클로일리아와 결혼했는데 아이를 갖지 못하자 이혼했다. 이혼하는 술라의 태도는 정중했다. 그는 아내를 비난하지 않았을 뿐더러 선물까지 안겨주었다. 그러나 며칠이 지나지 않아 메텔라와 결혼했으므로 클로일리아와의 이혼이 부당했다는 비난을 받았다.

그러나 메텔라에게 술라는 매사에 복종했다. 따라서 로마 사람들은, 추방된 마리우스의 지지자들을 복귀시켜 달라는 탄원이 거절당하자 다급한 나머지 메텔라에게 도움을 청했다. 또한 아테나이를 사로잡았을 때 술라는 그 나라 시민들을 남보다 가혹하게 다루었는데 그들이 성벽 위에서 메텔라에 대한 상스러운 욕설을 퍼부었기 때문이었다. 그러나 이것은 추후의 일이다.

VII.

이야기하고 있던 시점으로 돌아가자면 술라는, 앞으로 올 것들에 비하면 집정관직이 하찮은 성취라고 생각했다. 그의 생각은 미트리다테스와의 전쟁을 향해 달려가고 있었다. 그러나 그러려면 마리우스와 겨루어야 했다. 마리우스는 나이가 무색하게 야망이 컸고 명성을 얻고 싶은 광적인 욕구에 사로잡혀 있었다. 당시 마리우스는 몸집이 비대해져 있었고 나이가 많아 근간의 원정에 나가지 않고 있었으나 바다 밖 나라들과의 전쟁을 간절히 원하고 있었다.

그리고 술라가 미처 마무리하지 못한 임무를 완성하러 진영으로 나섰을 때 마리우스는 로마에 머물며 저 극도로 치명적이었던 반란을 계획했다. 이 반란은 로마가 싸운 모든 전쟁을 합한 것 보다 더 큰 피해를 가져왔고 이는 하늘의 신들이 예고한 대로였다.*

VIII.

이윽고 마리우스는 술피키우스와 동맹을 맺었다. 호민관이었던 술피키우스는 악질 범죄를 저지르는 일에 관한 한 누구에게도 뒤지지 않았다. 따라서 그가 누구보다 더 사악한지가 아니라 무엇으로 자신의 사악함을 능가하는지가 관심거리였다. 술피키우스라는 사람 안에 뒤섞인 무자비함, 몰염치, 탐욕은 수치를 몰랐으며 그 어떤 악행도 마다하지 않았다.

그는 드러내놓고 해방노예와 바깥 나라 사람들에게 로마 시민권을 판매했고 포룸에 자리한 계산대에서 돈을 세었다. 게다가 검객 3천 명을 거느리고 있었을 뿐 아니라 주변에는 기사 계급의 젊은이들이 무리를 지어 다니며 입안의 혀처럼 움직였다. 술피키우스는 이 젊은이들을 원로원의 적이라고 불렀다. 나아가 원로원 의원이 빌릴 수 있는 금액의 상한선을 2천 드라크메로 규정하는 법을 만들었으나 그 자신은 빚 3백만 드라크메를 남기고 죽었다.

마리우스는 시민들 가운데 바로 이런 자를 풀어놓은 것이다. 술피키우스는 칼과 무력으로 모든 것을 혼란에 빠뜨린 뒤 여러 악법을 제안했다. 그 가운데 주목할 만한 것은 마리우스에게 미트리다테스 전쟁의 지휘권을 주는 법안이었다. 법안을 투표에 부치는 것을 막기 위해 두 집정관은 모든 공무의 집행을 정지할 것을 명령했다. 그러자 술피키우스가 폭도들을 이끌고, 카스토르와 폴뤼데우케스의 신전 근처에서 회의를 열고 있던 두 집정관을 덮쳤다. 그리하여 포룸에서 집정관 폼페이우스의 어린 아들을 비롯한 여러 사람들이 죽임을 당했으나 폼페이우스 자신은 눈에 띄지 않고 도주에 성공했다. 한편 쫓기다 마리우스의 집 안으로 들어간 술라는 강요에 따라 집을 나와 공무 정지 명령을 취소해야 했다.

이 때문에 술피키우스는 폼페이우스를 끌어내리고도 술라의 집정관직은 빼앗아가지 않았고 미트리다테스 원정의 지휘권을 마리우스에게 넘기는 데 그쳤다. 그 즉시 놀라로 군사 호민관들을 보내기도 했다. 거기 있던 군대를 인계받아 마리우스에게 인도하게 하기 위함이었다.

IX.

그러나 도주에 성공한 술라가 군사 호민관들보다 먼저 진영에 닿았으며 병사들은 자초지종을 듣자마자 호민관들을 돌팔매질로 죽였다. 그러자 이에 대한 보복으로 마리우스와 그의 지지자들은 술라의 동료들을 죽이고 그들의 재산을 약탈했다. 이후 추방과 도주가 이어졌으며 사람들이 로마에서 군 진영으로, 혹은 진영에서 로마로 이동하는 현상이 비일비재했다. 원로원조차 마음대로 행동하지 못했다. 그들은 마리우스와 술피키우스의 명령에 따라야 했으며 술라가 로마로 행군하고 있다는 소식이 들려오자 진군해 오는 것을 막기 위해 법무관 두 명, 브루투스와 세르빌리우스를 보냈다.

• 토가는 로마인들이 공식 석상에 나설 때 걸치던 옷이다. 고위 관리는 그림처럼 가장자리가 자주색으로 된 토가를 입었다. 그림은 『북유럽 백과사전(Nordisk Familjebok)』에 수록된 삽화.

그런데 두 법무관이 하필 지나치게 거만한 자세로 술라에게 말을 건넸고 병사들은 두 사람을 기꺼이 찢어 죽일 태세였다. 그러나 죽이는 대신 파스케스•를 부러뜨리고, 고관들만 입는 토가를 벗긴 뒤 온갖 욕을 퍼부으며 로마로 돌려보냈다. 로마 사람들은 말할 수 없는 참담함을 느꼈다.

법무관의 상징이 깡그리 발가벗겨진 채 나타난 두 사람의 모습 때문이기도 했고 그들이 발표한 내용 때문이기도 했다. 두 법무관은 반란을 잠재울 수 있는 방법이 더 이상 없으며 상황의 전개를 지켜볼 수밖에 없다고 알린 것이다.

그러자 마리우스와 지지자들은 부지런히 준비를 시작했고 그동안 술라는 꽉 찬 6개 군단을 이끌고 동료와 함께 놀라를 벗어났다. 술라 자신은 망설임이 없지 않았고 위험을 염려했으나 군대가 즉시 로마를 향해 행군하고 싶어 하는 것으로 보였기 때문에 어쩔 수 없었다. 술라는 출정에 앞서 제물을 바쳤고 예언자 포스투미우스가 징조를 읽었다. 포스투미우스는 제물을 보자마자 술라를 향해 두 팔을 내밀며 전투가 있을 때까지 자신을 포박하여 가두어두어도 좋다고 했다. 술라가 하는 모든 일이 신속하게 성공으로 끝나지 않는다면 자신을 극형에 처해도 좋다고 확신에 차서 예언한 것이다.

• 로마에서는 희생 제물을 바친 뒤 예언자가 제물의 내장을 읽었다. 내장이 정상적이지 않으면 신이 희생 제물을 기쁘게 받아들이지 않는 것으로 여겨졌다. 돋을새김은 희생 제의를 준비하는 모습. 2세기 로마. 루브르 박물관.

술라 자신도 꿈에서 여신을 보았다고 전해진다. 로마가 캅파도키아인들로부터 배워 숭배하게 된 그 여신은 루나, 아니면 미네르바, 아니면 벨로나였을 것이다. 술라는 이 여신이 곁에 서서 손에 벼락을 쥐어주었다고 기억했다. 여신은 술라의 적을 한 사람씩 거명하면서 벼락으로 그들을 때리라고 했다. 이어서 적들이 하나같이 벼락에 맞아 쓰러지더니 모습을 감추었다. 꿈속의 광경에 용기를 얻은 술라는 동료에게 꿈 이야기

• 고위 관리들이 앞세우는 막대와 도끼 묶음.

를 해준 뒤 날이 밝자마자 군대를 이끌고 로마로 향했다.

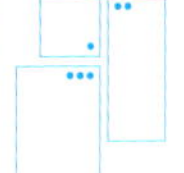

• 석관에 새겨진 달의 여신 루나의 모습. 3세기 초. 헬라스에서는 이 여신을 셀레네라고 했다.

•• 2세기 로마에서 만들어진 미네르바 상. 루브르 박물관. 미네르바는 헬라스의 아테나 여신과 동일한 신으로 여겨진다.

••• 렘브란트가 그린 전쟁의 여신 벨로나.

술라가 픽타이에 이르렀을 때 로마에서 보낸 대표단이 그를 맞았나. 대표단은 그에게 즉각적인 공격은 삼가달라고 청했다. 그들의 말에 따르면 원로원은 투표를 통해 술라의 모든 권리를 보장하기로 결정한 바 있었다. 그러자 술라는 일단 그 자리에 진영을 치기로 동의하고 지휘관들을 시켜 땅을 측정하라고 했다. 이는 진영을 치기 전에 거치는 통상적인 절차였다. 따라서 대표단은 술라가 약속한 대로 행동할 것이라고 생각하고 돌아갔다. 그러나 대표단이 떠나자마자 술라는 루키우스 바실리우스와 가이우스 뭄미우스를 로마로 보냈다.

두 사람은 성문과 에스퀼리누스 언덕 위 성벽을 확보했다. 술라 자신은 전속력으로 그들을 따라갔다. 이윽고 바실리우스와 부하들이 도시 안으로 쳐들어갔다. 그들이 힘겹게 앞으로 나아가는데 무장을 하지 않은 군중이 자기 집 지붕 위로 올라가 돌과 기왓장을 던졌다. 그 바람에 병사들은 더 이상 전진하지 못하고 도로 성벽으로 꾸역꾸역 몰려들었다.

어느새 술라가 도착했고 그는 사태를 파악하자마자 민가에 불을 지르라고 명령했다. 그런 다음 횃불을 집어 들고 앞장섰다. 궁수들에게는 불화살을 지붕 위로 쏘아 올리라고 지시했다. 이것은 차분한 계산이 아닌 격정에서 나온 행동이었다. 술라는 자신의 행동의 통제를 분노에 맡긴 것이다. 그의 머릿속에는 적을 쳐부수어야 한다는 생각밖에 없었다. 그는 친구나 친척, 가족의 처지는 전혀 고려하지 않고 심지어 동정하지조차 않으며 불의 도움을 받아 성안으로 진입한 것이다. 불은 죄가 있는 자와 결백한 자를 구분하지 않았다.

한편 텔루스 신전으로 내몰린 마리우스는 해방을 약속하며 노예들의 지지를 요청했다. 그러나 적이 다가오자 결국 이기지 못하고 도시를 버리고 떠났다.

X.

이윽고 술라는 원로원을 소집하여 마리우스를 비롯한 몇몇 사람들에게 사형을 선고하게 했다. 평민 호민관 술피키우스도 그 중 하나였다. 그러나 술피키우스는 사형을 당하기도 전에 배신한 노예의 손에 죽고 말았다. 술라는 그 노예에게 먼저 자유를 준 다음 타르페이아 절벽 밑으로 떨어뜨렸다. 나아가 마리우스의 목에 현상금을 걸었다. 이것은 무례하고 은혜를 모르는 행동으로 여겨졌다. 술라가 불과 며칠 전 도피했다가 자수한 곳이 마리우스의 집이었으며 무사히 풀려난 것도 마리우스 덕분이었기 때문이다.

마리우스가 그때 술라를 놓아주지 않고 술피키우스의 손에 죽도록 내버려두었다면 마리우스는 로마의 최고 주인이 될 수 있었을 것이다. 그러나 그는 술라의 목숨을 살려주었고 며칠 뒤 술라에게 보답할 기회를 주었으나 술라는 같은 자비를 베풀지 않았다. 그리하여 술라는 원로원의 은밀한 미움을 받게 되었다.

반면 대중은 행동을 통해 증오와 분노를 여실히 드러냈다. 그 예로 술라가 관직에 추천한 세르비우스와 술라의 조카 노니우스를 멸시하며 거부했고 다른 이들을 선출했다. 술라를 가장 불편하게 만들 것 같은 후보를 지지한 것이다. 그러나 술라는 기뻐하는 척했고 민중이 그들의 바람대로 할 수 있는 것은 자신이 자유를 찾아주었기 때문이라고 말했다.

증오에 찬 대중의 뜻에 복종하기로 마음먹은 술라는 그들이 반대파 루키우스 킨나에게 집정관직을 주도록 내버려두었다. 그러나 킨나는 술라의 정책에 반대하지 않는다는 엄숙한 맹세를 한 뒤에야 집정관이 될 수 있었다. 손에 돌멩이를 들고 카피톨리움으로 올라간 킨나는 선서를 한 뒤 돌멩이를 바닥으로 던졌다. 자신이 술라에게 끝까지 선의를 품지 않는다면 손에 든 돌처럼 나라에서 내팽개쳐져도 좋다는 뜻이었다. 그러나 킨나는 관직에 오른 직후 기존의 질서를 전복하려고 시도했고 술라에 대한 탄핵안을 준비했다. 그런 다음 평민 호민관 비르기니우스를 기소자로 지명했다. 그런데 술라는 기소자와 재판을 모두 무시한 채 미트리다테스와 싸우러 나섰다.

XI.

전해지는 말에 따르면 술라가 이탈리아에서 병력을 움직일 당시 페르가몬에 머물고 있던 미트리다테스에게 하늘에서 여러 징조가 내려왔다. 하루는 페르가몬 사람들이 일종의 기계 장치를 이용하여 그를 향해 승리의 여신의 신상을 내리고 있었다. 신상은 손에 관을 쥐고 있었다. 그런데 여신이 미트리다테스의 머리에 닿으려고 하는 순간 신상이 산산조각 났고 손에 쥐고 있던 관은 극장 한복판으로 내팽개쳐졌다. 사람들은 몸서리를 쳤고 미트리다테스는 크게 상심했다. 그러나 당시 미트리다테스는 기대 이상의 활약을 펼치고 있었다.

로마로부터 아시아를 빼앗고 비튀니아와 캅파도키아를 각각 그 나라의 왕으로부터 빼앗은 미트리다테스는 페르가몬에 머물며 동료들에게

재물과 크고 작은 지배권을 나누어 주고 있었다. 또한 미트리다테스의 한 아들은 폰토스와 보스포로스에서 아무런 저항 없이 고대로부터 내려온 영토를 지키고 있었고 그 영토는 마이오티스 호수 너머에 있는 사막 지대까지 이어졌다. 다른 아들 아리아라테스는 커다란 병력을 이끌고 트라키아와 마케도니아를 상대로 침략 전쟁을 벌이고 있었다. 각자 병력을 거느리고 있던 미트리다테스 수하의 장군들도 기타 지역을 정복하고 있었다. 그 가운데 가장 크게 활약했던 사람은 아르켈라오스 장군으로 그의 함대는 바다 전체를 호령하고 있었으며 퀴클라데스 군도와 말레아 곶 동쪽으로 놓인 모든 섬들을 정복하는 중이었다. 에우보이아 또한 아르켈라오스의 손안에 있었다. 나아가 그는 아테나이에 위치한 본부에서 로마에 대한 반란을 꾸미고 헬라스 사람들을 끌어들였다. 그의 영향은 텟살리아에까지 미쳤으나 카이로네이아에서는 약간의 저항이 있었다.

카이로네이아에서 아르켈라오스는 브룻티우스 수라와 맞붙었다. 브룻티우스는 속주 마케도니아의 지방관 센티우스의 부관으로 월등한 용기와 분별력을 갖고 있었다. 아르켈라오스가 보이오티아를 가로질러 급류처럼 달려오자 브룻티우스가 누구보다 맹렬히 저지했으며 카이로네이아에서 세 번에 걸쳐 싸운 끝에 아르켈라오스를 저지하고 바다로 도로 내몰았다.

그러나 루키우스 루쿨루스는 브룻티우스의 자리에, 카이로네이아로 오고 있던 술라를 대신 임명하고 원로원의 투표 결과에 따라 전쟁의 지휘를 술라에게 맡겼다. 브룻티우스의 노력이 기대 이상의 성과를 보여주고 있었고 그의 품위 있는 태도 덕분에 헬라스 사람들이 로마에 충성하는 쪽으로 기울고 있다는 사실은 고려되지 않았다. 브룻티우스는 즉각 보이오티아를 버리고 센티우스가 있는 곳으로 행군했다. 그러나 브룻티우스의 가장 눈부신 업적은 여기서 끝난다.

XII.

한편 여러 도시들이 술라에게 사절단과 초청장을 보내고 있었음에도 아테나이는 참주 아리스티온의 강요에 의해 미트리다테스의 편에 섰다. 따라서 술라는 전 병력을 이끌고 아테나이로 갔다. 그리고 페이라이에우스를 포위하고 온갖 공성병기攻城兵器를 동원하여 방법을 가리지 않고 공격했다. 만약 그가 조금만 참았다면 어려움 없이 윗도시•를 사로잡을 수 있었을 것이다. 사람들은 생필품이 모자랐고 굶주려 한계에 도달해 있었기 때문이다.

• 외항이 덧붙여지기 전의 아테나이를 말한다.

• 아테나이와 페이라이에우스.

그러나 술라는 로마로 돌아가고 싶은 마음이 간절했고 거기서 자라나고 있던 혁명의 기운이 두려웠기 때문에 전쟁을 신속하게 해결하기 위해 지출을 크게 늘렸다. 다양한 군수품이 필요했지만 무엇보다 공성병기를 움직이는 데 노새 1만 쌍이 필요했고 노새는 매일 전투에 동원되었다. 나아가 목재도 달리기 시작했다. 병기가 제 무게에 주저앉아 부서지거나 끊임없이 날아오는 적의 불화살에 불타버렸기 때문이다. 그리하여 술라는 신성한 숲에 손을 대기 시작했고 아테나이 근교의 마을 중에 숲이 가장 무성했던 아카데메이아를 황폐화시켰다. 뤼케이온도 피해가지 못했다.

또한 전쟁 자금도 적잖이 필요했기 때문에 헬라스의 신성한 보물을 전용했다. 일부는 에피다우로스, 일부는 올륌피아에서 가져왔는데 신전에 있는 봉헌물 중에 가장 아름답고 값진 물건을 요청한 것이다. 나아가 델포이에 있는, 암픽튀온 동맹국•의 대표자들에게 서신을 써서 신의 보물을 자신에게 보내는 것이 나을 것이라고 했다. 자신이 보물을 더욱 안전하게 보관해 줄 것이며 혹여 보물을 쓰게 된다고 해도 쓴 만큼 보상해 주겠다고 장담한 것이다.

술라는 이 편지를 친구였던 포키스 사람 카피스에게 들려 보냈다. 그리고 모든 물건을 받을 때 무게로 계산하라고 시켰다. 델포이에 도착한

• 헬라스에는 공동으로 신전을 관리하고 축제를 열기 위해 만들어진 연합 기구가 있었는데 이를 암픽튀온 동맹이라고 불렀다.

카피스는 신성한 물건에 손을 대는 것을 질색했다. 나아가 암픽튀온 동맹국 대표자들 앞에서 눈물을 쏟으며 주어진 임무의 불가피성을 한탄했다. 그리고 신전 내실에서 신의 키타라 소리가 들려왔다는 몇몇 사람들의 주장에 술라에게 편지를 썼다. 사람들의 주장을 믿었기 때문인지 아니면 술라를 미신적 공포에 떨게 하고 싶었기 때문인지는 확실하지 않다.

그러나 술라는 이를 웃어넘기는 답장을 보냈다. 노래는 성난 마음이 아니라 기쁜 마음에 부르는 것인데 그것을 이해하지 못하는 카피스가 오히려 놀랍다는 내용이었다. 따라서 술라는, 신께서 기꺼이 주려 하시는 만큼 과감하게 가져오라고 지시했다.

그리하여 델포이의 보물마저 술라의 손으로 들어갔으나 헬라스 사람 대부분은 분명 이 사실을 모르고 있었을 것이다. 한편 왕•의 선물 가운데 유일하게 남아 있는 은 술병은 너무 크고 무거워서 이 술병을 나를 수 있는 짐승이 없었다. 따라서 암픽튀온 동맹국의 대표자들은 술병을 조각내지 않을 수 없었다. 술병을 자르며 그들은 티투스 플라미니우스와 마니우스 아킬리우스를 떠올렸다가 이내 아이밀리우스 파울루스를 떠올렸다가 했다. 마니우스 아킬리우스는 안티오코스를 헬라스에서 몰아낸 장본인이었고 나머지 두 장군은 전쟁에서 마케도니아의 왕들을 무찌르는 공을 세운 사람들이었다. 그런데도 그들은 헬라스의 성소들을 가만히 놔두었을 뿐만 아니라 오히려 성소에 안치된 보물을 늘림으로써 성소의 명예와 지위를 높였다.

그러나 세 사람의 휘하에는 자제심이 강하고 군말 없이 지도자를 따르는 부하들이 있었다. 나아가 세 사람은 합법적인 지휘관이었고 군주

• 크로이소스 왕. 크로이소스 왕의 이야기는 「솔론」 편 XXVII 참조.

다운 정신을 갖고 있었다. 그들은 사적인 용도로 많은 돈을 필요로 하지 않았고 나라를 위해 돈을 쓸 때에도 필요한 곳에만 적당히 사용했다. 그리고 적을 두려워하는 것보다 부하 병사들에게 오냐오냐하는 것을 더 불명예스럽게 여겼다.

그러나 능력이 아닌 힘으로 주도권을 얻은 술라 시대의 장군들은 장군과 민중 선동가의 역할을 겸하지 않으면 안 되었다. 그들은 상당한 돈을 주고 병사들의 노동력을 샀고 병사들은 급여를 호화로운 생활에 낭비했다. 결국 장군들은 모르는 사이 나라 전체를 팔려고 내놓은 셈이 되었고 누구보다 미천한 자들의 노예가 되어 상위 계층을 다스리는 형국에 놓였다.

바로 이것이 마리우스가 쫓겨난 이유였고 그가 다시 술라에 맞선 이유였다. 킨나가 옥타비우스를, 핌브리아가 플락쿠스를 암살한 것도 이런 이유에서였다. 상황을 이토록 끔찍한 지경까지 몰고 가는 데 가장 깊이 관여한 것은 바로 술라였다. 그는 휘하에 있는 병사들의 지지를 얻기 위해 그들을 타락시키고 아낌없이 돈을 썼다. 다시 말해 술라는 다른 모든 사람들을 역적으로 몰고 자기 병사들을 난봉꾼으로 만드는 데에 상당한 돈이 필요했고 아테나이의 포위 공격을 위해서는 자금이 특히 절실했다.

XIII.

술라는 아테나이를 정복하려는 무시무시하고 고집스러운 야망에 사로잡혀 있었다. 과거 아테나이가 누렸던 영광의 그림자와 싸우고 싶다는 열의가 있었기 때문일 수도 있다. 혹은 참주 아리스티온이 성벽 위에서 술라와 아내 메텔라를 향해 퍼부은 야비한 욕설에 화가 났기 때문일 수도 있다. 아리스티온은 욕을 퍼부을 때마다 조롱하는 춤을 추곤 했다.

아리스티온이라는 자의 정신 속에는 방탕함과 잔혹함이 뒤섞여 있었다. 그는 미트리다테스라는 사람이 가진 가장 사악한 병폐와 정념을 자기 안으로 흘러들어오게 했다. 아테나이의 최후의 날들 동안 아리스티온은 마치 치명적인 질병처럼 아테나이에 달라붙었다. 아테나이가 과거 수없는 전쟁과 여러 권력의 찬탈, 반란 사태를 무사히 넘겼다는 것이 무색할 정도였다.

아테나이에서 밀 1메딤노스*가 1천 드라크메에 거래되고 사람들이 아크로폴리스에 자라는 화란국화로 음식을 만들어 먹는가 하면 신발과 가죽 기름주머니를 끓여 먹는 지경에 이르렀는데도 아리스티온 자신은 대낮에도 쉴새없이 흥청망청 술잔치를 즐기고 갑옷 차림으로 춤을 추며 적을 조롱했다. 여신의 신성한 등불마저 기름 부족으로 꺼지게 내버려두었다. 게다가 최고 여사제가 밀 12분의 1메딤노스를 간청하자 같은 양의 후추를 보냈다. 심지어는 원로원 의원들과 사제들이 줄지어 탄원을 올리며, 나라를 딱히 여기고 술라와 협상하라고 애원했을 때 아리스티온은 화살을 쏘아 그들을 흩어 놓았다.

그러나 오랜 시간이 흐르고 온갖 야단법석이 벌어진 뒤 마침내 아리스티온은 동료 술꾼 두엇을 내보내 평화 협상을 하게 했다. 그들이 나라를 구할 만한 요구를 하기는커녕 꼿꼿한 자세로 테세우스와 에우몰포스, 페르시아 전쟁에 대해 일장 연설을 늘어놓자 술라는 이렇게 말했다고 한다.

"가시오. 연설은 필요 없소. 로마는 역사를 배우라고 아테나이로 나를 보낸 것이 아니라 반란 세력을 누르라고 보낸 것이오."

• 1메딤노스는 약 53리터.

XIV.

그러나 바로 이때 케라메이코스에 있던 병사들의 귀에 몇몇 노인들의 대화가 들려왔다. 노인들은 아리스티온이 헵타칼콘•으로 가는 길을 수비하지 않는다고 불평하는 중이었다. 노인들은 적이 성벽을 넘을 수 있는 지점이, 그것도 쉽사리 넘을 수 있는 지점이 있다면 바로 그곳이라고 했다. 이 정보가 술라의 귀에 들어가자 그는 가벼이 넘기지 않고 밤을 틈타 언급된 곳으로 갔다. 그리고 확보할 수 있는 지점이라고 생각되자 곧바로 행동에 착수했다.

술라의 회고록에 따르면 처음으로 성벽을 올라간 이는 마르쿠스 아테이우스였으며 적이 그를 막자 칼로 투구를 내리쳤는데 무기가 산산조각 났다. 그러나 마르쿠스는 물러서지 않고 제자리에서 버텼다. 어찌 됐든 고령의 아테나이인들의 증언에 따르면 그 지점에서부터 아테나이의 함락이 시작되었다.

술라 자신은 페이라이케 성문과 신성神聖문 사이의 성벽을 무너뜨리고 땅을 평평하게 다진 다음 자정에 군대를 이끌고 들어갔다. 수많은 나팔과 뿔을 불어대는 소리가 술라의 모습을 더욱 공포스럽게 만들었다. 약탈과 학살을 허락받은 병사들이 칼을 뽑아들고 좁은 골목을 내달리며 외치고 부르짖는 소리도 공포를 더했다. 따라서 죽은 자의 수를 세기란 불가능했으며 오늘날까지도 그 수는 피로 뒤덮인 공간의 면적만으로 짐작될 뿐이다. 다른 구역에서 죽은 사람은 놔두고 시장아고라에서 쏟아진 피만으로도 디필론 성문 안쪽에 있는 케라메이코스 전체를 덮을 정도였기 때문이다. 아니, 많은 사람들은 피가 성문을 통해 흘러 나와 성

• 페이라이케 성문과 디필론 성문 사이에 있다는 것 외에 헵타칼콘이 정확히 무엇인지는 밝혀져 있지 않다.

밖에 홍수를 이룰 정도였다고 말하고 있다.

그런데 죽임을 당한 사람도 많았지만 스스로 죽음을 택한 사람은 더 많았다. 그들은 조국이 멸망하리라는 생각에 참담하고 안타까웠다. 술라가 동정을 베풀거나 관대해질 것이라고는 기대조차 하지 않았다. 따라서 뛰어난 시민들은 좌절감에 빠져 모든 것을 포기했고 살아남기를 두려워했다. 그러나 복수심이 어느 정도 충족된 술라는 아테나이 사람들을 칭송하는 말을 몇 마디 던지고는 다수를 위해 소수를, 죽은 자들을 봐서 산 자들을 용서하겠다고 말했다. 유배 갔던 메이디아스와 칼리폰이 술라의 발치에 엎드려 애원한 덕분이기도 했고 술라와 동행했던 모든 의원들이 아테나이를 살리고자 중재한 덕분이기도 했다.

술라의 회고록에 따르면 그가 아테나이를 정복한 것은 3월 초하루다. 이날은 안테스테리온 달月의 첫날과 거의 일치한다. 공교롭게도 안테스테리온 달은 아테나이 사람들이, 대홍수가 초래한 훼손과 피해를 상기시키는 여러 의식을 거행하는 달이다. 고대의 대홍수가 바로 그때 벌어졌다고 믿었기 때문이다.

• 당시 헬라스 사람들은 제우스가 신앙심 없는 인간을 벌하기 위해 홍수를 보냈으나 데우칼리온과 아내 퓌르라가 방주 속에서 홍수를 버티어 냈다는 이야기를 믿고 있었다. 이 신화는 이후 노아의 방주 이야기에서 되풀이된다. 그림은 미켈란젤로가 시스티나 성당에 그린 대홍수 장면.

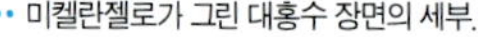
•• 미켈란젤로가 그린 대홍수 장면의 세부.

도시를 빼앗기자 참주 아리스티온은 아크로폴리스에 피신했다. 그러나 참주를 포위하라는 지시를 받은 쿠리오가 그를 에워쌌다. 아리스티온은 상당히 오랜 시간 동안 버텼지만 극심한 갈증 때문에 손을 들 수밖에 없었다. 그러자 곧장 이 사건에 신이 관여하고 있음이 극명히 드러났다. 쿠리오가 죄인을 데리고 내려오는 바로 그 순간, 개어 있던 하늘에 구름이 몰려들었고 상당한 비가 내려 아크로폴리스를 물로 채운 것이다.

술라는 얼마 후 페이라이에우스마저 빼앗았고 필론의 놀랍도록 아름다운 건축물인 무기고를 비롯한 항구 대부분을 불태웠다.

XV.

그동안 미트리다테스 왕의 장군 탁실레스가 트라키아와 마케도니아로부터 보병 10만, 기병 1만, 그리고 말 네 마리가 끄는, 낫을 단 전차 90대를 이끌고 내려왔다. 그는 아르켈라오스를 불러 합류하라고 지시했다. 아르켈라오스는 여전히 함대와 함께 무뉘키아에 머물고 있었다. 바다를 떠나려 하지도 않았고 로마 사람들과 싸우려고 들지도 않았다. 대신 전쟁을 끌어 로마군의 물자를 끊을 생각이었다.

그러나 술라는 아르켈라오스보다 상황을 더 잘 이해하고 있었다. 따라서 병력을 보이오티아로 이동시켰다. 비옥한 것과 거리가 멀고 평시에도 거주 인구가 적은 지역에서 벗어난 것이다. 대부분의 사람들은 술라가 앗티케를 버린 것이 계산 착오라고 생각했다. 앗티케는 지형이 험해서 기병이 움직이기 힘든 곳이었는데 술라가 그런 지역을 포기하고 보이오티아의 평평하고 탁 트인 벌판으로 스스로를 내던졌기 때문이다. 적의 힘이 주로 전차와 기병에서 나온다는 것을 모르는 것도 아니었다.

그러나 앞서 말했듯 물자의 부족과 굶주림을 피하기 위해서는 전투가 야기할 위험을 감수할 수밖에 없었다. 나아가 호르텐시우스가 술라를 초조하게 했다. 과감하고 능력 있는 장군이었던 호르텐시우스는 텟살리아에서 병력을 이끌고 술라를 도우러 오고 있었고 적은 좁은 산길테르모퓔라이을 지키며 그가 나타나기만을 기다리고 있었다.

술라는 바로 이와 같은 여러 이유에서 병력을 보이오티아로 이동시킨 것이다. 그러나 호르텐시우스는 다행히 카피스의 도움으로 위험에서 벗어났다. 나와 고향•이 같은 카피스는 호르텐시우스를, 적이 모르는 다른 길로 인도하였고 파르낫소스 산을 지나 티토라 바로 아래 지점으로 데리고 갔다.

당시 티토라는 지금처럼 큰 도시는 아니었고 사방이 가파른 절벽으로 이루어진 요새였다. 먼 옛날 포키스 사람들이 크세르크세스의 공격을 피하여 달아나 목숨을 구한 곳도 바로 이곳이다. 여기 진영을 친 호르텐시우스는 낮에는 적을 물리치고 밤에는 험한 길을 따라 파트로니스로 내려갔다. 그리고 거기서, 병력을 이끌고 그를 만나러 온 술라와 합류했다.

XVI.

병력을 합친 술라와 호르텐시우스는 엘라테아의 들판 위로 불쑥 솟은 언덕을 차지했다. 이 비옥한 언덕에는 숲이 무성했고 언덕 아래에는 물이 있었다. 언덕의 이름은 필로보이오토스였다. 술라는 언덕의 위치와 천연 요새로서의 강점을 무엇보다 높이 칭송했다. 적은 이곳에 진영을 치고 있는 로마의 병력이 매우 적다고 생각했다. 기병이 1천5백 명, 보병이 1만 5천 명이 넘지 않아 보였기 때문이다. 따라서 다른 장군들은 아르켈라오스의 반대를 무릅쓰고 전투 대형을 갖추었다. 들판은 수많은 군마와 전차, 둥근 방패와 긴 방패로 가득 찼다.

Roman Soldiers with Shields. (Bartoli.)

Clipeus, Roman Shield. (Column of Trajan.)

• 당시 전쟁에서는 크고 길쭉한 방패 스쿠툼(헬라스 말로 튀레오스)과 둥근 방패 클리페우스(아스피스)를 썼다. 『하퍼스 고대 사전』에 수록된 삽화.

• 플루타르코스는 카이로네이아 출신이다.

대열을 맞추는 온갖 다양한 나라의 병사들의 아우성과 소란으로 대기가 터져나갈 듯했다. 나아가 적은 값비싼 장비를 드러내고 자랑해 보였는데 이 행동은 공포를 유발하는 데 쓸모와 효과가 없지 않았다. 금은으로 화려하게 장식한 갑옷의 광택, 메디아와 스퀴티아 산 의복의 깊고 다채로운 빛깔은 청동, 그리고 번쩍이는 철기와 뒤섞여 적이 이리 밀리고 저리 밀릴 때마다 현란하고 공포스러운 광경을 자아냈다. 로마군은 참호 뒤에 웅크리고 꼼짝하지 못했다. 술라는 그 어떤 논리로도 병사들의 공포를 지울 수 없었기에 속수무책이었다. 후퇴하기 원하는 병사들을 강제로 전진시킬 수는 없었다. 술라는 자신을 비웃고 모욕하는 적의 모습을 애써 참아내야 했다.

그러나 바로 이것이 다른 무엇보다 술라에게 이득이 되었다. 상대는 술라를 우습게보았기 때문에 곧 심하게 흐트러졌다. 흐트러지기 전에도 장군들의 명령에 전적으로 복종하지 않았다. 지휘권을 가진 이들이 워낙 많았기 때문이다. 따라서 참호로 에워싸인 진영 내에 남은 병사는 적었고 대부분은 약탈과 노략질의 유혹에 빠져 진영에서 며칠은 행군해야 닿을 수 있는 지역으로 흩어졌다. 그들은 파노페를 파괴한 것으로 전해지며 레바데이아를 유린하고 사제들로부터 재물을 빼앗았다고 한다. 그러나 그 어느 장군도 이를 지시한 적이 없었다.

술라는 도시들이 눈앞에서 파괴되는 것을 보고 약이 올라 안달할 뿐 달리 손을 쓰지 못했다. 그럼에도 병사들이 가만히 노는 꼴은 보지 못했다. 그래서 병사들로 하여금 웅덩이를 파서 케피소스 강의 물길을 돌리게 했다. 술라는 누구에게도 휴식을 주지 않았고 태만한 사람은 가차 없이 벌하는 모습을 보여주었다. 일에 지친 병사들이 고생을 피하기 위해서라도 위험을 환영하기를 바랐기 때문이다. 실제로 그렇게 되었다.

고된 노동이 시작된 지 사흘째 술라가 곁을 지나가는데 병사들이 적과 싸우게 해달라고 애원하며 소리쳤다. 그러나 술라는 병사들의 말이 전투를 원하는 마음이 아닌 노동을 꺼리는 마음에서 나왔다고 했다. 그러고는 손가락으로 한 봉우리를 가리키더니 진정으로 싸우고 싶다면 무기를 들고 당장 그곳으로 가라고 했다. 그가 가리킨 곳은 한때 파라포타미오이의 아크로폴리스가 있던 곳이었다. 그러나 도시는 파괴된 뒤였고 바위투성이의 가파른 봉우리만이 남아 있었다. 이 봉우리와 헤딜리온 산은 앗소스 강을 사이에 두고 그 너비만큼 서로 떨어져 있었다. 앗소스 강은 헤딜리온 산 아래에서 케피소스 강과 합쳐지는데 합류된 뒤 물의 흐름이 성급해지기 때문에 봉우리는 진영을 치기에 알맞은 곳이었다.

그래서 술라는 그 봉우리를 선점하고 싶었다. 적의 칼카스피데스, 즉 청동 방패를 든 병사들이 봉우리를 향해 전진하는 것을 보았기 때문이기도 하다. 술라는 봉우리를 선점하는 데 성공했다. 병사들이 어느새 전투 의욕으로 충만해 있었기 때문이다. 한편 이 봉우리를 차지하지 못하고 밀려난 아르켈라오스는 카이로네이아를 향해 전진했다. 그러자 술라의 군대에 있던 카이로네이아 병사들은 조국이 비참한 운명을 맞도록 내버려두지 말라고 애원했다. 술라는 호민관 가비니우스에게 1개 군단을 주어 보냈고 카이로네이아 사람들도 함께 가게 해주었다. 카이로네이아 병사들은 가비니우스보다 먼저 성안으로 들어가기를 바랐으나 그렇게 하지 못했다. 가비니우스가 매우 효율적으로 움직였을 뿐더러 구원을 애걸한 사람들보다, 구원에 더 큰 의욕을 보였기 때문이다. 그러나 유바는 술라가 보낸 사람이 가비니우스가 아닌 에리키우스라고 말했다. 아무튼 나의 조국은 그렇게 가까스로 위험에서 벗어났다.

XVII.

레바데이아와 트로포니오스의 동굴*에서는 승리를 점치는 희망적인 예언과 신탁이 나와 로마로 보내졌다. 이에 관해서는 레바데이아 사람들이 할 말이 더 많지만 술라 역시 회고록 10권에서 예언에 대해 이야기하고 있다. 헬라스에서 사업을 하는 이름 난 로마인 퀸투스 티티우스가, 카이로네이아에서 갓 승리를 얻은** 술라에게 트로포니오스의 예언을 갖고 왔다는 것이다. 예언에 따르면 술라는 같은 지역에서 재차 전투를 하여 승리할 운명이었다.

퀸투스 티티우스 다음으로는 군단병 살베니우스가 신의 예언을 전했다. 이탈리아에서 벌어지고 있는 사태의 결말에 관한 예언이었다. 아무튼 두 사람은 신탁의 출처에 관해서는 같은 목소리를 냈다. 두 사람 모두 제우스 올륌피오스만큼 아름답고 위엄 있는 신을 목격했다고 말한 것이다.

이윽고 술라는 앗소스 강을 건너 헤뒬리온 산기슭으로 전진했다. 그리고 아르켈라오스가 내려다보이는 곳에 진영을 쳤다. 아르켈라오스는 아콘티온 산과 헤뒬리온 산 사이, 이른바 앗소스의 들판에 참호로 에워싸인 견고한 진영을 치고 있었다. 그가 진영을 친 곳은 오늘날까지도 아르켈라오스라고 불린다. 하루 동안 휴식을 취한 술라는 무레나에게 1개 군단, 2개 코호르스***를 주고 적이 전진하려고 시도하면 방해할 것을 지시했다. 그리고 자신은 케피소스 강둑에서 제물을 바친 뒤 의식을 마치

• 레바데이아에는 신탁을 전하는 사제가 머무는 땅 밑 동굴이 있었다. 델포이의 아폴론 신전을 건축한 트로포니오스와 관련된 이 동굴에 신탁을 얻으러 들어간 사람은 엄청난 공포에 휩싸인 나머지 다시는 웃지 않았다는 말도 있다.

•• 「술라」편 XIX 권.

••• 코호르스는 이탈리아 동맹군의 병사들로 이루어진 단위 병력(420명)을 뜻하기도 하고 군단(레기오)을 구성하는 단위를 의미하기도 한다. 군단은 로마 시민들로 이루어져 있었으며 공화정이 전성기에 이르렀을 당시에는 기병 300명, 보병 4,200명(10개 코호르스)으로 구성되었다.

자마자 카이로네이아를 향해 이동했다. 거기 파견되어 있던 병력을 데리고 이미 적의 손에 들어간 투리온을 정찰하기 위함이었다. 투리온은 원뿔 형태의 언덕으로 봉우리에는 바위가 많아 울퉁불퉁했다.내 고향에서는 이 봉우리를 오르토파고스라고 부른다 언덕 밑에는 몰로스 강과 아폴론 투리온의 신전이 있다. 전해지는 말에 따르면 투리온이라는 별명은 투로라는 여인의 이름에서 온 것인데 이 여인은 카이로네이아의 시조 카이론의 어머니였다.*

술라가 카이로네이아로 다가가자 성안에 파견되어 있던 호민관은 완전무장한 병사들을 이끌고 술라를 맞이하러 나왔다. 그의 손에는 월계관이 들려 있었다. 술라는 관을 받은 다음 병사들에게 인사를 건네고 다가올 위험에 대비하여 사기를 돋우었다. 그때 카이로네이아 사람 호몰로이코스와 아낙시다모스가 다가왔다. 두 사람은 병사 몇 명만 붙여주면 투리온을 점령하고 있는 적을 무찌르겠다고 했다. 그들 말에 따르면 적의 눈에 띄지 않고 투리온으로 가는 길이 있었다. 페트라코스에서 출발하여 무세이온을 지나는 이 길을 따라가면 적이 내려다보이는 지점으로 갈 수 있었다. 그 지점에서는 적을 덮쳐 돌로 죽이거나 들판으로 몰아내는 것이 어렵지 않을 터였다.

기비니우스가 두 사람의 용기와 신의를 보장한다고 말하자 술라는 작전을 시도해 보라고 지시했으며 자신은 전투 대열을 가다듬는 일을 계속했다. 기병을 양 날개에 배치한 뒤 술라 자신은 오른쪽 날개의 지휘를 맡았으며 왼쪽은 무레나에게 맡겼다. 부관 갈바와 호르텐시우스는 뒤편에 있는 고지대에 자리를 잡고 코호르스들을 대기시켰다. 측면 공격에 대비하기 위해서였다. 관찰 결과 적은 수많은 기병과 경보병들을 이용하여 양 날개를 유연하고 가볍게 만들고 있었다. 날개를 펼쳐 로마군을 에워쌀 속셈이었다.

XVIII.

한편 술라의 지시에 따라 에리키우스의 지휘 아래 들어간 카이로네이아 사람들은 눈에 띄지 않고 투리온을 에둘러 적의 위로 갑작스럽게 모습을 드러냈다. 적은 극심한 혼란에 빠져 도망가기 바빴고 그 와중에 서로의 손에 죽임을 당했다. 제자리를 지키기는커녕 가파른 경사를 허둥지둥 뛰어 내려가느라 자기 창에 찔리는가 하면 낭떠러지를 향해 우르르 몰려들었기 때문이다. 그동안 로마군은 위에서 밀고 내려오며 노출된 적의 몸뚱이를 가격했고 그 결과 투리온에서만 적병 3천 명이 죽었다.

도망친 적병들 가운데 일부는 이미 대열을 갖추고 서 있던 무레나와 맞닥뜨렸고 앞을 가로막힌 채 죽임을 당했다. 자기편 진영까지 밀고 나간 적병도 있었으나 무턱대고 전열 속으로 뛰어드는 바람에 자기편 대부분을 공포와 혼란에 빠뜨렸다. 그러자 적의 장군들은 명령을 늦출 수밖에 없었고 무엇보다 이것이 특히 많은 피해를 가져왔다.

적이 혼란에 빠져 있는 틈을 놓치지 않고 술라가 즉각 공격을 감행했다. 그가 두 군대 간의 간격을 빠르게 좁혀나가자 낫이 달린 전차가 쓸모를 잃었다. 이 전차는 한참 달려야만 속도가 붙고 추진력을 얻어 상대방의 대열을 뚫고 들어갈 수 있었기 때문이다. 그러나 출발 거리가 좁으면 전차의 효과가 떨어지고 전차는 제 힘을 다하지 못한다. 충분한 추진력을 얻지 못한 화살과 다름없는 신세가 되는 것이다.

앞장 선 전차들은 힘없이 다가와 둔한 움직임으로 공격했다. 로마인들은 전차를 무찌른 뒤 손뼉을 치며 웃었고 더 와보라고 하였다. 경기장에서 경주를 관람하는 태도와 다르지 않았다. 그러자 보병대가 공격을 해왔다. 적은 장창長槍을 정면으로 내밀고, 방패를 맞잡아 대열을 유지하려고 하였다. 반면 창을 버리고 칼을 뽑은 로마군은 적의 장창을 옆으로 밀어내려고 하였다. 광분한 나머지 서둘러 적과 맞붙고 싶었던 것이다. 그들이 광분한 이유는 적의 선두에 노예 1만 5천 명이 버티고 서 있었기 때문이다. 미트리다테스 왕의 장군들이 각 도시의 노예들을 해방시킨 뒤 중장비 보병으로 징집한 것이다. 전해지는 말에 따르면 로마의 어느 백인대장은 사투르날리아•도 아닌데 노예들이 설친다고 불평했다. 그러나 노예들은 겹겹이 촘촘하게 열을 이루고 있었고 비정상적인 용기를 자랑하며 물러서지 않았으므로 로마군의 중장비 보병들이 이들을 물리치는 데 매우 오랜 시간이 걸렸다. 그러나 로마군의 대열 뒤편에서 아낌없이 날아오는 불화살과 투창에 적은 마침내 혼란에 빠져 물러서고 말았다.

XIX.

그러자 아르켈라오스는 우측 날개를 뻗어 술라가 있는 대열을 에워싸려고 했고 그것을 본 호르텐시우스는 재빨리 데리고 있던 코호르스를 급파했다. 아르켈라오스를 측면에서 공격하기 위함이었다. 그러자 아르켈라오스는 휘하의 기병 2천 명에게 신속하게 방향을 바꾸라고 지시했고 호르텐시우스는 적병의 수에 압도되어 옆으로 물러날 수밖에 없었다. 언덕으로 몰리며 전열에서 조금씩 멀어지던 호르텐시우스는 적에게 포위될 위험에 처했다.

우측 날개를 맡고 있던 술라는 호르텐시우스의 소식을 듣고 신속하게 움직여 호르텐시우스를 구하러 왔다. 우측 날개는 그때까지 교전에 참여하고 있지 않았다. 그러나 술라의 병력이 일으키는 흙먼지를 본 아르

• 사투르누스 신을 기리는 축제 사투르날리아가 열리는 동안만은 주인은 노예를 동등하게 대우했다고 한다.

켈라오스는 호르텐시우스를 못 본 체하고 도로 방향을 바꾸었다. 그리고 좀 전까지만 해도 술라가 맡고 있었던 우측 날개를 치러 갔다. 지휘관이 없는 틈을 타 기습 공격을 시도한 것이다.

이 와중에 무레나 또한 탁실레스가 이끄는, 청동 방패를 든 병사들에게 공격을 받았다. 그리하여 양쪽에서 고함 소리가 들려오고 이 소리가 에워싼 언덕에 부딪혀 메아리치자 술라는 둘 중 어느 방향으로 향해야 할지 알 수가 없었다. 그러나 결국 원위치를 지켜야겠다고 결정한 술라는 호르텐시우스에게 4개 코호르스를 주어 무레나에게 보냈고 그 자신은 남은 1개 코호르스에게 따라오라고 지시한 뒤 서둘러 우측 날개로 갔다. 우측 날개는 술라 없이도 이미 아르켈라오스와 동등한 싸움을 하고 있었다. 술라의 힘이 더해지자 우측 날개는 전 지점에서 적을 물리쳤고 강과 아콘티온 산을 향해 허겁지겁 달아나는 적을 추격했다.

한편 술라는 위험에 처한 무레나를 방치하지 않고 무레나 측의 병력을 도우러 나섰다. 그러나 무레나의 병력 또한 승리한 것을 본 술라는 함께 적을 추격하기 시작했다. 들판에서 죽임을 당한 적병도 많았으나 대부분 참호를 향해 뛰어가다가 칼부림을 당했다. 그리하여 셀 수 없이 많은 적의 병사들 가운데 살아남은 수는 1만에 지나지 않았다. 그러나 술라의 말에 따르면 로마군이 잃은 병사는 겨우 열네 명이었으며 그 가운데 두 명은 저녁 무렵 진영으로 돌아왔다.

그리하여 술라는 승전비에 마르스와 빅토리아, 베누스의 이름을 새겼다. 전쟁에서 승리할 수 있었던 이유를 전술과 군사력뿐만 아니라 행운에 돌린 것이다.*

XX.

이 전투가 있은 후 술라는 반대파 사람 플락쿠스가 집정관에 선출되어 군대를 이끌고 이오니아 해를 건너고 있다는 소식을 들었다. 명목은 미트리다테스와 싸우는 것이었으나 실은 술라와 맞서는 것이 목적이었다. 그리하여 술라는 플락쿠스를 만나기 위해 텟살리아로 향했다.

그러나 멜리테이아에 다다른 술라에게 새로운 소식이 들려왔다. 소식에 따르면 술라가 금방 떠나온 지방이 다시금 미트리다테스의 군대에 의해 짓밟히고 있었고 병력의 크기도 전보다 작지 않았다. 도릴라오스가 커다란 함대를 이끌고 칼키스에 정박했기 때문이었다. 이 함대에 타고 있던, 미트리다테스의 병사들 가운데 가장 태도가 바르고 훈련이 잘된 병사 8만 명이 보이오티아로 쏟아져 들어와 그 지방을 점령한 것이다.

도릴라오스는 술라와 싸우고 싶은 마음이 간절했다. 그리하여 아르켈라오스의 반대에도 아랑곳하지 않았으며 어떤 변절행위가 없었다면 그토록 많은 병사들이 죽었을 리 없다고 주장했다. 그러나 신속하게 되돌아온 술라는 아르켈라오스가 분별 있는 사람이며 로마군의 용맹을 가장 잘 알고 있는 사람이라는 것을 입증했다. 틸폿시온 근처에서 도릴라오스와 가볍게 맞붙은 것이다. 충돌이 있자마자 도릴라오스는 누구보다 황급히 생각을 바꾸었다. 한 번의 전투로 성급하게 승패를 가르는 것보다 시간과 재물의 힘으로 전쟁을 끄는 것이 낫겠다고 여긴 것이다.

그럼에도 아르켈라오스는 자기 진영이 위치한 오르코메노스 주변의 지형을 보고 기운을 얻었다. 기병대가 우월한 군대에게 가장 유리한 지형이었기 때문이다. 보이오티아의 모든 들판을 통틀어 그곳이 가장 넓고 아름다웠다. 도시 오르코메노스에서 시작해서, 멜라스 강이 모습을 감추는 늪지대까지 나무 하나 없이 평탄하게 뻗어나가는 들판이었다. 멜라스 강은 오르코메노스 근처 땅 밑에서 발원하는데 발원지에서부터 수량이 풍족해 배를 띄울 수 있는 강은 헬라스에서 이 강이 유일하다. 게다가 하지가 가까워질 무렵에는 마치 나일 강처럼 물이 불어나고 나일 강 근처에 자라는 식물도 이곳에 자라는데 키가 작고 열매를 맺지 않는다는 것이 다를 뿐이다. 그러나 강의 총 길이는 짧고 대부분의 강줄기는 깊이를 알 수 없는, 늪과 다름없는 못 속으로 사라지고 소수만이 케피소스와 합류한다. 이 합류 지점 근처의 고인 물에서는 피리의 재료가 되는 이름난 갈대가 자라난다고 한다.

XXI.

두 군대가 근거리에 진영을 치고 난 뒤 아르켈라오스는 움직이지 않고 가만히 있었으나 술라는 양쪽으로 참호를 파기 시작했다. 가능하다면 기병대에 유리한 굳은 땅으로부터 적을 차단하고 습지로 몰아넣기 위함이었다. 그러나 적은 이를 두고 보지 않았고 장군들의 지시를 받자마자 전속력으로 맹렬히 달려들었다. 이에 술라의 일꾼들이 흩어졌을 뿐 아니라 일꾼들을 보호하기 위해 배치된 병력 대부분이 혼란에 빠져 도망쳤다. 바로 그때 술라가 말에서 뛰어 내려 표장을 빼앗아 쥐고는 적을 피해 달아나는 부하들에게 외쳤다.

“로마인들이여, 나는 여기서 명예로운 죽음을 맞겠다. 그러나 누군가 그대에게, 그대의 지휘관을 배신한 곳이 어디냐고 묻거든 잊지 말고 대답하라. 오르코메노스라고."

그러자 도망가던 병사들은 자극을 받아 돌아섰고 우측 날개를 맡은 2개 코호르스가 술라를 도우러 왔다. 술라는 이들을 이끌고 적과 싸워 패주시켰다. 그런 뒤 조금 물러서서 병사들에게 아침을 먹이더니 계속해서 적의 진영을 고립시키기 위한 참호를 파게 했다. 그러나 적은 또다시 더 질서 있게 공격을 해왔다. 아르켈라오스의 양아들 디오게네스는 우측 날개에서 당당히 싸우고 영광스러운 죽음을 맞았다. 한편 궁수들은 로마군이 바짝 추격해 오는 통에 활을 당길 공간조차 없었다. 그래서 활을 한 주먹 쥐고는 그것을 코앞에 있는 적을 향해 칼처럼 휘두르며 물리쳐 보려고 했다. 그러다 마침내 진영 안에 고립된 채, 죽은 이들, 부상당한 이들과 함께 비참한 밤을 보냈다.

다음 날 술라는 또다시 병사들을 이끌고 적의 방벽을 향해 갔고 구덩이를 파는 일을 계속했다. 이어서 적병 대부분이 싸우러 나왔고 술라와 맞붙더니 패주했다. 술라는, 당황한 나머지 저항조차 할 수 없었던 적의 진영을 순식간에 사로잡았다. 늪은 적의 핏물로, 못은 적의 시체로 가득 찼다. 전투가 벌어진 지 2백 년 가까이 지난 오늘날에도 진흙 속에는 수많은 화살과 투구, 철로 빚은 가슴받이의 파편, 외국산 칼이 파묻혀 있다. 카이로네이아와 오르코메노스에서 벌어진 전투에 관한 기록은 여기까지다.

XXII.

로마에서는 킨나와 카르보가 매우 저명한 시민들을 부당하게, 폭력적으로 다루고 있었다. 이들 가운데 많은 사람들이 술라의 진영을 피난처로 삼았고 폭정을 피해 그리로 모여들었다. 짧은 시간 내에 술라의 주변에 모여든 사람들은 원로원을 방불케 했다. 만고 끝에 아이들을 데리고 로마를 빠져나온 메텔라도 술라를 찾아왔다. 메텔라는 술라의 집과 교외의 저택이 반대파의 손에 불탔다는 소식을 가져왔다. 고향에 남은 술라의 지지자들이 그의 도움을 간절히 바라고 있다는 소식도 전했다.

술라는 잠시 고민에 빠졌다. 나라가 유린당하는데 외면할 수도 없었지만 미트리다테스와의 전쟁이라는 막대한 임무를 마무리 짓지 못하고 떠나는 것 또한 탐탁지 않았다. 이런 와중에 델로스에서 어느 상인이 찾아왔다. 마침 이름도 아르켈라오스였다. 상인이 비밀리에 가져온 전언 속에서 왕의 장군 아르켈라오스는 술라에게 막연한 기대를 갖고 몇 가지 제안을 하고 있었다.

이 몹시도 반가운 소식에 술라는 서둘러 아르켈라오스와 면담을 추진했다. 두 사람은 델리온 근처, 아폴론 신전이 있는 해변에서 만남을 가졌다. 아르켈라오스는 술라에게 아시아와 폰토스를 포기하라고 권유하며 회담을 시작했다. 포기하고 배를 띄워 로마의 내전을 해결하러 떠난다면 미트리다테스 왕으로부터 돈과 함선, 그리고 원하는 만큼의 병력을 받아주겠다고 했다. 그러자 술라는 이제 그만 미트리다테스를 잊으라고 응수했다. 미트리다테스 대신 왕관을 쓰고 로마와 동맹을 맺은 다음 함대를 넘기라고 권유한 것이다. 술라가 제안한 반역 행위를 몹시 혐오스럽게 받아들인 아르켈라오스에게 술라가 말했다.

"아르켈라오스 장군, 그대는 캅파도키아 사람이니 결국 타국 왕의 노예 아닙니까? 노예라는 말이 싫다면 친구라고 해둡시다. 그런 그대는 엄청난 보상에도 반역이라는 불명예를 거부하면서 감히 로마군의 지휘관, 다른 사람도 아닌 나 술라에게 반역을 제안하는 것이오? 병사 12만을 거의 다 잃다시피 하고 카이로네이아를 뜨더니 오르코메노스의 축축

한 땅에 이틀 간 몸을 숨긴 그 아르켈라오스가 당신 아니오! 보이오티아를, 시체가 너무 많아 지나다닐 수 없는 땅으로 만든 장본인이 당신 아니오!"

술라가 이렇게 몰아세우자 아르켈라오스가 어조를 바꾸었다. 그러더니 겸손한 탄원자의 입장에서 청하기를 전쟁을 멈추고 미트리다테스 왕과 화해해 달라고 했다. 술라는 아르켈라오스의 부탁을 받아들이고 협정을 맺었다. 미트리다테스는 아시아와 파플라고니아를 포기하고 비튀니아를 니코메데스, 캅파도키아를 아리오바르자네스에게 돌려주어야 했다. 또 로마에 2천 탈란톤을 지불하고 청동을 씌운 철갑선 70척과 그에 따른 장비를 넘겨야 했다. 그러면 술라는 미트리다테스가 차지한 다른 모든 영토에 대하여 그의 주권을 인정해 주고 투표를 통해 마케도니아를 로마의 동맹국으로 만들어 주겠다고 했다.

XXIII.

협정이 체결되자 술라는 방향을 바꾸어 텟살리아와 마케도니아를 지나 헬레스폰토스로 향했다. 아르켈라오스 역시 정중한 대접을 받으며 동행했다. 그러나 라릿사에 이르렀을 때 아르켈라오스가 위독한 상태에 빠졌다. 술라는 행군을 멈추고 아르켈라오스가 마치 자신의 부하인 양 정성껏 보살폈다. 이 때문에 술라는 카이로네이아에서 정정당당하게 싸우지 않았다는 의심을 샀다. 술라가 참주 아리스티온을 독약에 의한 사형에 처한 일도 의심을 받았다. 미트리다테스 왕의 다른 부하들은 포로로 잡고도 풀어준 반면 아르켈라오스와 적대 관계에 있던 참주 아리스티온 한 사람에게만 사형을 내렸기 때문이다.

그러나 의혹을 불러일으킨 가장 큰 사건은 그가 아르켈라오스에게 에우보이아 땅 1만 유게룸*을 선물한 일, 그리고 아르켈라오스에게 로마의 친구이자 동지라는 칭호를 준 일이었다. 아무튼 술라는 회고록을 통해 여러 의혹에 대해 반박하였다.

미트리다테스가 보낸 사절단이 도착한 것도 이때였다. 사절단에 따르면 미트리다테스 왕은 모든 조항을 받아들일 테니 다만 파플라고니아를 빼앗지 말라고 요청했으며 함선에 관한 한 어떠한 협의도 있을 수 없다고 말했다. 이에 격분한 술라가 말했다.

"뭡니까? 파플라고니아를 계속해서 지배하고 함선도 주지 않겠다는 겁니까? 나는 수많은 로마인의 목숨을 앗아간, 왕의 오른팔을 살려두었습니다. 왕이 내 앞에 와서 황송하게 절을 해도 부족하다는 말입니다. 아무튼 내가 아시아로 넘어가면 말이 달라지겠지요. 왕은 지금 페르가몬에 앉아, 본 적도 없는 전쟁을 지휘하고 있으니까요."

술라의 말에 겁을 먹은 사절단은 아무 대답도 하지 못했다. 그러자 아르켈라오스가 나서 술라에게 애원했다. 술라의 오른손을 잡고 눈물을 흘리며 달랜 것이다. 나아가 자신이 직접 왕에게 가보겠다고 제안했고 마침내 술라의 동의를 얻어냈다. 아르켈라오스는 술라가 요구하는 대로 협정을 맺겠으며 만약 왕을 설득하지 못한다면 제 손으로 목숨을 끊겠다고 했다. 아르켈라오스가 이와 같이 다짐하자 술라는 그를 왕에게 보내고 자신은 마이도이족의 영토를 침범했다. 영토 대부분을 약탈한 술라는 다시 방향을 돌려 마케도니아로 들어갔으며 필립포이필립피에서 아르켈라오스를 맞았다. 아르켈라오스는 모든 것이 잘 해결되었으나 미트리다테스 왕이 술라와 회담을 갖기를 고집한다고 전했다. 이는 무엇보다 핌브리아 때문이었다. 핌브리아는 반대파 집정관 플라쿠스를 죽인 뒤 미

• 1유게룸은 1평방킬로미터에 조금 못 미친다.

트리다테스의 장군들을 제압하고 왕을 향해 행군하고 있었다. 그러자 공포에 사로잡힌 미트리다테스는 차라리 술라와 손을 잡는 편이 낫겠다고 생각한 것이다.

XXIV.

그리하여 둘은 트로아스에 위치한 다르다노스에서 만났다. 미트리다테스는 그곳에 노가 장착된 함선 2백 척을 정박시켜 두고 있었다. 나아가 보병 병력에서 중장비 보병 2만 명을 차출해 대기시키고 있었고 기병 6천, 낫이 달린 전차도 다수 있었다. 반면 술라는 4개 코호르스와 기병 2백 명만을 데리고 있었다.

미트리다테스가 술라를 향해 다가와 손을 내밀자 술라는 먼저, 아르켈라오스가 내건 조건을 인정하고 전쟁을 멈출 생각이 있느냐고 물었다. 왕은 침묵을 지켰다. 술라가 말했다.

"본래 탄원자가 먼저 말하고 승자가 침묵을 지키는 법이지요."

그러자 미트리다테스가 변명을 시작했고 전쟁의 책임을 부분적으로는 신들에게 돌리고 부분적으로는 로마인들에게 돌리려고 했다. 그러나 술라가 왕의 말을 자르고 말했다.

"왕의 말솜씨가 뛰어나다는 것은 오래전부터 익히 들어왔지만 이제 인정해야겠습니다. 왕께서 저지른 추악하고 불합리한 행위를 그런 그럴듯한 변명으로 쉬지 않고 옹호하고 계시니 말입니다."

이어서 술라는 왕을 호되게 꾸중하고 왕이 저지른 일을 비난했으며 아르켈라오스를 통해 맺은 협정을 지키겠느냐고 되풀이해서 물었다. 왕이 그러겠다고 하자 술라는 포옹과 입맞춤으로 왕의 결정을 반겼다. 그리고 얼마 후 아리오바르자네스 왕과 니코메데스 왕을 불러 미트리다테스와 화해하게 했다. 이리하여 미트리다테스는 술라에게 함선 70척과 궁수 5백 명을 넘기고 폰토스를 향해 돛을 올렸다.

그러나 술라는 자신이 맺은 평화 협정에 병사들이 몹시 화가 나 있다는 것을 감지했다. 미트리다테스는 단 하루 만에 아시아에 있는 로마인 15만 명을 학살한, 누구보다 적대적인 왕이었다. 그런 그가 온갖 재물과 전리품을 싣고 떠나가는 광경은 끔찍했다. 그가 아시아에서 4년에 걸쳐 약탈하고 세금으로 징수한 것들이었다. 그러나 술라는, 미트리다테스와 핌브리아가 힘을 합쳐 공격해 온다면 막아낼 수 없을 것이라며 자신의 결정을 변호했다.

XXV.

이어서 술라는 튀아테이라에 진을 치고 있던 핌브리아를 상대하러 발길을 옮겼다. 그리고 핌브리아의 진영 근처에서 행군을 멈추고 진영의 방비를 구축하기 시작했다. 그러자 핌브리아의 병사들이 아무런 무장도 하지 않은 채 진영에서 쏟아져 나와 술라의 병사들을 반갑게 맞이했고 넘치는 의욕을 보이며 일손을 도왔다. 병사들의 배신을 지켜본 핌브리아는 술라와 타협할 길은 없다고 생각하고 진영 안에서 제 손으로 목숨을 끊었다.

이윽고 술라는 아시아에 2만 탈란톤이라는 공동 벌금을 매겼다. 나아가 병사들을 민가에 숙영하게 만들었는데 병사들은 무례하고 난폭한 행위를 일삼아 가정을 짓밟았다. 게다가 주어진 명령에 따르면 각 가정은 숙영하는 병사에게 매일 4테트라드라크몬*을 주어야 했고 해당 병사와

• 4드라크메 상당의 은화.

병사가 초대하고자 하는 모든 친구들에게 저녁 식사를 제공해야 했다. 게다가 군사 호민관에게는 매일 50드라크메와 의복 두 벌을 지급해야 했다. 한 벌은 집안에서 입기 위한 것이었고 다른 한 벌은 외출용이었다.

XXVI.

에페소스에 있던 함선 전부를 이끌고 바다로 나간 지 사흘 만에 술라는 페이라이에우스에 닻을 내렸다. 이어서 그는 비밀 의식에 입문하고 테오스 사람 아펠리콘의 서재를 빼앗았다.*

술라가 아테나이에서 시간을 끌고 있는 동안 발의 감각이 무디어졌고 무거움이 느껴졌는데 스트라보는 이것이 통풍의 징후라고 하였다. 따라서 술라는 해협을 건너 아이뎁소스로 갔다. 거기서 온천욕을 하며 휴식을 취하고 연극배우들과 어울려 즐거운 시간을 보냈다. 하루는 해변을 걷고 있는데 어부들이 아주 괜찮은 물고기를 잡아왔다. 어부들의 선물에 감복한 술라는 어부들이 할라이 사람이라는 말을 듣고 되물었다.

"뭐라고? 살아남은 할라이 사람이 있었단 말이냐?"

술라는 오르코메노스에서 승리하고 적을 추격할 당시 보이오티아의 세 개 도시, 즉 안테돈, 라륌나, 그리고 할라이를 멸망시켰던 것이다. 어부들은 겁에 질려 아무 말도 못했지만 술라는 미소를 지으며 걱정 말고 가라고 했다. 그들이 보잘것없지 않고 미워할 수도 없는 중재자, 즉 먹음직한 물고기를 잡아온 덕택이었다. 할라이 사람들은 이 일로 인해 함께 고향으로 돌아갈 용기를 얻었다고 한다.

XXVII.

이후 텟살리아와 마케도니아를 지나 바다에 닿은 술라는 함선 1천2백 척을 이끌고 뒤르라키온에서 브룬디시움으로 건너가려고 준비하고 있었다. 뒤르라키온 근방에는 아폴로니아가 있고 그 근교에 뉨파이온이라는 성역이 있다. 이 성역은 푸른 골짜기와 들판에서 멈추지 않고 흘러나오는 불꽃을 다양한 지역으로 보낸다.

바로 이곳에서 사튀로스 하나가 잠을 자다 붙들려 술라에게 끌려갔다. 조각가나 화가가 소재로 삼곤 하는 바로 그 사튀로스였다. 술라는 여러 역관을 통하여 사튀로스에게 정체를 물었다. 그러나 마침내 입을 연 사튀로스는 알아들을 수 있는 말을 하는 대신 거친 소리로 울부짖었고 그 소리는 말의 울음소리도 아니고 염소의 울음소리도 아닌 것이 그 중간이었다. 술라는 기겁을 했고 사튀로스를 눈앞에서 끌어내라고 지시했다.

• 『디아나 여신과 요정들을 희롱하는 사튀로스 무리』. 루벤스의 그림.

• 두 사튀로스의 돋을 새김. 기원전 2세기경. 뮌헨 조각미술관.

•• 사튀로스는 신화 속에 자주 등장하는 반인반수의 존재이다. 그림은 루벤스의 『두 사튀로스』.

한편 병력을 이동시키려던 술라는 병사들이 이탈리아 땅에 닿는 즉시 여러 도시로 흩어질 것을 우려했다. 그리하여 병사들은 자진해서, 술라의 곁을 지키고 그의 명령 없이는 이탈리아에 아무 피해도 입히지 않을 것을 맹세했다. 또한 술라에게 자금이 많이 부족하다는 것을 알고 각자 형편에 따라 자유롭게 가진 것을 내놓고 기여금을 냈다.

그러나 술라는 병사들이 내놓은 것을 받지 않았다. 다만 병사들에게 고마움을 전하고 그들의 용기를 북돋은 다음 바다를 건넜다. 술라의 기록에 따르면 그가 상대해야 할 적은 450개 코호르스를 거느린 장군 열다섯 명이었다. 그러나 신은 그에게 의심할 수 없는 승리의 증표를 주었다. 그가 타렌툼에 상륙했을 때 제물의 간에서, 두 개의 끈이 달린 월계관•처럼 생긴 자국이 발견된 것이다.

바다를 건너기 직전에는 캄파니아의 티파툼 산 근처에서 숫염소 두 마리가 싸우는 모습이 목격되기도 했다. 두 염소는 마치 사람처럼 싸우고 있었다. 그러나 알고 보니 두 염소는 헛것에 지나지 않았고 천천히 땅

• 전형적인 승리의 관이 이렇게 생겼다.

위로 솟더니 희미한 유령처럼 공기 중으로 흩어지다가 마침내 눈앞에서 사라졌다. 얼마 지나지 않아 이 장소로 소小 마리우스와 집정관 노르바누스가 큰 병력을 이끌고 술라와 싸우러 왔다.

술라는 전투 명령을 내리지도 않고 병사들을 소속에 따라 구분하지도 않은 채 병사들 전반에 퍼진 왕성한 활기와 넘치는 용기만을 이용하여 적을 패주시키고 노르바누스의 부하 7천을 죽인 다음 노르바누스를 카푸아에 가두어 놓았다. 술라의 말에 따르면 병사들이 여러 개 도시로 흩어지지 않고 단결하여, 숫자에서 월등히 우세한 많은 적을 우습게볼 수 있었던 것은 바로 이 승리 덕분이었다.

나아가 술라는 실비움에서 폰티우스의 하인이 자신을 만나러 왔다고 말한다. 하인은 무엇에 홀린 듯한 모습으로 벨로나*가 우월한 전력과 승리를 보냈으나 서두르지 않는다면 카피톨리움이 불탈 것이라고 했다. 카피톨리움은 실제로 하인이 말한 날, 즉 퀸틸리스 달, 지금으로 치면 7월 엿새에 불탔다.

• 로마의 중심에 있는 신전이자 요새였던 카피톨리움. 『하퍼스 고대 사전』에 수록된 삽화.

이런 일도 있었다. 피덴티아에서 술라의 지휘관 마르쿠스 루쿨루스가 16개 코호르스를 데리고 적의 50개 코호르스와 맞설 때였다. 루쿨루스는 병사들이 준비가 되었다고 자신했으나 대부분이 무기를 갖고 있지 않았으므로 공격을 머뭇거렸다. 그러나 그가 기다리고 고민하는 동안 이웃하는 초원에서 산들바람이 불며 수많은 꽃송이가 날아왔고 병사들 위로 흩뿌렸다. 꽃송이들이 저절로 내려와 병사들의 방패와 투구를 감싸자 적은 이것을 승리의 화환이 얹힌 것으로 착각했다. 이렇게 되자 사기가 치솟은 루쿨루스의 병사들은 적과 맞붙어 승리하고 적병 1만8천 명을 죽인 뒤 진영을 사로잡았다. 이 루쿨루스가 훗날 미트리다테스와 티그라네스를 제압하는 그 루쿨루스의 형이다.

XXVIII.

그러나 술라는, 적이 여전히 수많은 군대와 엄청난 병력을 이끌고 그를 에워싸고 있는 것을 보았다. 그리하여 힘과 더불어 꾀를 쓰기로 하고 집정관 스키피오를 초대해 평화 협정을 맺고자 했다. 스키피오는 술라의 제안을 받아들였고 몇 차례 만남과 회담이 이루어졌다. 그러나 술라는 시간을 끌기 위해 계속해서 어떤 핑계를 끼워 넣었고 그러는 동안 자신의 병사들을 이용해 스키피오의 병사들을 서서히 끌어들였다. 술라의 병사들은 장군을 닮아 속임수와 온갖 사기에 능했다. 그래서 적의 진영으로 들어가 그들과 자유롭게 교류하며 서서히 상대편 병사들의 마음을 샀다. 돈을 주어 단번에 매수하기도 했고 허울 좋은 약속을 하기도 했으며 감언이설로 꼬드기기도 했다.

그리고 마침내 술라가 정식으로 20개 코호르스를 데리고 가까이 다가왔을 때 술라의 병사들은 스키피오의 병사들에게 인사를 건넸으며 스키피오의 병사들은 술라 쪽으로 넘어왔다. 혼자 남겨진 스키피오는 막사 안에서 붙들렸지만 곧 풀려났다. 한편 20개 코호르스를 미끼로 삼아 적의 40개 코호르스를 붙잡은 술라는 모든 병사들을 자기 진영으로 데리고 갔다. 술라 안에는 여우와 사자가 있는데 여우를 상대로 전쟁을 하는 것이 더 골치 아프다는 카르보의 말도 이때 나온 것이다.

• 전쟁의 여신.

이 일이 있고 시그니아에서 마리우스가 85개 코호르스를 이끌고 술라에게 싸움을 걸어왔다. 술라는 그날 당장 승패를 보고 싶은 마음이 간절했다. 꿈속에서 본 어떤 광경 때문이었다. 꿈에서 술라는 죽은 지 오래된 마리우스를 본 것 같았다. 마리우스는 아들 마리우스에게 다음 날 큰 재앙이 닥칠 것이니 조심하라고 이르고 있었다. 따라서 술라는 전투를 치르고자 하는 의욕에 불탔고 좀 떨어진 거리에 진영을 치고 있던 돌라벨라와 합류하고자 했다.

그러나 이때 적이 도로를 봉쇄하고 술라를 에워쌌다. 술라의 병사들은 길을 뚫기 위한 싸움을 하다가 지쳐 떨어졌다. 억수같은 비까지 내려 힘든 일을 더욱 힘들게 만들었다. 호민관들은 술라를 찾아와 전투를 미루어 주기를 간청했다. 그들은 지쳐 쓰러진 병사들과, 방패를 땅에 깔고 휴식을 취하는 병사들을 가리켰다.

술라는 마지못해 병사들을 물리고 진영을 치라는 지시를 내렸다. 그러나 병사들이 참호를 파고 그 앞에 방벽을 세우려는 순간 마리우스가 겁 없이 공격을 해왔다. 선두에 선 마리우스는 적이 무질서와 혼란에 빠진 틈을 이용하려고 했던 것이다. 곧이어 술라가 꿈속에서 들은 말이 현실이 되었다. 신의 덕택이었다. 술라의 분노가 병사들에게 전달되었고 병사들은 하던 일을 멈추고 참호 속에 창을 꽂은 후 칼을 뽑아들었다. 그리고 일제히 고함을 지르며 적과 가까운 거리에서 격투를 시작했다. 적은 오래 맞서지 못하고 도주했으며 엄청난 수가 살육을 당했다. 마리우스는 프라이네스테로 도망갔으나 성문이 이미 닫혀 있는 것을 보았다. 그러나 그때 누군가가 밧줄을 던졌고 마리우스가 이 밧줄을 허리에 매자 성벽 위로 끌어 올렸다.

그러나 페네스텔라를 비롯한 여러 사람들이 전하는 말에 따르면 마리우스는 이 전투에 대해 전혀 알지 못했으며 전투 신호가 주어졌을 당시 그는 잠과 피로가 몰려와 그늘진 곳에 몸을 누이고 있었다. 그는 후퇴가 시작된 후에야 가까스로 잠에서 깨어났다고 한다. 술라는 부하 스물셋을 잃었을 뿐 적병은 2만 명을 죽였고 8천 명을 포로로 잡았다고 전한다.

술라의 부하 장군 폼페이우스, 크랏수스, 메텔루스, 세르빌리우스도 술라의 다른 여러 작전을 성공으로 이끌었다. 그들이 적의 엄청난 병력을 전멸시키는 동안 저항은 미미하거나 없었다. 따라서 반대파의 주요 인물이었던 카르보는 밤을 틈타 자신의 군대를 버리고 도망가 리뷔에로 배를 띄웠다.

XXIX.

그러나 술라의 마지막 전투에서 삼니움 사람 텔레시누스는 마치 지친 승자와 겨루기 위해 대기하고 있는 제3의 선수처럼, 술라에게 발을 걸어 그를 패대기칠 뻔했다. 로마의 성문 코앞에서였다. 당시 텔레시누스는 루카니아 사람 람포니우스를 데리고, 마리우스가 포위 공격을 당하고 있는 프라이네스테로 가기 위해 상당한 병력을 모아놓고 있었다. 그러던 그에게 술라가 앞에서, 폼페이우스가 뒤에서 좁혀들고 있다는 소식이 들려왔다. 매우 용맹스럽고 노련한 군인이었던 텔레시누스는 적이 앞뒤를 막고 있다는 소식에 밤을 틈타 진영을 철수했고 온 병력을 이끌고 로마를 향해 행진했다.

방어태세를 갖추지 못한 로마는 여차하면 텔레시누스의 군대에 함락될 위기에 처했다. 실제로 텔레시누스의 군대는 콜리나 성문으로부터 겨우 10스타디온 떨어진 곳에서 야영을 하고 있었다. 그는 술라와 폼페이우스 같은 위대한 지휘관들을 속였다는 생각에 자신감이 넘치고 가슴이 벅찼다. 동이 틀 무렵 로마의 고귀한 젊은이들이 말을 몰고 그와 싸우러 왔다. 텔레시누스는 태생과 품성 모두가 뛰어난 압피우스 클라우디우스를 비롯한 여러 젊은이들을 제압했다.

그러자 나라 안에서 일대 소란이 벌어진 것은 당연하다. 여인들은 도시가 이미 습격을 당한 것처럼 비명을 지르며 여기저기 뛰어다녔다. 바로 그때 술라가 보낸 발부스가 기병 7백을 데리고 전속력으로 다가오는 것이 보였다. 그는 아주 짧은 동안 휴식을 취하며 말의 땀이 식기를 기다린 뒤 신속하게 다시 고삐를 그러잡고 적을 공격했다.

바로 이때 술라 또한 모습을 드러냈다. 그는 선봉에 선 병사들에게 신속하게 먹을 것을 제공한 뒤 전투 대형으로 배치했다. 돌라벨라와 토르콰투스는 술라에게 조금만 기다려 달라고 간절히 부탁했다. 두 사람의 주장에 따르면 병사들이 피로하고 지친 상황에서 중대한 전투를 치르는 것은 위험했다. 그들이 싸워야 할 상대는 카르보나 마리우스가 아니라 로마의 가장 뿌리 깊은 적이자 누구보다 호전적인 사람들로 이루어진 삼니움과 루카니아의 민족들이었다.

그러나 술라는 두 사람의 부탁을 무시하고 공격 나팔을 불게 했다. 오후 네 시가 다 되어갈 무렵이었다. 이어진 전투는 이전의 그 어느 전투보다 치열했다. 크랏수스에게 맡겨진 우측 날개는 눈부신 성공을 거두었다. 그러나 좌측 날개는 힘겨운 싸움을 했고 처참한 지경에까지 이르렀다. 이때 술라가 성격이 거칠고 매우 빠른 백마를 타고 도우러 왔다. 백마를 보고 술라를 알아본 적의 병사 두 사람은 창을 던질 준비를 했다. 술라는 이를 눈치 채지 못했지만 마부가 알아보고 잽싸게 채찍을 휘둘러 술라의 말을 출발시켰다. 창끝은 말의 꼬리를 스치고 땅에 가서 박혔다.

다른 이야기에 따르면 술라는 전투에 나갈 때마다 델포이에서 가져온 아폴론의 작은 황금 신상을 가슴에 넣고 다녔다. 좌측 날개가 무너지던 와중 그는 신상을 꺼내 다정하게 입을 맞추며 말했다.

"오, 퓌토의 아폴론이시여, 신께서는 여러 전투 때마다 이 복받은 코르넬리우스 술라에게 영광을 주시고 저를 위대한 사람으로 추켜세워 주셨습니다. 그런데 고향의 성문 앞까지 절 데려오신 지금 절 버리시고 동포들과 수치스러운 죽음을 맞게 내버려두시려는 겁니까?"

술라는 이렇게 신의 이름을 부르며 부하 병사들을 달래기도 하고 위협하기도 하고 붙잡기도 했다고 한다. 그러나 마침내 좌측 날개는 완전히 산산조각 났고 술라는 여러 동료와 지인들을 잃고 후퇴하는 병사들과 함께 진영으로 돌아왔다. 전투를 지켜보기 위해 성 밖으로 나온 이들 중에서도 적지 않은 수가 짓밟혀 죽임을 당했다. 따라서 로마의 운명은 끝이 난 듯 보였고 프라이네스테에서 벌어지고 있는 마리우스에 대한 포위 공격 역시 중지된 것이나 다름없는 듯했다. 실제로 수많은 도망자들이 프라이네스테로 가서 포위 공격의 지휘를 맡은 루크레티우스 오펠라에게 서둘러 진영을 철수하라고 했다. 술라가 패배했고 로마가 적의 손에 들어갔다고 알린 것이다.

XXX.

그러나 밤이 꽤나 깊어갈 무렵 크랏수스가 보낸 전령이 술라의 진영에 닿았다. 크랏수스와 부하 병사들을 위한 식량을 요청하러 온 전령이었다. 크랏수스는 적을 물리친 다음 뒤쫓아 안템나이까지 간 뒤 성벽 앞에 진을 치고 있었던 것이다. 술라는 이 소식과 함께 적의 대부분이 괴멸했다는 소식을 접하고는 동이 틀 무렵 안템나이에 모습을 드러냈다.

안템나이 시민 3천 명은 대표단을 구성해 술라에게 자비를 베풀어 주기를 간청했다. 술라는 그들이 적군에게 어떤 방식으로든 피해를 입힌 뒤 그를 찾아온다면 안전을 보장해 주기로 했다. 그리하여 안템나이 사람들은 술라의 약속을 믿고 성안에 있는 나머지 사람들을 공격했고 서로의 손에 많은 사람들이 죽었다. 살아남은 사람들은 양측을 합해 6천이었다. 술라는 이들을 로마의 원형 경기장에 몰아넣었다. 그리고 벨로나 신전으로 원로원 의원들을 소집했다.•

술라가 원로원 의원들 앞에서 말을 시작하는 순간, 지시를 받은 술라의 부하들은 원형 경기장에 모인 6천 명을 도륙하기 시작했다. 좁은 공간에서 그토록 많은 사람들이 학살을 당했으니 그들이 내뱉은 비명이 허공을 가득 채운 것은 당연했다. 원로원 의원들은 할 말을 잃고 말았다. 그러나 술라는 연설을 시작할 때의 차분하고 무심한 표정을 유지하며 자신의 말에 귀 기울이라고 했다. 그리고 밖에서는 죄인들이 명령에 따라 벌을 받고 있는 중이니 걱정하지 말라고 타일렀다.

일이 이렇게 되자 제 아무리 어리석은 로마 사람이라도 폭군이 바뀐 것뿐이지 폭정에서 구원된 것이 아님을 깨닫게 되었다. 적어도 아버지 마리우스는 처음부터 타고난 잔혹성을 보였고 권력은 그의 성품을 격화시켰을지언정 바꾼 것은 아니었다. 그러나 술라의 경우 처음에는 타고난 행운을 적당히, 정치가답게 사용했으므로 사람들은 그가 귀족들의 편에 선다고 해도 여전히 평민에게 도움을 줄 것이라고 기대했다. 나아가 어린 시절 그는 성격이 밝았고 쉽게 연민의 눈물을 흘리곤 했다. 그러므로 술라의 행동으로 인해 엄청난 권력을 보장하는 관직에 대한 부정적인 시각이 생겨난 것은 자연스럽다. 관직이 사람의 기존 성격을 바꾸고 사람을 변덕스럽고 허황되고 잔인하게 만들 수 있다는 믿음이 퍼진 것이

• 원형 경기장과 벨로나 신전은 모두 마르스의 들판에 있었다.

다. 그러나 술라가 보인 변화가 운명의 변화에 따른 본성의 변화 및 반전에 기인한 것인지, 권위를 얻자 기저에 있던 추악함이 드러난 데에 기인한 것인지 그것은 다른 글에서 결정할 몫이다.

XXXI.

이제 술라는 부지런히 학살을 시작했다. 정해진 숫자가 없는, 끝을 모르는 살육이 도시를 가득 채웠다. 누군가의 사적인 증오심을 채우기 위해 죽임을 당한 사람도 많았다. 자신과 아무 관계가 없어도 술라는 지지자들을 기쁘게 하기 위해 살육을 허락하곤 했다. 마침내 젊은 축에 속하는 가이우스 메텔루스가 원로원에서 술라에게 과감한 물음을 던졌다. 도대체 무슨 목적으로 죄악을 일삼는 것이며 얼마나 가야 끝이 보일지 물은 것이다.

"장군이 죽이려고 마음먹은 사람들을 살려달라고 말하는 것이 아닙니다. 단지 살리려고 마음먹은 사람들을 불안에서부터 해방시켜 주기를 바랄 뿐입니다."

술라가 누구를 살릴지 아직 알 수 없다고 대답하자 메텔루스가 말했다.

"그렇다면 누굴 벌할지 알려주십시오."

술라는 그렇게 하겠다고 했다. 다른 이야기에 따르면 저 마지막 말은 메텔루스가 아니라 술라에게 아첨하기 좋아하는 푸피디우스가 한 말이다. 아무튼 술라는 그 어느 판관과도 상의하지 않은 채 여든 개의 이름이 담긴 살생부를 고시했다. 그리고 군중의 비난에도 불구하고 하루 뒤 220명을 더했고 사흘째에도 같은 수를 더했다.

• 살생부가 내걸리자 동요하는 시민들을 표현한 삽화. 메리 맥그리거의 『로마 이야기』에 수록.

대중을 상대로 한 연설에서 자신의 조치를 언급하며 술라는 기억나는 대로 이름을 적고 있다고 말했으며 당장 생각나지 않는 사람들은 추후에 덧붙이겠다고 했다. 그는 또한 살생부에 이름이 올라간 사람을 보호하거나 구해주는 사람 또한 살생부에 포함시켰다. 인도적인 행위의 대가로 죽음을 약속한 것이다. 형제나 아들, 부모도 예외는 없었으며 살생부에 이름이 올라간 사람을 대신 죽이는 사람에게는 살인의 대가로 사례금 2탈란톤을 주었다. 노예가 주인을 죽이거나 아들이 아버지를 죽여도 상관없었다. 술라는 또한 살생부에 이름이 올라간 사람들의 아들과 손자들로부터 시민권을 빼앗고 재산까지 모조리 압수했는데 사람들은 바로 이 조치를 가장 부당하다고 여겼다.

나아가 이 살생부는 로마뿐만 아니라 이탈리아의 모든 도시에 만들어졌다. 신을 모시는 신전도, 손님을 따뜻하게 맞아주던 화롯가도, 아버지의 집도 죄다 피로 물들었다. 남편은 결혼한 아내에게 안긴 채, 아들은 어머니의 품에서 도륙을 당했다. 정치적 증오와 사적인 원한의 피해자가 된 사람들은 재산 때문에 살육을 당한 사람들에 비하면 아무것도 아니었다. 심지어 처형을 맡은 사람들조차 이 사람은 커다란 저택 때문에 죽었고 저 사람은 정원, 저 사람은 뜨거운 물이 나오는 욕탕 때문에 죽었다고 공공연히 말하곤 했다. 말이 없고 순박했던 퀸투스 아우렐리우스라는 사람은, 난리통에 자신에게 주어진 몫이라고는 다른 사람들의 불행을 위로해 주는 일뿐이라고 생각했다. 그러나 포룸으로 가서 살생부에 자신의 이름이 올라와 있는 것을 보고 나서는 이렇게 말했다고 한다.

"아이고, 내 신세! 알바눔에 있는 내 땅이 날 벌하는구나."

퀸투스는 멀리 가기도 전에 그를 추적해낸 사람의 손에 목숨을 잃었다.

XXXII.

한편 아들 마리우스는 포로로 잡히기 직전 스스로 목숨을 끊었다. 프라이네스테로 온 술라는 한 사람 한 사람에게 재판의 기회를 주는 것으로 시작했으나 얼마 후 시간이 부족했기 때문에 도시 사람들을 모두 한 곳에 몰아넣었다. 다해서 1만 2천 명이었다. 그리고 처형 명령을 내렸다. 오로지 프라이네스테의 주인만이 처형을 면제받았다. 그러나 고결한 기상을 갖고 있던 그는 나라를 도륙한 사람의 손에 목숨을 구하고 싶지 않다며 자진해서 동료 시민들과 함께 칼에 베여 죽었다.

그러나 누구보다 끔찍한 짓을 저지른 사람은 루키우스 카틸리나였다. 이 사람은 내전의 승패가 가려지기도 전에 형제를 죽이고는 술라에게 이 형제를 다른 산 사람들과 함께 살생부에 넣어달라고 부탁했다. 그렇게 해서 죽은 형제의 이름이 살생부에 올라갔다. 카틸리나는 술라의 도움에 보답하기 위해 반대파 사람 가운데 마르쿠스 마리우스라는 자를 죽였고 포룸에서 기다리는 술라에게 그의 머리를 가져왔다. 그런 다음 근처에 있는 아폴론 신의 정화수로 피 묻은 손을 닦았다.

XXXIII.

그러나 학살 사태 이외에도 술라의 여러 다른 조치가 불만을 가져왔다. 먼저 그는 자신을 독재관으로 칭하며 120년 만에 이 관직을 되살렸다. 나아가 그의 모든 과거 행적을 처벌로부터 면제하는 법이 통과되었다. 또한 그 시점부터 사람을 살리고 죽일 권리, 재산을 몰수할 권리, 식민 전쟁을 벌일 권리, 도시를 파괴하거나 설립할 권리, 왕국을 끌어내리거나 빼앗을 권리가 법으로써 술라에게 주어졌다. 또한 높은 자리에 앉아, 몰수한 땅을 몹시 거만하고 전제적인 방식으로 매매했기 때문에 술라는 도둑질을 할 때보다 선물을 내릴 때 더 큰 멸시를 받았다.

술라는 아름다운 여인이나 악사, 희극 배우, 최하 계층의 해방노예에게 다른 나라의 영토, 다른 도시의 세금 징수권 등을 선사했고 여인들은 자기 의지와 달리 술라가 아끼는 사람들에게 아내로 주어지곤 했다. 대大 폼페이우스와 사돈을 맺고 싶었던 술라는 심지어 그에게 이혼을 명령한 뒤 아이밀리아를 아내로 주었다. 아이밀리아는 술라의 아내 메텔라와 스카우루스 사이에서 태어난 딸이었다. 술라는 아이밀리아가 마니우스 글라브리오의 아이를 배고 있을 당시 아이밀리아를 남편과 떼어놓았다. 그러나 어린 아이밀리아는 폼페이우스의 집에서 출산 중에 숨졌다.

한편 포위 공격을 통해 마리우스를 패배시킨 루크레티우스 오펠라는 집정관 선거에 출마했고 술라는 곧장 그를 저지했다. 그럼에도 그가 열의에 넘치는 수많은 지지자들과 함께 포룸으로 내려오자 술라는 자신을 따르던 백인대장 한 명을 보내 그를 죽였다. 술라 자신은 카스토르 신전의 단상에 앉아 높은 곳에서 살인을 지켜보았다. 포룸에 있던 사람들이 백인대장을 붙잡아 술라 앞으로 끌고 오자 술라는 소란을 멈추라고 타이른 뒤 자신이 시킨 일이라고 말하고 백인대장을 놓아주도록 지시했다.

XXXIV.

왕으로부터 빼앗은 값비싸고 희귀한 전리품이 눈길을 끌었던 술라의 개선 행진은 추방되었던 시민들이 연출하는 뛰어난 장관 덕분에 더욱 빛났다. 훌륭하기 그지없고 영향력이 대단한 시민들이 화관을 쓰고 행렬을 뒤따르며 술라를 구원자이자 아버지라고 부르고 있었다. 술라 덕분에 아내와 자식들을 데리고 귀국할 수 있게 된 까닭이었다. 그리고 마침내 행진이 끝나자 술라는 대중을 향한 연설에서 자신의 업적을 나열했다. 술라는 용맹한 업적을 강조한 만큼 운이 좋았던 경우 역시 빼놓지 않았다. 이를 감안해서 술라는 마지막으로 "펠릭스"라는 별명을 자신에게 수여했다. 펠릭스는 운이 좋은 사람이라는 의미에 매우 가깝다.*

이처럼 술라는 자신의 업적보다 행운에 더 큰 믿음을 갖고 있었기에 수많은 시민들을 학살하고 나라의 정치 체제에 여러 커다란 혁신과 변화를 가져온 뒤에도 독재관직을 내려놓고 집정관 선거를 시민들의 손에 맡긴 것이다. 선거가 열렸을 때 술라 자신은 근처에 가지 않고 공직이 없는 사람답게 포룸을 오가며 책임을 묻고자 하는 모든 사람에게 자신을 있는 그대로 드러내 놓았다.

한편 술라의 바람과 달리, 술라에게 과감하게 저항하던 반대파 마르쿠스 레피두스가 집정관직에 당선될 것이 유력했다. 레피두스 자신의 노력 덕분이 아니라 폼페이우스가 민중의 표를 그에게 몰아주었기 때문이었다. 따라서 술라는, 승리를 기뻐하며 투표장을 나서는 폼페이우스를 보고 그를 불러 세워 말했다.

"카툴루스 대신에 레피두스가, 최고 시민 대신에 가장 변덕스러운 시민이 선출되게 하다니 참으로 잘한 짓이군! 적에게 힘을 실어 주었으니 이제 자네는 극도로 조심해야 할 거야."

술라의 이런 말은 예언과도 같았다. 순식간에 오만해진 레피두스가 폼페이우스와 그의 정당을 상대로 전쟁을 벌였기 때문이다.

XXXV.

전 재산의 10분의 1을 헤라클레스에게 봉헌하면서 술라는 시민들에게 풍성한 잔치를 베풀었다. 술라가 제공한 먹을거리가 얼마나 많았으면 날마다 먹지 못한 고기가 강물로 던져졌고 시민들은 40년 이상 된 포도주를 마실 수 있었다. 그런데 며칠 동안 계속된 잔치 중에 메텔라가 앓아눕더니 죽을 위기에 처했다. 그러나 사제들은 술라가 메텔라의 곁에 가는 것을 금지했으며 메텔라의 장례로 술라의 집을 오염시켜서는 안 된다고 주장했다. 결국 술라는 메텔라에게 이혼장을 보내고 죽기 전에 메텔라를 다른 집으로 옮겼다. 미신을 믿었던 술라는 이 과정에서는 법을 철저히 지켰다. 그러나 장례를 치러줄 때가 되자 지출을 아끼지 않았다. 장례비용을 제한하는 법을 어길 정도였는데 이 법은 술라 자신이 제안한 법이었다. 그는 연회비용을 제한한 자신의 법을 어기기도 했다. 술라가 슬픔을 잊기 위해 개최한 주연과 흥겨운 만찬에서는 사치와 방종이 넘쳐났다.

몇 달 후 술라는 검투 경기에 가게 된다. 당시 경기장에서는 남녀가 따로 앉지 않고 섞여 앉는 것이 보통이었는데 술라의 자리에서 멀지 않은 곳에 매우 아름답고 태생이 훌륭한 어느 여인이 앉게 되었다. 이 여인은 연설가 호르텐시우스의 누이 멧살라의 딸이었고 이름은 발레리아였다. 마침 남편과 갓 이혼한 상태였다. 바로 이 발레리아가 술라의 등 뒤를 지나가다가 술라에게 손을 댔다. 겉옷에 붙어 있던 보풀을 떼어준 뒤 자기 자리로 향한 것이다. 술라가 휘둥그레 한 눈으로 바라보자 발레리아가 말했다.

"별일 아닙니다, 독재관님. 다만 독재관님의 지복을 조금이나마 가져가고 싶었답니다."

술라는 이 말을 듣고 불쾌해하기는커녕 호기심이 발동한 것이 틀림없다. 비밀리에 사람을 보내 여인의 이름을 묻고 여인의 집안과 과거에 대해 캐냈기 때문이다. 이어서 둘은 서로 눈길을 주고받더니 고개를 돌려 바라보는가 하면 미소를 나누었다. 마침내 정식 혼담이 오갔다.

이 일을 발레리아의 잘못으로 돌릴 수는 없을 것이다. 반면 발레리아가 매우 정숙하고 평판이 좋은 여인이었음에도 술라가 발레리아와 결혼한 것은 순수하고 고결한 목적에서가 아니었다. 술라는 철없는 청년처럼 여인의 겉모습과 가련한 태도에 이끌린 것이다. 그러한 것들이 불러일으키는 격정은 불명예와 수치를 알지 못한다.

XXXVI.

그러나 집에 그런 아내를 두고도 술라는 배우와 수금 연주자, 연극인들과 어울리며 하루 종일 긴 의자에 기대어 있곤 했다. 당시 술라에게 가장 큰 영향력을 행사할 수 있었던 사람은 희극 배우 로스키우스, 미무스• 주연 배우 소렉스, 여장에 능한 메트로비우스였다. 전성기가 지난 지 오래였지만 술라는 마지막 순간까지 메트로비우스에게 진심 어린 애정이 있었고 이를 부인하지 않았다.

이러한 삶의 방식 덕분에 술라는 병을 키우게 되었다. 시작은 심각하지 않았고 술라는 오랫동안 위장에 궤양이 있다는 것을 알지 못했다. 그러나 이 질병은 어느새 술라의 살갗 전체를 잠식했고 살갗을 기생충으로 바꾸어 놓았다. 여러 사람이 밤낮으로 달라붙어 이 기생충을 제거하는 일을 했지만 제거하는 숫자는 늘어나는 숫자와 비교하면 아무것도

• 로마 희극의 한 종류로 과장된 몸짓과 춤이 들어간 연극. 오늘날의 '마임'이라는 말이 여기서 유래한다.

아니었다. 술라의 의복과 욕조, 손 씻는 대야, 심지어 음식에도 기생충이 창궐할 정도로 부단히 흘러나온 것이다.

그래서 술라는 몸을 씻고 닦기 위하여 하루에도 여러 번 물속에 들어갔다. 그러나 소용없었다. 병세는 빠르게 악화되어 갔고 우글거리는 기생충은 아무리 씻어내도 줄어들지 않았다.

XXXVII.

술라는 자신의 죽음을 미리 알았을 뿐 아니라 죽음에 대해 기록을 남겼다고도 할 수 있다. 회고록 제22권을 쓰고 있던 술라는 죽기 이틀 전 집필을 멈추었는데 여기에는 술라에 대한 칼다이오이족의 예언이 기록되어 있다. 술라가, 운세가 가장 좋을 때 생을 마감하게 된다는 예언이었다.

메텔라가 죽기 얼마 전 세상을 떠난 아들이 꿈에 나타났다는 기록도 있다. 초라한 행색으로 나타난 아들은 아버지를 붙잡고 간청하기를 근심을 접고 자신과 함께 어머니 메텔라에게로 가서 조용하고 평화롭게 살자고 했다.

그럼에도 술라는 공무를 돌보기를 멈추지 않았다. 그 예로 죽기 열흘 전에는 디카이아르키아의 두 대립 정당을 화해시키고 도시의 통치 방식에 대한 법을 제정했다. 죽기 하루 전에는, 관리 그라니우스가 나랏돈을 꾸고도 곧 죽을지 모르니 갚기를 거부했다는 소식이 들려왔다. 그러자 그를 자기 방으로 불러 하인들로 에워싼 다음 교살을 지시했다.

그러나 이 과정에서 목과 온몸에 지나친 무리를 준 까닭에 농양이 터졌고 과도한 출혈이 발생했다. 이 결과 온몸에 기력이 쇠한 술라는 괴로운 밤을 지낸 뒤, 메텔라가 낳아준 두 어린 딸을 두고 세상을 떠났다. 발레리아가 술라의 딸을 낳은 것은 술라가 죽은 뒤였다. 발레리아는 이 딸의 이름을 포스투마라고 지었다. 로마에는 아버지가 죽은 뒤 태어난 여자 아이를 포스투마라고 부르는 풍습이 있었다.

XXXVIII.

이렇게 되자 많은 사람들이 의욕적으로 레피두스의 편에 섰다. 술라의 시신이 명예로운 장례 절차를 거쳐 묻히는 것을 막기 위함이었다. 이때 폼페이우스가 나섰다. 폼페이우스가 술라에게 불편한 마음이 없었던 것은 아니다. 술라의 동료들 가운데 폼페이우스만이 유언장에서 제외되어 있었기 때문이다. 그러나 그는 상냥하게 설득하고 간청하는가 하면 위협도 서슴지 않으며 레피두스파의 목적을 좌절시켰다. 그런 다음 시신을 로마로 옮겨 명예롭고 안전한 곳에 묻히도록 조치했다.

여인들이 장례를 위해 기증한 향신료가 얼마나 많았으면 가마 210틀에 나누어 운반하는 것으로도 모자라 술라의 형상과 수행원의 형상까지 값비싼 유향과 계피로 빚었다고 한다. 장례 당일 아침나절에는 날씨가 흐려 비가 올 것 같았다. 그러나 늦은 오후가 되어 시신이 화장용 장작더미 위에 놓이자 강한 바람이 장작더미를 타격했고 거센 불길을 일으켰다. 이어서 불꽃이 사라지고 장작에서 연기가 피어오르는 동안 땅에 묻을 유골이 수습되었고 이 일이 끝나자마자 세찬 비가 쏟아졌다.

이렇게 술라의 복은 마지막 순간까지 이어져 장례 의식마저 좌우한 듯하다. 아무튼 술라의 묘비는 캄푸스 마르티우스, 즉 마르스의 들판에 세워졌고 거기 새겨진 글귀는 술라 자신이 쓴 것이라고 한다. 요약하자면, 그와 같이 따뜻한 친구가 또 없었고 그와 같이 지독한 적이 또 없었다는 내용이었다.

I.

이제 술라의 생애까지 마저 기술했으니 비교를 해보도록 하자. 두 사람은 각자 스스로의 힘으로 위대하게 되었다는 점에서 유사하다. 그러나 정국이 안정적일 때 동료 시민들의 동의를 얻어 잇따라 고위직에 오른 사람은 뤼산드로스다. 그는 동료 시민들의 의지를 억지로 꺾지 않았으며 권력을 얻기 위해 법을 어기지도 않았다.

"그러나 소요의 시절에는 추악한 자도 명예를 누리는 법"이라고, 술라가 활동할 당시 로마에서는 시민들이 부패하고 위정자들이 불안에 빠진 상태였으므로 출신이 다양한 여러 사람들이 권력을 얻었다. 그리고 글라우키아와 사투르니우스와 같은 자들이 메텔루스와 같은 이들을 나라에서 쫓아낸 마당에 술라가 권력을 잡은 것은 놀랄 일이 아니다. 집정관의 아들들은 민회에서 학살을 당하는 상황이었고 금은만 있으면 무기를 살 수 있었으며 무기를 휘두를 사람도 구할 수 있었다. 불과 칼만 있으면 모든 반대를 물리치고 법을 제정할 수도 있었다.

그와 같은 상황에서 무력으로 최고 권력을 차지한 사람을 나는 탓할 수 없다. 그러나 나라가 그토록 추악한 꼴을 하고 있을 때 일인자가 되었다면 일인자라는 사실만으로 그가 누구보다 훌륭한 사람이라고 말할 수는 없다.

반면 뤼산드로스는, 스파르테의 나라 체제가 그 어느 때보다 훌륭하고 건전할 때 중대한 지휘권을 맡고 임무를 수행했으므로 스파르테의 일인자 중에 일인자, 최고 중에 최고라는 보증을 받은 것이나 다름없었다. 따라서 뤼산드로스는 종종 권력을 시민들의 손에 넘겼지만 그때마다 돌려받았다. 능력에 따라 명예가 부여된 까닭에 언제나 최고 지위를 지킬 수 있었던 것이다. 그러나 술라는 군대의 지휘관으로 단 한 번 선출된 뒤 10년 동안 집정관도 되었다가 독재관도 되었으나 언제나 찬탈자에 지나지 않았다.

II.

이미 언급했듯 뤼산드로스가 통치 형태를 바꾸려고 했다는 것은 사실이다. 그러나 술라보다 더 온건하고 합법적인 방식을 따랐다. 무력을 쓰거나 모든 것을 한꺼번에 뒤엎는 대신 설득을 통해, 단지 왕을 정하는 방식만을 수정한 것이다. 고귀한 신분이 아닌 탁월함 덕분에 헬라스의 패권을 쥐게 된 나라 스파르테의 우두머리가 최고 중의 최고여야 한다는 것은 어떤 면에서 매우 당연한 이치이다.

사냥꾼이 사냥개를 고를 때 특정한 개를 찾지 특정한 암캐의 새끼를 찾지 않고, 기수가 말을 고를 때 특정 암말의 망아지를 찾지 않듯그 망아지가 번식력이 없는 노새가 아니라고 누가 보장하겠는가 정치가가 군주를 고를 때 그가 어떤 사람인지 묻지 않고 누구의 자손인가 묻는다면 기막힌 실수를 하는 것이다. 실제로 스파르테 사람들은 왕이 왕답지 않고 변변치 못한 범부라고 해서 왕을 끌어내린 적이 있다. 또 악행이 수치스러운 것이라면 훌륭한 태생이 아닌 덕성 그 자체가 명예로운 것이어야 옳다.

나아가 한 사람의 경우 동료들을 위해 불의를 저질렀지만 다른 한 사람의 경우 동료들에게까지 불의를 저질렀다. 뤼산드로스가 동지들을 위해 위법을 했고 그가 저지른 학살의 대부분이 동지들의 권력과 지배권을 유지하려는 목적에서 이루어졌다는 것에 반대하는 사람은 적다.

그러나 술라는 시기심에서 폼페이우스의 병력을 잘라냈고 돌라벨라에게 부여한 해군 지휘권도 도로 빼앗으려고 했다. 그리고 루크레티우스 오펠라가 여러 헌신적인 노력에 대한 보상을 얻고자 집정관직에 출마하자 술라는 그를 처치하라는 명령을 내리고 그 광경을 지켜보았다. 그러자 누구보다 가까웠던 친구들을 죽이는 술라를 모두가 공포와 두려움의 눈으로 바라보게 되었다.

III.

더 나아가 재물과 쾌락의 추구를 고려할 때 한 사람의 방식은 지휘관이라는 지위에 어울렸고 다른 한 사람은 폭군에 더 어울렸다. 뤼산드로스는 상당한 권위와 힘을 가지고도 결코 방탕하거나 철없는 행동을 하지 않았다. "집에서는 사자, 밖에서는 여우"라는 옛말을 피해갈 수 있는 사람이 있다면 그가 바로 뤼산드로스였다. 그는 어딜 가든 냉정하고 스파르테적이며 절제된 삶의 방식을 보여주었기 때문이다.

그러나 술라의 경우 어린 시절의 가난도, 노년도 그의 욕망을 가두지 못했다. 술라는 지속적으로 혼인에 관련된 법과 사치를 규제하는 법을 만들어 시민들에게 적용시키면서도 그 자신은 음탕한 짓거리와 간음을 일삼았다. 이것은 살루스티우스의 말이다. 이런 과정에서 술라는 나라의 부를 탕진하고 나라를 빈곤에 빠뜨렸기 때문에 돈을 받고 동맹국과 우방국에게 자유와 독립을 팔아야 할 정도였다. 그러면서도 자신은 나날이 남의 재산을 압수했으며 무척이나 값지고 훌륭한 사유지들을 공매에 부쳤다.

실제로 술라가 호화로운 생활에 낭비하고 아첨꾼들에게 던져준 재물은 가늠할 수 없을 정도였다. 많은 사람들이 모인 가운데 값나가는 재산이 경매에 부쳐지는 공적인 자리에서도 술라는 경매관에게 영향력을 행사함으로써 친구에게 헐값에 물건을 넘겼다. 그러나 다른 입찰자가 더 높은 가격을 부르고 경매관이 선불금을 외치는 경우가 생기면 분노를 터뜨리며 말했다.

"사랑하는 시민들이여, 이토록 억울한 일이 어디 있으며 이런 도둑질이 또 어디 있습니까. 내 전리품을 내 마음대로 처리하지 못하다니."

공적인 자리에서 이러했던 술라가 사이좋은 사람들끼리 사귀는 흥겨운 자리에서 따지고 아꼈을 리가 만무하다.

그러나 뤼산드로스는 사적으로 받은 선물까지도 나머지 전리품과 함께 고향의 국고로 보냈다. 내가 뤼산드로스의 행위를 칭송하는 것은 아니다. 스파르테에 재물을 유입시킨 뤼산드로스의 행위는 로마의 돈을 빼앗은 술라의 행위보다 나라에 더 큰 해를 입혔다. 나는 다만 뤼산드로스가 돈에 얼마나 무관심했는지 말하고 싶을 뿐이다.

나아가 두 사람으로 인해 각 나라는 특수한 상황을 겪었다. 사치를 멈출 줄 모르던 술라는 시민들에게 건전한 생활을 강요하려고 했고 뤼산드로스의 경우 자신은 알지 못하는 욕망으로 도시를 가득 채웠다. 따라서 술라의 잘못은 자신이 만든 법의 기준에조차 미치지 못한 것이었고 뤼산드로스의 잘못은 시민들로 하여금 자신의 기준을 따라올 수 없게 만든 것이다. 자신은 돈에 대한 욕심을 버렸으면서 스파르테로 하여금 돈을 욕심내게 만들었기 때문이다. 정치가로서 두 사람의 영향은 이 정도였다.

IV.

그러나 전쟁에서의 활약, 장군으로서 세운 공적, 승전비의 개수, 나아가 맞닥뜨린 위험의 규모로 따지면 술라는 비교를 넘어서 있다. 뤼산드로스가 두 번의 해전에서 두 번 승리한 것은 사실이다. 아테나이를 포위 공격한 것도 업적에 넣을 수 있겠지만 그 일은 그에게 눈부신 명예를 가져다주었을지언정 그다지 힘든 일은 아니었다. 보이오티아에서, 무엇보다 할리아르토스에서 벌어진 일은 아마도 어떤 불운 때문이었을 것이다. 그러나 플라타이아에서 출발해 코앞까지 온 왕의 대병력을 기다리지 않은 것은 지각없는 행동이었다. 대신 증오와 야망에 굴복한 뤼산드로스는 적당하지 못한 시기에 성벽을 공격했으며 그 결과 성 밖으로 나온 몇 안 되는 오합지졸에게 패배했다.

치명상을 입었을 때 뤼산드로스는 클레옴브로토스처럼 레욱트라에서 적의 공격에 굳게 버티고 있었던 것이 아니다. 퀴로스나 에파미논다스처럼 부하를 격려하고 승리를 약속하고 있었던 것도 아니다. 클레옴브로토스와 퀴로스, 에파미논다스는 왕답고 장군다운 죽음을 맞았다. 반면 뤼산드로스는 평범한 경무장 보병이나 돌격병처럼 불명예스럽게 목숨을 내팽개쳤다. 그는 또한 성벽으로 둘러싸인 도시에 공격을 삼간 고대 스파르테 사람들이 지혜로웠음을 몸소 증언했다. 성벽에서는 평범한 사람뿐만 아니라 아이나 여인도 운만 따르면 파리스가 성문에서 아킬레스를 죽였듯 강력한 전사를 때려 뉘일 수 있다.

아무튼 술라의 경우에는 그가 승리로 이끈 대전이 몇 번인지 그가 무찌른 무수한 적이 몇 명인지 계산하는 것이 쉽지 않다. 로마만 해도 두 번이나 사로잡았고 아테나이의 항구 페이라이에우스도 빼앗았다. 일련의 격렬한 전투 끝에 아르켈라오스를 육지에서 바다로 몰아낸 뒤였다. 뤼산드로스처럼 시민들의 굶주림을 이용한 것이 아니다.

적의 수준을 고려하는 것도 중요하다. 뤼산드로스가 알키비아데스의 키잡이 안티오코스를 상대로 해전에 승리한 것은 어린아이의 장난에 지나지 않았다. 아테나이의 민중 선동가 필로스클레스를 꾀로 이긴 일도 마찬가지였다. 그는 "가진 무기라고는 날 세운 혓바닥밖에 없는, 상대하기 부끄러운 적"이었기 때문이다.

미트리다테스라면 이러한 자들을 자신의 마부와도 견줄 수 없다고 생각했을 것이며 마리우스라면 자신의 수행원과도 견주지 않았을 것이다. 그러나 다른 사람들은 차치하더라도, 술라를 상대로 일어선 군주와 집정관, 장군, 민중 선동가들 가운데 마리우스보다 만만찮은 로마 사람이 있었는가? 미트리다테스보다 강력한 왕이 있었는가? 람포니우스와 텔레시누스보다 적대적인 이탈리아 사람이 있었는가? 그럼에도 술라는 마리우스를 추방하고 미트리다테스를 제압했으며 람포니우스와 텔레시누스를 죽였다.

V.

그러나 지금까지 언급한 그 무엇보다 더 중요한 것은 뤼산드로스가 고향의 협조를 받으며 모든 승리를 쟁취한 반면 술라는 적대적인 반대 정당에 의해 억눌리고 추방된 상태였다는 점이다. 아내는 집에서 쫓겨나고 집은 파괴되고 친구들은 죽음을 당하고 있는 와중에 술라 자신은 보이오티아에서 무수한 적과 맞닥뜨렸으며 나라를 위해 목숨을 걸고 승전비를 세웠다. 나아가 미트리다테스가, 로마에 있는 술라의 반대파에 대항

할 힘과 병력을 제공하겠다고 해도 술라는 결코 타협하지 않았고 친절조차 보이지 않았다. 심지어 미트리다테스가 아시아를 포기하고 함대를 넘기겠으며 비튀니아와 캅파도키아를 각국의 국왕에게 돌려주겠다고 제 입으로 말하기 전에는 인사를 하지도 손을 내밀지도 않았던 것이다.

술라의 행위 가운데 가장 명예롭고 한결 고귀한 정신에서 나온 행위는 바로 이것이다. 그는 자신의 이익보다 공공의 이익을 앞에 두었고 혈통이 좋은 사냥개처럼 무는 힘을 줄이지도 않았고 입에 문 사냥감을 놓지도 않았다. 적이 굴복한 뒤에야 사적인 원한을 채우러 나섰던 것이다.

이 밖에 두 사람이 아테나이를 대접한 방식도 비교해 볼 만하다. 아테나이가 미트리다테스의 권력과 지배권을 옹호하며 술라에 맞서 싸웠음에도 술라는 도시를 점령한 뒤에 자유와 독립을 돌려주었다. 반면 뤼산드로스는 그토록 위대한 패권을 누리고 커다란 제국을 이루었던 아테나이를 끌어내리고도 약간의 동정심도 갖지 않았으며 민주정을 폐지하고, 누구보다 야만적이고 무법적인 사람들을 참주로 지명했다.

다음과 같이 판결을 내린다면 사실에 가깝지 않을까 한다. 술라가 보다 많은 성공을 한 반면 뤼산드로스는 보다 적은 잘못을 했고 뤼산드로스가 자제심과 절제심이 뛰어났다면 술라는 지휘 능력과 용기가 뛰어났다.

PLUTARCH
LIVES

PLUTARCH
LIVES